魅惑の
アンティーク照明

ヨーロッパ あかりの歴史

I・ウージェル 著　C・サラモン 写真

石井 幹子 日本語版監修　中山 久美子 訳

西村書店

Éclairage de charme

Text : Inès Heugel
Photographs : Christian Sarramon

Original edition copyright © 2008 Éditions du Chêne-Hachette Livre
Japanese edition copyright © 2013 Nishimura Co., Ltd.
All rights reserved.
Printed and bound in Japan.

目 次

ろうそくのあかり　9
- ろうそく──シャンデルとブジー　11
- ブジョワール　15
- フランボー　19
- カンデラブル　25
- ピック・シエルジュ、トルシェール、ジランドール　35
- 年代物の壁付け燭台　39
- 年代物のシャンデリア　45
- ドロップとビーズの飾り　55
- ランタン　57

電化以前のあかり　61
- 原始的なオイルランプ　63
- 18世紀と19世紀のオイルランプ　67
- 聖なる空間のランプ　71
- 揮発油ランプ　73
- 石油ランプ　77
- アセチレンランプ　87
- ガスランプ　89

電気による照明　91
- テーブル・ランプ　93
- 常夜灯、ベッドサイド・ランプ、光る地球儀　103
- フロア・スタンド　107
- シャンデリア、ペンダント灯、天井灯　113
- ブラケット灯　125

クリエーターたち　133
- アール・ヌーヴォーの偉大なガラス作家たち　135
- 1930年代と1940年代のクリエーターたち　141
- 1950年代のクリエーターたち　147

業務用ランプ　153
- デスク・ランプ　155
- 工業用の照明器具　163
- 交通機関の照明器具　171
- 航海用の船灯　175
- ネオンとネオンサイン　179

- 関連店舗一覧/謝辞/写真クレジット　180
- 監修者あとがき　183

ろうそくのあかり

影と光の戯(たわむ)れや、物と人のぼんやりとした輪郭、淡い光や繊細な陰影を思い浮かべると、多くの人が懐かしさを覚えることだろう。私たちの先祖の光の世界はそうしたもので作られていた。

ろうそくのあかりは、世界をより美しくするわけではなくても、昼と夜の自然なサイクルと調和した、より神秘的なものにしてくれる。だからといって、電気の発明が多くの領域にもたらした革新に不平を言っているのではない。しかし、蜜ろうやステアリン、そしてパラフィンで作られた小さな棒は、この世でもっとも美しい物のひとつであるカンデラブル［多灯燭台］を製作することに対する、芸術家や職人の意欲を掻(か)き立て続けてきたのである。いくつもの炎を銀やクリスタルといった贅沢(ぜいたく)な素材に無限に映りこませるカンデラブルは、17世紀以来、宴という宴で主役の座にあった。

日常生活でも、ろうそくは家中いたるところにあった。壁面には壁付け燭台（ブラケット灯）の形で、天井にはシャンデリアやランタンの形で、床面には飾り棚に載せて、そしてもちろん、家具の上には目立つように置かれていた。しかも、今日でもなお、ろうそくの凝った照明がなければ、「夜会」の名に値する夜会は成り立たないのだ。たとえもっとも現代的な場所で行われるものであっても……。

1.　　　　　　　　　　2.　　　　　　　　　　3.

ろうそく――シャンデルとブジー

どんな照明でも、ろうそくの炎から生まれる魔法のような効果に優るものはない。フランス語でろうそくを意味するブジーという言葉は、大量のろうの輸入先であったアルジェリアの同名の都市の名からとられている。この言葉が生まれる前に使われていたのは、シャンデルという言葉だった。

5000 年前から存在

　シャンデルの原理は、紀元前 3000 年からエジプトとクレタ島で知られていた。しかしそれを発展させたのは特にギリシャ人とローマ人で、キリストの時代にはオイルランプと並行してヨーロッパ中で使用されるようになった。

　この 2 つにはそれぞれ欠点があった。オイルランプは、油を満たし、灯芯を切ったり引き上げたりし、また流れ出た油を拭き取るなど、絶えず注意を払っていなければならなかった。灯芯を獣脂でくるんだだけの単純な作りのシャンデルは、指が汚れるうえ吐き気を催すような臭いを発し、しかも明るいとはいえない黄色っぽい炎を出すだけだった。

　農家では、家畜を世話する仕事を担っていた女性たちが獣脂のろうそくを作っていた。この獣脂は純度が高く、おもに羊からとられたが、牛や豚も使われた。牛 1 頭分の獣脂で、農家 1 軒の照明が 3 年間賄えた。

　蜜蜂の巣箱を所有していることが多かった修道院では、修道士の手で蜜ろうからろうそくが作られていた。このろうそくは高品質で、マッコウクジラの脂から作られたものと同じように高価だった。

8 頁
木製の台に金具で固定された細いろうそくによる、光の輪の華やかな効果。

左頁
燭台付きの鏡。オランダのバロック様式。

上
1.　携帯用ステアリン糸ろうそく。歯車仕掛けの箱入り。
2.　綱状にねじった形のステアリンろうそく 20 本入りの箱。
3.　ステアリン製 6 時間燃焼の常夜灯「アストラル」。

上
この広告ポスターの作風はアール・ヌーヴォーの到来を告げているが、この時代の女性像を特徴づける奔放で流動的な表現はまだ見られない。

右頁
木製の箱に並べられたスペインの教会用大ろうそく。素朴な箱は、蜜ろうの蜂蜜色とパラフィンの伝統的な白色の取り合わせが生み出す美しさを引き立てている。

科学的な発見

　1813年、化学者のミシェル・ウジェーヌ・シュヴルールがステアリン製のろうそくを発明した。これは炎が明るく、やがて獣脂製のシャンデルにかわって使われるようになった。

　カンバセレースが綿糸を編んだ灯芯を発明する一方、1845年頃、石油や石炭を蒸留して得られる液体の炭化水素と頁岩油(けつがんゆ)の混合物である固形のパラフィンが発見され、ステアリン製のものより高品質で、しかも安価なろうそくが製造されるようになった。パラフィン製のろうそくは19世紀の終わりには世界的に使われていたが、その一方で蜜ろう製のろうそくは教会と修道院で変わらず使われている。

コレクターの方へ

ろうそくを拭くには、ヒマワリ油を染みこませた布を用いる。もし黄ばんでしまったら90度のアルコールで拭く。ろうそくを燭台にセットする時は、根元部分を熱湯に浸すとよい。

布についてしまったろうを取るには、ナイフで軽く削ってから薄紙をあててアイロンをかける。

家具についてしまったら、シミの部分を吸い取り紙で覆い、低温のアイロンを当てる。ただしニス塗りの木製家具の場合は、熱湯で湿らせた布で円を描くようにこすること。

ブジョワール

このいささか古臭い道具は過去を思い出させるが、光がほとんど、あるいはまったく入らない場所や突然の停電の時には、今でも有用である。

ろうそくを運ぶ単純な道具

ろうそくを支える台についての定義は、文字通りに理解するべきではない。「燭台」という語は昔も今も総称的に使われ、ブジョワール［持ち運び用の燭台］やカンデラブル［多灯燭台］、あるいはピック・シエルジュ［教会用大燭台］（中世には、この言葉はシャンデリア［吊り下げ式の燭台］の意味にも使われた）の意味にも使われる。ろうそくを運ぶ道具の中では、多分ブジョワールという語がもっとも定義しやすいだろう。単純に言えば、それはろうそくを1本だけ立てられる小さな台のことである。

では、やはりろうそくを1本だけ立てられるとされる「フランボー」はどうだろうか。ここでは、ブジョワールは一般的に持ち運びができるもの、という定義を採用しよう。フランボーはしばしば対で用いられ、どちらかというと食卓や暖炉の装飾として使用される（「フランボー」の項参照）。一方カンデラブルは複数の枝を持つ燭台のことである（「カンデラブル」の項参照）。

持ち運べる照明器具

ブジョワールに必要なことは、安定していること、しっかりした台の上にろうそくを立てられること、そして簡単に持ち運びができる軽さであることだ。丈が低く、ろう受け皿を支える、円筒形か壺型の支柱を備えた道具が15世紀半ばから使われるようになった。軸は皿、またはお椀形をした台の上に立てられ、持ち運ぶためにスプーンの柄の形やリング状の把手(とって)が付いている。

「ブジョワール」という言葉が初めて現れたのは1586年のことで、メアリー・ステュアートの財産目録に「ブゴワール」と記されている。古典的な形のブジョワールを改良し、ろうそくを上げ下げできる仕掛けを備えたものも作られた。ろうそくが傾いても自在継ぎ手で垂直に保つものや、予備のろうそくを長い柄に開けた穴にさして

左頁
19世紀の水銀ガラス製のブジョワール・コレクション。ガラスより高価な銀製品に似せるために、2層のガラスの間に水銀の層を挟むことが行われた。

上
19世紀の琺瑯引き金属製のブジョワール。軽く、把手があるため、部屋から部屋への持ち運びが容易だった。

だ。質素な暮らし向きの家庭や、城館の台所や付属棟では、それが唯一の照明手段だった。そうしたところでは鉄や錫、真鍮でできたものが使われ、琺瑯引きのものも見られた。国王の就寝の儀にブジョワールが用いられたヴェルサイユ宮殿や、夜になると各人の部屋でブジョワールを使用した貴族の邸宅では、銀や金、金めっきを施した銀、象牙、珊瑚、ブロンズなど、可能な限りの高価な素材でブジョワールが作られていた。ルイ14世の金銀溶融令の後は、銀のかわりに銅やファイアンス［錫釉による白地に彩画を施した陶器］、磁器、ガラス、クリスタル・ガラスが使われるようになった。ルイ15世の時代には、ブジョワールは化粧小物のひとつになった。19世紀になってもブジョワールは必要とされた。電気銀めっき法が発明されると、廉価な製品の大量生産が可能になる一方、真珠層のような高価な素材も用いられ、極度に凝った趣味的な品々が作られた。ブジョワールは電気の普及とともに有用性を失っていったが、補助的な照明としての役割を担っている。

上
化粧小物の一部分になった、クリスタル・ガラス製の持ち運び用ブジョワール。

右頁
1. ブジョワールを模した、1775年の技術による錫製のオイルランプ。織られた平らな灯芯が使われた初期のランプのひとつ。フランス製。
2. Walter Scherf & Cie（ヴァルター・シェルフ社）製、オシリス商標の錫製のブジョワール。1905年頃、ドイツ製。
3. グラヴュール（彫刻）加工を施したクリスタル・ガラス製の風除けが付いた、銅と真鍮のブジョワール。おそらくドイツ製。
4. 把手が付いた真鍮製のブジョワール。19世紀末。

おけるもの、小さなろうそく消しが添えられたもの、溶けたろうを集める容器を備えたものなどもあった。さまざまな用途のためのブジョワール、たとえば衝立の上部に吊るせるように逆U字形のフックが取り付けられた衝立用ブジョワール、18世紀に大流行したトリックトラックの、ゲーム盤の脇にある穴に差し込むための棒が付いたゲーム用ブジョワール、「地下倉のブジョワール」あるいは「柄付きブジョワール」と呼ばれる、壁の亀裂や戸口の縦桟に固定できるようにピンや鉤を備えたものなども存在した。さらに、分解可能な旅行用ブジョワールもあった。これは対で用いられ、皿の部分を互いにねじで固定して箱の形にでき、他のものを収納できるというものだった。

素材と装飾

ブジョワールは無くてはならないもの

コレクターの方へ

ブジョワールの値段であるが、鉄、銅、鋳造ガラス、ファイアンスなどでできた装飾のないものは、繰り返し使用されて傷みもあるだけに、手頃な価格を保っている。その反面、銀製のものは高価である。刻印から18世紀に作られたことがわかるもの（「カンデラブル」の項参照）は、稀少である分高額である。

ろうそく消しがセットになっていることがある。その場合、2つの品が調和しているか確かめること。釣り合いがとれている方が良い。

19世紀に、銀製や銀めっきした金属製のルイ15世様式とルイ16世様式が再び日の目を見た。それらは質が高く、値段もほどよい。

全般的には、把手や握りの部分、脚、つなぎ目など、もっとも壊れやすい突起した部分をよく調べることが大切である。

フランボー

1本のろうそく用の燭台を、「炎」に由来する語「フランボー[食卓や暖炉の装飾用燭台]」と呼ぶ。幾世紀もの間その構造はほとんど変化していないが、このきわめて優雅な品はその装飾によって特徴づけられる。

握るものか、置くものか

16世紀の終わりには、2種類のフランボーがあった。一方は握って持つ形のもので、ブジョワールのように持ち運びができ、読書やゲーム、針仕事の際の照明に使われた。もう一方は、室内に置いて使うための重量があるもので、家具の上や、壁に固定された台の上に置かれた。続く数世紀間、主流になったのは後者の方で、コンソールテーブルや暖炉の上に、しばしば時計を挟んで対で置かれていた。

伝統的に、フランボーは脚、支柱、ろうそく受けの3つの部分からなり、溶接かねじで接合されている。

形の進化

17世紀にもっとも普及していたフランボーは、フィナンシエール、またはメスティエというもので、角ばった中空の支柱に、小さなろうそくを束ねた形を模した、垂直方向の畝が作られている。素材は銀、ブロンズ、ファイアンスや磁器で、高さは20センチを超えない。もっとも美しいのは銀製のものだが、それ以外の素材、たとえば金めっきしたブロンズや水晶、錫、銅、磁器や金色に塗った木なども職人を引きつけた。やや遅れて登場したフランボーは、多くは角を落とした基部が、手すり子[階段の手すりや欄干の横板を支える、装飾的な膨らみがある小柱]形の支柱を支える形のもので、支柱は時に人物をかたどっている。装飾には、垂れ飾りのモティーフやメダル、貝殻、仮面、動物などが彫られていた。

18世紀の初めになると、フランボーはより細長くなった。六角形だった脚は、この世紀の間に円形に近づき、やや円錐形になった基部の輪郭は連続するねぎ坊主形のアーチの形をなし、その上に逆チューリップ形の膨らみと手すり子形の中空の支柱が載っている。ツゲ、あるいは黒檀でできているものは、化粧小物のセットの一部をなしている。それ以外の素材、例えば金色に塗った木、銀、銅、金めっきしたブロンズ、錫、ファイアンスや磁器などで作られたものもある。

左頁
Baccarat（バカラ社）のクリスタル・ガラスのフランボー。写真ではオパール・ガラス製の模造ろうそくが差し込まれている。使用する際に本物のろうそくと取り替える。ロマンティックな風景画が描かれた絹製の小さなスクリーンが、ろうそくにクリップで固定されている。

1.

2.

3.

上
1-3. 19世紀にルイ14世様式で作られた3種類のフランボー。
上右
水銀ガラス製のフランボーのシリーズ。20世紀初頭。
右頁
16世紀イタリアの彫刻家、ジョヴァンニ・ダ・ボローニャに想を得たグロテスク（幻想的人物像）。19世紀。

装飾の変化

　ルイ15世の時代、フランボーの構造に変化はなかった。変化したのは装飾だった。その特徴は曲がりくねった畝のある基部や、丸ひだ装飾やカルトゥーシュ［額縁状の装飾モティーフ］、ロカイユ様式に典型的な主題であるキューピッドや花々、貝殻、葉叢などで飾られた支柱に現れている。

　ルイ16世様式はきわめて優雅で、左右対称性と調和への回帰が認められる。脚は方形や円形、または多角形で、複数の膨らみをつけた支柱が載っている。全体に繊細な彫りが施され、玉形や盾、フルーティング［溝彫り］、あるいは控えめな植物文様で装飾されている。素材は以前と同様である。

　第一帝政期には、手すり子形のシルエットは円錐台形や閉じた傘の形の支柱に変わり、基部は方形か、しばしば円形のものが見られる。ろうそく受けはチューリップ形に広がっている。装飾は古代、特に当時のエジプト趣味の流行を受けて、エジプトにインスピレーションを得たものになった。素材には、伝統的な凝ったもの、たとえば金めっきしたブロンズなどに加え、大理石や、オニックスやマラカイトといった半貴石も用いられるようになった。

　19世紀後半になると、ルネサンスからルイ16世の時代までの、過去の様式への回帰が見られる。またしばしば、場違いで不釣合いな装飾が組み合わされていた。たとえば、ライオンの鉤爪のかたわらに白鳥があしらわれている、といった類いである。金属に銀めっきを施す方法が発明されたことによって、きわめて美しい品を低価格で生産することが可能になった。この時期は、装飾過多とまでは言わないが、大げさな装飾が多い品が好まれていた。

製作のテクニック

　19世紀半ばまで、ろうそく受けと支柱は別々に鋳造されてから溶接され、つなぎ目の線が見えるままになっていた。この作り方を「貝殻風」と呼ぶ。脚も同様に2つの部分からできていて、溶接されている。ひとつは基部で、鋳造か型押しで作られ、もうひとつは釣鐘形の部分で、鋳造で作られる。

　支柱は、大型のフランボーの場合は常に

上左
基部が方形の、プレス成形による穏やかな色合いのガラス製フランボー。20世紀初頭。

上右
クリスタル・ガラス製のろう受け皿のコレクション。色のついたろうを受ける受け皿は、時に欠かすことのできない小道具になる。

右頁
上 19世紀末から20世紀初頭の透明なフランボーのコレクション。プレス成形によるガラス製。
下 4本の銀製フランボー。20世紀初頭のオランダ製。

脚の上に溶接され、より小型のものはねじ式になっている。後者は、銀製であれブロンズや真鍮製であれ、支柱の先端がボルトになっていて、脚の部分がナットの役目をはたしている。

銀製やブロンズ製の場合、円形の部分は仕上げにろくろが用いられ、鋳造または型押しされた部分には仕上げ彫りが施される。金めっきには水銀が用いられ、外側だけに施されている。

ガラス製のフランボー

プレス成形のガラス製品は数世紀来存在していたが、19世紀の初めに大流行を見た。クリスタル・ガラスの細工師までが、カット・ガラスを模したプレス成形のガラス製品を大量に、より安価に製造した。1820年から1850年にかけては「レース状の」製品が流行した。他の工芸品同様、フランボーも全体がレリーフ装飾で覆い尽くされた。クリスタル・ガラスは「イギリス風」にカットされた。

1920年代、アメリカでプレス成形のガラスを工業的に製造する方法が発明され、大量生産が可能になった。この新しい技術によって、緑、青、ターコイズブルーといった見事な色調の透明なフランボーが作られるようになった。さらに、銀製品を低コストで模倣するために、2層のガラスの間に水銀の層を挟む方法が生まれた。これが箔ガラス、または水銀ガラスである。形は相変わらず、金銀細工による製品のコピーにとどまっていた。

コレクターの方へ

ルイ15世の時代以前のフランボー、特にメスティエを見つけるのは難しい。ヌヴェールやルーアンといった古くからの製陶所に由来するファイアンス製のフランボーも同様で、結果的に価格も高額になる。19世紀に作られたコピーは、通常きわめて精巧に仕上げられているが、価格は手頃である。純銀製のフランボーの年代を知るには、刻印を調べるとよい(「カンデラブル」の項参照)。

カンデラブル

想像力の至宝、技術が生んだ傑作であるカンデラブル［多灯燭台］は、もっとも華やかな室内装飾品のひとつに数えられる。いくら電化が進んでもその魅力は衰えず、どんな祝いの食卓も、神秘的に揺らめくろうそくの光を高く掲げる、たくさんの腕が醸し出す魅惑的な雰囲気なしには始まらない。

左頁
ユニークな形の一対のブロンズ製カンデラブル。19世紀。寝室で使う時は基部のところが小物置きになる。

上
Christofle（クリストフル社）製、ルイ15世様式のカンデラブル。19世紀。

大燭台

カンデラブルとは、中央の支柱から分かれた複数の枝を持つ多灯の大燭台のことで、多くはふんだんに装飾が施されている。支柱の上端はろうそく受けを備えているか、装飾の要素（花びんや火壺）になっている。この部分は、固定されているものもあれば取り外せるものもある。フランボーと同様に、カンデラブルも同じ物が複数作られる。一般に2台か4台がセットになっている。

円柱、手すり子(バラスター)、装飾

17世紀と18世紀、カンデラブルは時に枝が可動式で（つまりカンデラブルをフランボーに変えることができた）、主に金めっきか銀めっきしたブロンズ製だった。脚の部分はねじれていたり、香炉の形をしていたり、彫像になっていたりし、アカンサスの葉や花輪で飾られていた。

ルイ14世様式のカンデラブルもブロンズ製だったが、金色あるいは他の塗料を塗った木や、銀、水晶で作られることもあった。その形状は一般にフランボーの形をとどめていたため、脚部からまっすぐに立ち上がっていた。言い換えれば、底面が八角形や方形、円形の、手すり子形の台座の上に建つ円柱のごときである。しかしフランボーとは異なり、カンデラブルは複数の枝と、枝から伸びるろうそくによってドームの形をなしていた。この時代に好まれた装飾は、太陽や百合の花といった王権

1.

2.

3.

上
1，2．ルイ15世様式のクリストフル社製カンデラブル。19世紀。
3．ルイ16世様式のカンデラブル。

右頁
4．牧神をかたどった、金めっきとパティネ（古色）加工を施したブロンズ製カンデラブル。19世紀初頭。
5．クリスタル・ガラス製の2本の枝付きカンデラブル一対。1925年頃。
6．19世紀のブロンズ製カンデラブル一対の斬新な見せ方。

28〜29頁
左　第一帝政様式の、金めっきとパティネ加工を施したブロンズ製の9本の枝付きカンデラブル。
右　華やかなバロック様式の銀製カンデラブル。18世紀オーストリア製。

とその象徴、あるいは神々や牧神、ニンフたちが表されるギリシャ・ローマ神話から想を得たものだった。

曲線と曲面

18世紀初頭の摂政期、カンデラブルの形はフランボーから離れ始める。つまり、基部は三脚の形になり、ルイ15世様式を予告するスフィンクスなどの神話的な生き物や、空想的なモティーフで装飾されるようになった。節度と左右対称の時代は終わり、以後、線は曲がりくねり、躍動し、形は波打つようになる。メッソニエが、銀彫刻の燭台に関する著書の中でその名称を不朽のものとしたロココ様式は、非対称と軽快さが混じり合ったものである。枝の数が4本、6本、8本、あるいはそれ以上であっても、カンデラブルは花輪や果実、貝殻や葉叢（はむら）、時に女性像などで豊かに装飾された。

金めっきしたブロンズと銀がよく使われた素材で、同様に銅、金色に塗った木、水晶も用いられた。新しさが魅力だった新興のセーヴルとヴァンセンヌの製陶所では、奇想に富んだ磁器製のカンデラブルが作られた。特に東洋趣味が大流行したルイ15世の治世末期に作られた、中国風の人物と異国風の花や鳥が表現された製品は、まさしく小さな傑作である。

古典主義への回帰

1770年頃から、ロココの軽薄さへの反動で古典主義への回帰が認められるようになる。ただし、この世紀の初頭に見られた様式よりは自由さが感じられるものだった。ヘルクラネウム［現エルコラーノ］とポンペイの発見は重要な着想の源を提供し、装飾のレパートリーを大いに豊かにした。その結果、円柱、フルーティング、アカンサスの葉、ギリシャ風のフリーズ、矢筒、トロフィー、パルメット、花輪が表現された。

この傾向と並行して、王妃マリー＝アントワネットが同時代の装飾に影響を及ぼした。花々、果実、花かご、音楽や田園生活に関するモティーフ、リボンと結び目、玉房、盾といった、彼女が好んだモティーフが取り入れられることで、繊細な趣味が加味されたのである。銀、磁器、ファイアンス、ボヘミア・ガラス、金色に塗った木、白大理石、銅、金めっきしたブロンズが相変わらず好まれた。形はよりシンプルに、

1. 2.

上

1, 2. この 2 点のルネサンス様式のカンデラブルは、純ブロンズに銅でパティネ加工を施したもの。カンデラブルは通常、対で販売され、暖炉の上に、釣り合いのとれた振り子時計を挟んで飾られる。この装飾過多の様式は 19 世紀末に流行した。

簡潔になり、対称性の回復も認められる。方形か円形、または多角形の脚部の上に、3 つのパーツを組み合わせた膨らみのある支柱、あるいは、多くはフルーティング［溝彫り］が施された円柱形の支柱が載り、その上に水盤形の皿が置かれ、そこに装飾モティーフが表された。枝は控えめにくねっている。時に、中央の支柱が優雅な女性の形になっているものがある。そうしたものでは、女性が掲げる花瓶から、あたかもそこに生けられた花のように、ろうそくを付けた枝があふれ出している。

第一帝政期の豪奢

第一帝政期は、細工の見事さと豪華さへの明確な嗜好が結びついた時代だった。素材ではブロンズが相変わらず存在感を示していたが、多くは金と緑の 2 色使いで用いられた。さらに、多くのカンデラブルが大理石や他の半貴石、たとえば赤色玢岩、マラカイト、ラピスラズリなどを用いて彩られた。

1798 年から 1821 年にかけての時期は、皇帝ナポレオンを賛美する様式、つまりエジプトに由来する新古典主義様式の傾向が支配的になった。この傾向は、カンデラブルにおいては円形か方形の基部を伴った円筒形の台座の上に据えられた、円柱形の支柱に現れている。白鳥の首や女性の頭部、スフィンクス、ライオンの鉤爪、鷲、蜜蜂、イルカ、星、パルメット、豊穣の角、竪琴などがきわめて精巧に彫り出され、支柱を飾っている。有翼の勝利の女神が、燭台の枝になっている腕を上げているものもあれば、金と黒を組み合わせて華やかにするために、ヌビア人やアメリカ先住民の像を用いているものもある。

奇想と想像力

王政復古期には、エジプトとローマに想を得た古代の形態の厳格な純粋性よりも、風変わりな奇想が好まれた。様式は複雑になり、しばしば混交した。トルバドゥール様式（1830 年）、あるいはむしろその焼き直しの後に、ロマン主義が大いなる高まりを見せる中で、エトルスク（1835 年）、ルネサンス、イスラム、ルイ 15 世、ルイ 16 世の様式が続いた。パリやセーヴルの磁器、あるいは花々や風俗画が描かれたファイアンスの基部を持つカンデラブルが数多く製作された。

シャルル 10 世の時代になると趣味は穏やかになり、束の間、線は整い、淡黄色の木が用いられた。新しい素材であるオパール・ガラス［乳白ガラス］の登場によって、鮮やかな色彩の製品や見事なパステルトーンの製品が作られるようになった。

しかしルイ＝フィリップの治下、金属への銀めっき法が発明されると、豪奢な品をことごとく安価に作れるようになり、新興

カンデラブル | 31

1.

2.

3.

の階級であるブルジョワたちは、職人に、想像力の赴くままに贅を凝らした品を注文することをやめてしまった。

　パティネ（古色）加工を施したブロンズや亜鉛、大理石が、たとえまだ存在意義を保っていたにしても、塗装メタル、パピエ・マシェ［紙張子］、ホワイトメタルといったさまざまな新素材が、ナポレオン3世様式に独創性をもたらした。装飾は相変わらず過剰だったが、花々と葉叢のモティーフはジャポニスムとアール・ヌーヴォーを予告していた。後者の運動は、自然と女性らしさとを崇拝する意識の高まりの中で、30年近くにわたって装飾芸術全体を熱く燃え上がらせるものとなった。

コレクターの方へ

カンデラブルの枝は修復が難しく、費用もかかるため、完璧な状態であるかどうかをよく確かめること。

銀製品は、1838年以前のものが「アンティーク」で、それ以後のものは「現代物」という。見分けるには刻印を確認する。

―1791年以前は、4つの刻印を入れることが義務だった。親方の印、宣誓職業組合の印、課税印、納税済証明印である。

―革命期の中断の後、1798年から1838年の時期は、3つの刻印が義務だった。親方もしくは製造業者の印（菱形の中に刻まれている）、品位証明印（1809年までは左向きの雄鶏、1819年までは右向きの雄鶏、それ以降は老人の頭部）、純分検証印である。

―1838年以降の「現代物」の銀製品には課税印が刻まれている。1973年までは右向きのミネルヴァの頭部、それ以降は左向きである。同時期以降、10年ごとに変わるアルファベットの文字と、通常は製造業者の印も伴っていた。

銀めっき製品にも刻印が入っている。1861年から1983年までは、方形または長方形の製造所の印である。1983年以降は、この製造所の印は全て方形になり、銀めっきの品質を表す数字と、製造業者のマークと頭文字が刻まれている。

上
1–3. ルイ15世様式の銀めっきした金属製のカンデラブル3点。19世紀、クリストフル社の製品。1. は曲がりくねった線と左右非対称性が特徴。2. は童子があしらわれ、3. はふんだんに装飾が施されている。電気めっき法による銀めっき技術の発見は、ブルジョワ階級が豪華な品を安価に入手することを可能にした。

32〜33頁
ルイ16世時代の2本の枝付きカンデラブル一対。左右対称の、引き締まったたたずまいが見られる。

1.　　　　　　2.　　　　　　3.

ピック・シエルジュ、トルシェール、ジランドール

大邸宅や教会のためのものと見なされ、華やかな効果を生み出すためにふさわしい環境を必要とするこれらの燭台の多くは、正真正銘の芸術品と呼ぶに値する。

ピック・シエルジュ、すなわち教会用大燭台

　ピック・シエルジュは教会の備品の一部で、蜜ろう製の大ろうそくを差し込んで使う大きな燭台（高さが80センチ以上2メートル以下）のことである。

　16世紀、その多くはろくろで加工し金めっきを施したブロンズ製で、支柱が、壺形と手すり子形（バラスター）の部分をリング状の部品でつなぎ合わせて作られていた。17世紀になると、基部が装飾突起付きの脚の上に載せられて高くなっているものが見られる。基部には植物や動物、小天使などをテーマにした装飾が施され、支柱の先端には大きなろう受け皿が取り付けられている。

　金めっきしたブロンズ製のものがある一方で、彫刻が施され、金色または銀色、時に多色に塗られ、宗教的なテーマで装飾された木製のものも多く見られる。ごくまれだが、家庭用のピック・シエルジュも存在している。世俗的なテーマの装飾、たとえば葉叢（はむら）や花綱、丸ひだで飾られたピック・シエルジュは、城館用に作られたものである。

ゲリドンと装飾用トルシェール

　ゲリドンは、フランボーやカンデラブルを置くための、高さ80センチほどの台の一種である。ルイ13世の時代に生まれ、一般に木製で、金色に塗られるか寄木細工（マルケトリー）が施されている。1650年頃、ゲリドンはトルシェールと呼ばれるようになる。トルシェールは柱の形をしていて、多くは3本脚付きで、上端にはフランボーやジランドール［ピラミッド形の多灯燭台］を設置するための皿が取り付けられている。全体で2メートルから2.5メートルの高さになる。

　金色に塗った木製で、女性像や童子、戦士、渦巻装飾などが彫刻されたトルシェールは、一般的にはコンソールテーブルや鏡の両側に据えるためのものである。18世

左頁
グラソン（氷）形のドロップ［吊り下げ飾り］が付いた、クリスタル・ガラス製のジランドール。19世紀。

上
1. 真鍮製の持ち運び用燭台。12世紀の製品の複製。
2. リモージュの七宝焼きの燭台。13世紀の製品の複製。
3. 角柱形の燭台。14世紀の製品の複製。

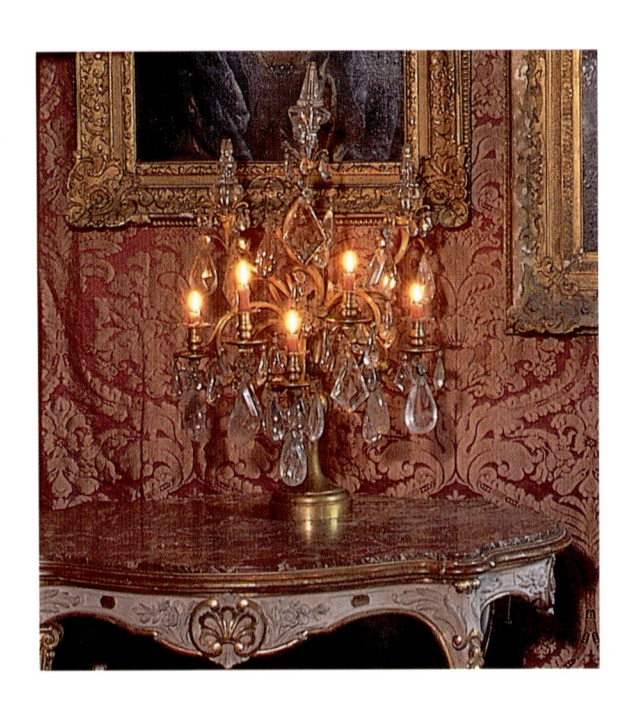

上
ブロンズとクリスタル・ガラスが使われた19世紀のジランドール。電化されている。

右頁
入浴儀式のための、ろうそくによる心地よい光を演出する対のカンデラブル。19世紀。銀めっきした金属製で、クリスタル・ガラスのドロップが華やか。

紀特有のものだが、第二帝政下に再び大流行した。ヴェネツィアの品に想を得て、金色と黒に塗られた木とブロンズでできた、ヌビア人がフランボーを支える形のトルシェールが作られた。

ジランドールとドロップ

ジランドールという語は、イタリア語で「回転する」を意味する「ジラーレ」に由来する。この名称は、光をきらめかせながら高速で回転し、美しい効果を生み出すある種の花火に似ていることからつけられた。

この語がフランスに登場したのは17世紀後半で、たくさんの枝を持ち、その光が全体で円錐形をなすカンデラブルを指して使われた。18世紀には、水晶、次いで鉛入りクリスタル・ガラスでできたドロップを付けたカンデラブルを指すようになったが、このドロップは大成功を収めた。

ルイ15世の時代になると、ジランドールの形はより柔らかく、曲線的になり、金めっきしたブロンズ、ザクセンやヴァンセンヌの磁器、銅、金色に塗った木などで作られ、水晶のドロップが付けられた。ある

ものは頂上の部分が短剣の形に作られている。ピラミッド形のジランドールはテーブルの端に置かれ、後ろ側が平らなものは暖炉やコンソールテーブルの上に置かれた。第一帝政下では流行が下火になり姿を消したが、王政復古期によみがえった。より豪華に見せるために、クリスタル・ガラスをいっぱいに飾ったジランドールが金色に塗った木製のゲリドンの上に設置された。

コレクターの方へ

ピック・シエルジュやトルシェールをランプやフロアスタンドに作り替えることは、こうした品を見た目にも楽しく、実用的にする良い方法だろう。
ジランドールは、たいていの場合対になっているが、購入する前には、状態が悪すぎないかどうか確認する必要がある。ドロップは取り外せるので、本体を清掃した後に再び取り付けるとよい。もしなくなっている場合は、骨董店でばら売りのものを見つけられる。

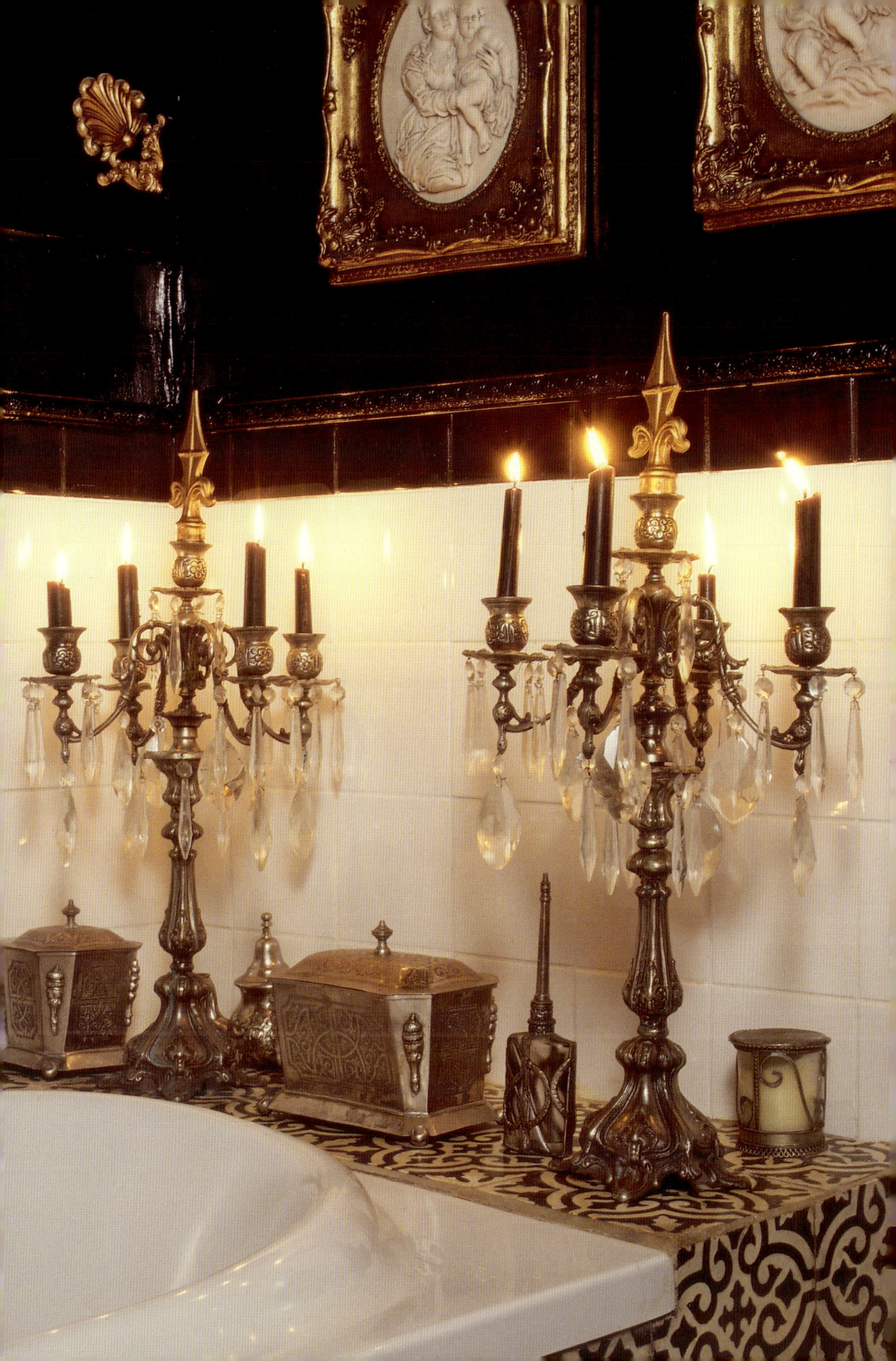

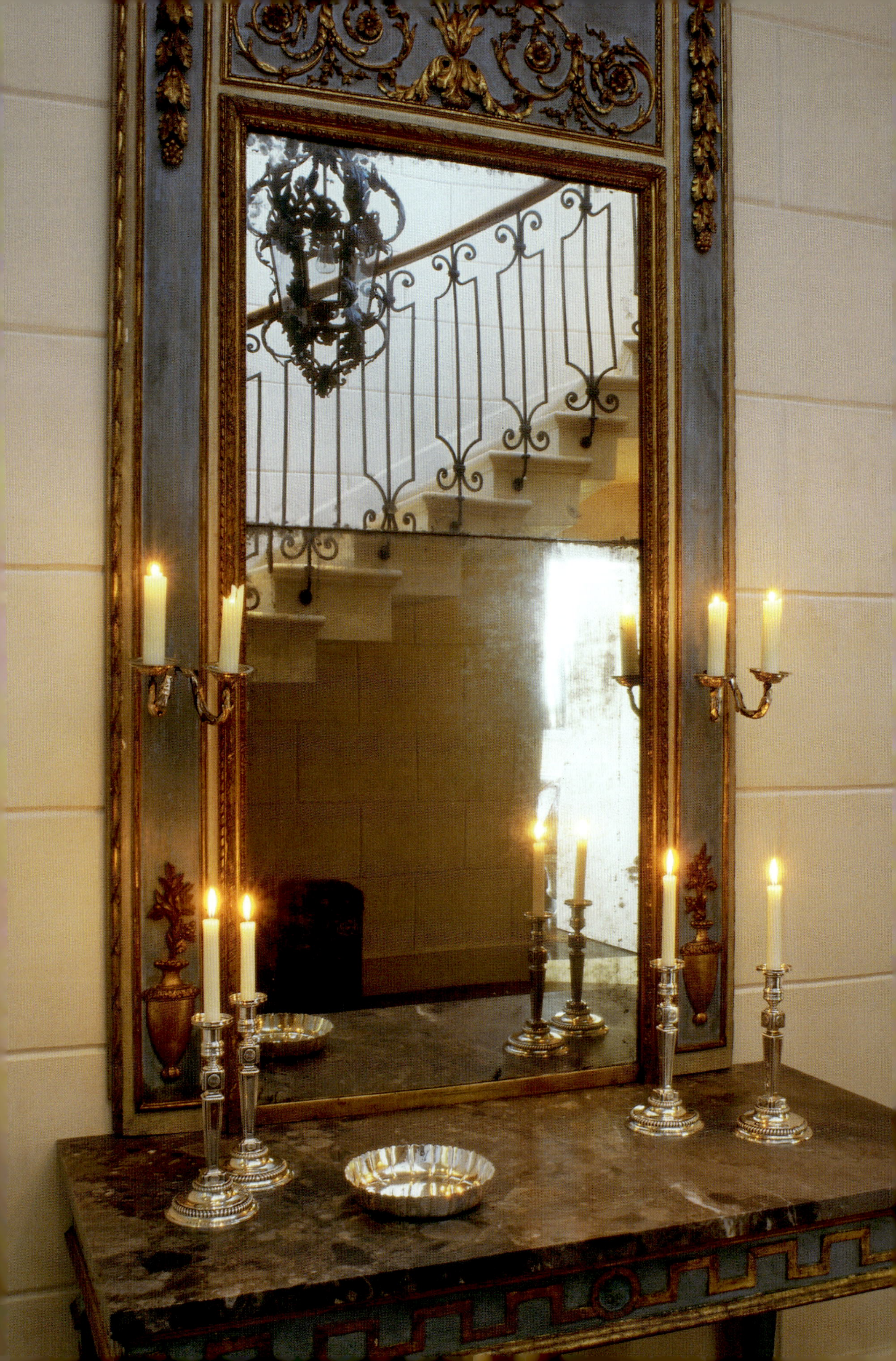

1.

2.

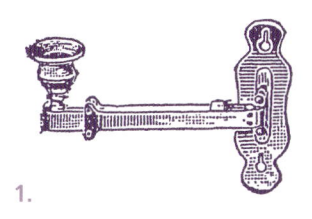

年代物の壁付け燭台

壁付け燭台（ブラケット灯）はやや廃れてしまっていたが、現代では、廊下を飾ったり、室内の照明に控えめに参加して趣をそえたりできることに再び注目が集まっている。

光の腕

　暗い城館内や長い廊下、とてつもなく広い大広間では照明手段が必要だった。なぜなら、ブジョワールなどの燭台を運ぶ使用人が足りなかったからである。この問題を解決するために、天井から吊り下げたり、壁に固定したりといった、作りつけの照明器具をあちこちに配する方法が考えられた。こうして生まれたのが壁付け燭台で、かつては取り付け板とか、光の枝、または光の腕と呼んでいた。もっとも単純な形は、彩色された木製の腕がろうそくを持ち、壁に固定されているものだった。
　初期の壁付け燭台はブロンズ製と真鍮製で、ろくろ仕上げか打ち出し成形だった。それらは鍋釜製造業者か真鍮鋳物師の仕事だった。中世になると、錬鉄や彫刻された木のような素材も登場する。続いてファイアンス、銀、トール・パント［薄い鉄板を錫で覆い、ニスを塗ってなめらかに仕上げた素材］、彫金と金めっきを施したブロンズといった、より高価な素材が使われるようになり、ルネサンス期には銅が用いられるよ

うになる。こうして壁付け燭台は正真正銘の室内装飾品となったのである。

ろうそくでもオイルでも

　17世紀前半を通じて、壁付け燭台の腕は、組み合わせ模様や仮面で装飾された楕円形か八角形の平らな台に取り付けられていた。そこから出ている光の枝は1本か2本、または3本だった。壁付け燭台は約2メートルの高さに、多くの場合、暖炉やコンソールテーブルや長椅子の上に取り付けられた鏡のような、光を反射する磨かれた面の上に対で設置された。通常は銅で、時に銀や木、水晶でできていた。
　バロック時代には、多種多様な手すり子形の製品が存在した。ルイ14世が権力の絶頂にあった頃、もっとも一般的だった壁付け燭台は金めっきしたブロンズ製で、仮面と鏡で飾られたものだったが、一方で複数の腕に繊細な彫金が施された銀製のものもあり、そうした品は、見本帳によって知られていたジャン・ベランやダニエル・マロのデザインに想を得た、金銀細工の真の

左頁
2本の腕付きの窓間壁用壁付け燭台一対と純銀製のフランボー。18世紀。

上
1. ニッケルめっきした銅製の伸縮自在の燭台。ドアの蝶番や引き戸の溝に取り付けられる。
2. ニッケルめっきした銅製の空気圧式燭台。ゴム製の可動式の吸盤で鏡や窓ガラスに直接密着させられる。

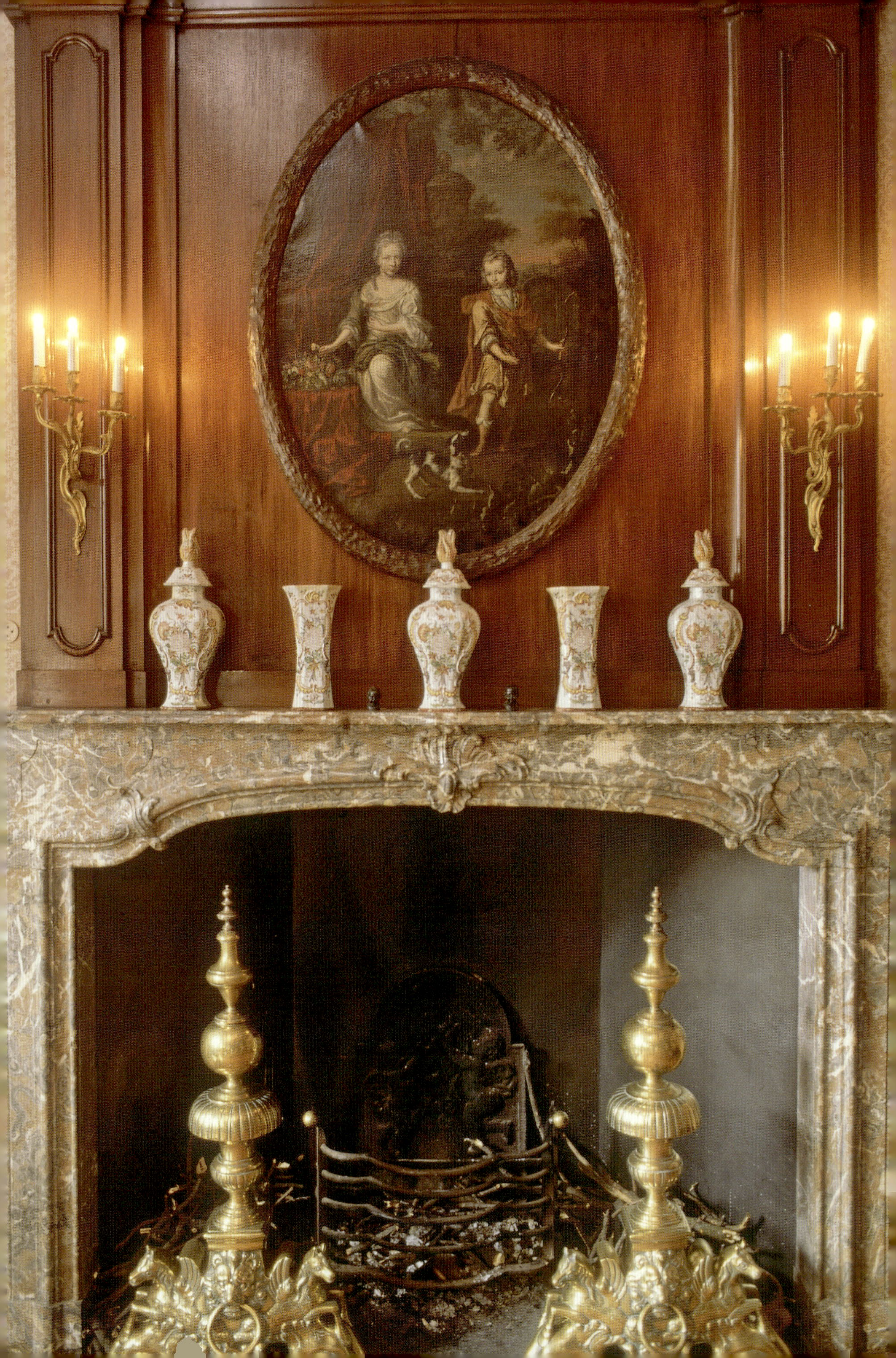

傑作であった。

　摂政期になると形態は自由になり始め、腕はよじれ、中心的なモティーフはますます壁から離れるようになる。

　比類のない想像力を表現したルイ15世様式は、フランス芸術の光輝の頂点を画するものだった。壁付け燭台は、基本的に2本か3本の腕を持ち、左右非対称でありながら優雅でバランスがとれており、ろうそく受けはそれぞれ高さを変えて配置され、全体は曲がりくねった線で構成されている。田園生活に関するモティーフや童子、キマイラ、異国風の人物、葉叢の装飾が施され、ヴァンセンヌやザクセンの製陶所で作られた磁器製の花々が付けられた壁付け燭台は、多くはブロンズ製で、切り抜き透かし細工や彫金が施され、ろくろで仕上げられ、金めっきが施されていた。それらはろうそくでもオイルでも使用できた。

ルイ16世様式の優雅さ

　18世紀中葉、ヘルクラネウムとポンペイの発見の後、ルイ16世様式は古代の純粋な形態を、繊細で飾り気のない、洗練された形で追求した。同時に、ジャン＝ジャック・ルソーと博物学者で作家のベルナルダン・ド・サン＝ピエールの影響で、ロマン主義的な自然回帰熱の高まりが生まれた。この古代風と田園風の結びつきは、壁付け燭台では直線の使用、くっきりとした幾何学的な輪郭、そして左右対称性の復活という形で表されている。冠形に配された枝は通常は5本で、完璧な均衡を保つために同じ長さで作られていた。この厳格さはしかし、多様なヴァリエーションを見せる彫刻モティーフによって和らげられている。田園を象徴するもの（花かご、農耕用具）、ロマンティックなもの（矢で射抜かれたハート、鳩、リボン、玉形と花輪、女性の身体）、そして古代風のものなどである。台座は卓越した手法で彫金が施されたブロンズ製か真鍮製で、葉叢を模している。トール・パントは総裁政府時代に登場する。

帝政期の繊細さ

　壁付け燭台は第一帝政期の室内装飾品の寵児だった。古代愛好の趣味は、着想の源を、相変わらずローマ——ただし最新の流行はもはやポンペイ風ではなく、より素朴で簡素なエトルスク風だった——やギリシャ、ナポレオンの遠征の後はエジプトに求めた。こうした趣味は独特の壁付け燭台を生み出した。サイズは大きくなり、左右対称の傾向を見せるとともに、全体に繊細さと優雅さを漂わせていた。

　オパール・ガラスや赤色玢岩、大理石、アラバスター、半貴石、さらに磁器やクリスタル・ガラスといった美しい素材が豊富になり、錬鉄や鋳鉄、ブロンズなどの伝統的な素材に取って代わった。ブロンズはもはや金めっきされるだけでなく、黒くもされ、特にヌビア人やアメリカ先住民のような異国の人物を表現するのに用いられた。

　曲線や波形で構成された壁付け燭台は精

左頁
曲がりくねった線と非対称性が特徴の3本枝の壁付け燭台。ルイ15世時代の金めっきしたブロンズ製で、繊細な彫金が施されている。

上
クリスタル・ガラス製で、2本の腕はブロンズ製の壁付け燭台。1920年代。

右頁
金めっきしたブロンズ製の壁付け燭台。竪琴の形で、葉叢やリボン結び、松かさの装飾が施されている。ルイ16世様式。

緻な細工が施され、ふんだんに装飾されていた。たとえばパルメット、花々、アカンサスの葉、仮面、円花飾り、竪琴、鷲の頭、矢、蛇、白鳥の首、キューピッド、そして特に有翼の勝利の女神が、飽きるほど繰り返し使われた。過去何世紀もの間、職人は素材の塊から形を彫り出し、装飾を刻んでいた。しかしこの時代から、職人はレリーフ状の装飾パーツを持ってきて、ボルトとナット、合い釘を使って彫刻に取り付けるようになった。職人の道具は、鑿から、模様をつけるためのグラインダーや組紐文様をつけるろくろに変化したのである。

19世紀後半を通じて、過去のあらゆる様式、たとえばゴシック様式、ルイ15世様式や16世様式が復活し、また新興のブルジョワ階級を喜ばせるための時に過剰なまでの装飾効果が追求された。その結果、様式が折衷された奇想と想像力に富んだ品々が作り出されたが、手本とされた元の様式ほどの緻密さはなく、ただモティーフの盛り込みすぎが目につくものだった。壁付け燭台は、他の全てのランプ同様、石油や揮発油も使用可能だった。

コレクターの方へ

市場ではたくさんの壁付け燭台を見つけられるが、多くは修復が必要である。修復は専門家に依頼する方が望ましい。同時に電気で使えるように改造してもらうことができる。欠けている部品は、職人や専門業者に作り直してもらうこともできる。

ブロンズと、鉛や錫の合金であるホワイトメタルは間違いやすい。一方の方が高価なため、見分けるには、品物をひっくり返して見えない部分を硬いもので引っかいてみるとよい。現れた金属が黄色ならブロンズ、白ならホワイトメタルである。もうひとつの方法は音で、鋭く澄んだ音がすればブロンズ、鈍い音ならホワイトメタルだ。

金めっきしたブロンズの手入れは、石鹸水かアンモニア水で洗い、すすいだ後、柔らかな布で水分を取り除く。

パティネ（古色）加工されたブロンズの手入れには、表面がくすんだり、染みが残るおそれがあるので石鹸水は避けること。柔らかい布で、必要なら時々液体状の蜜ろうを1滴染みこませて拭く。

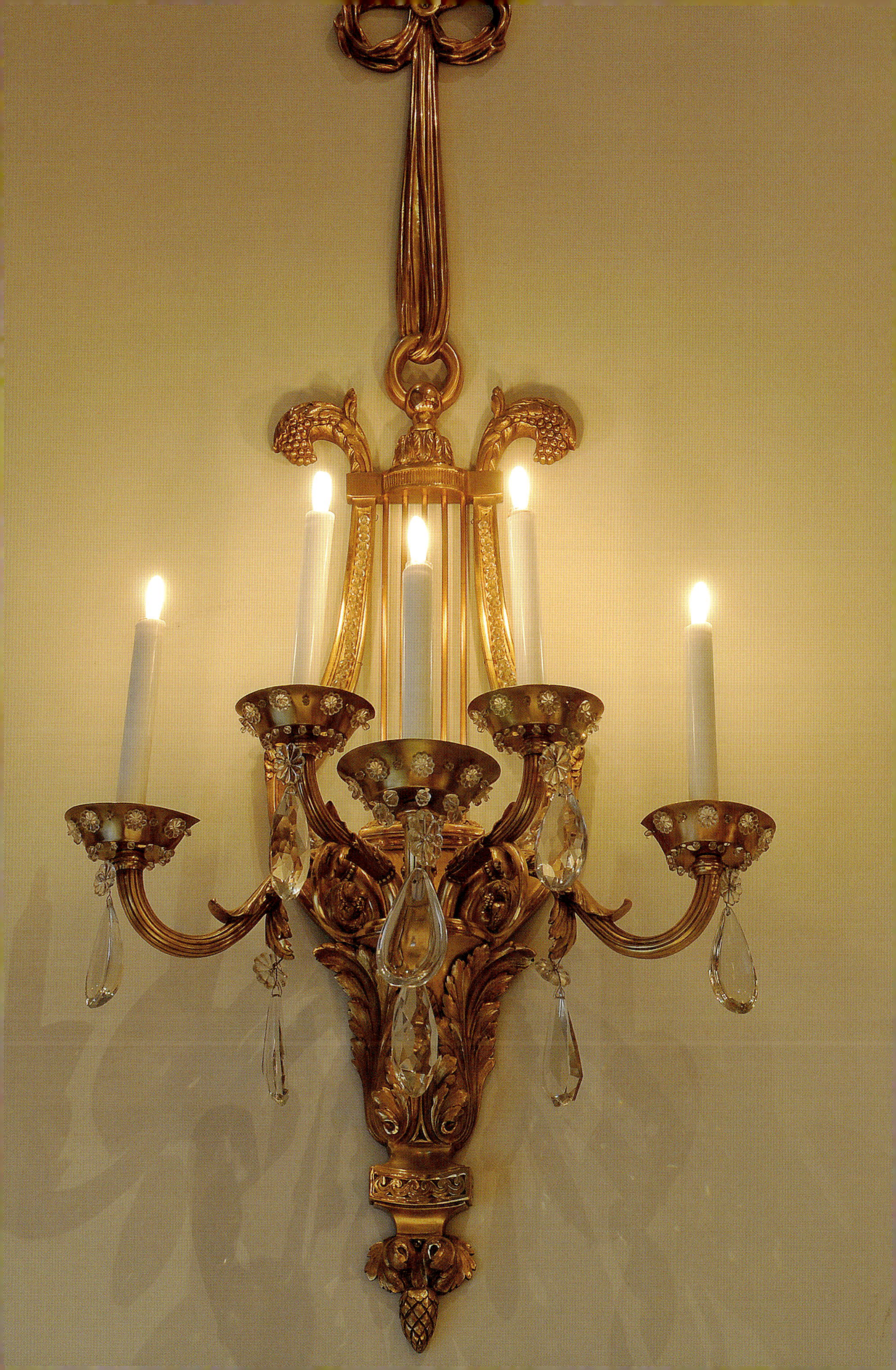

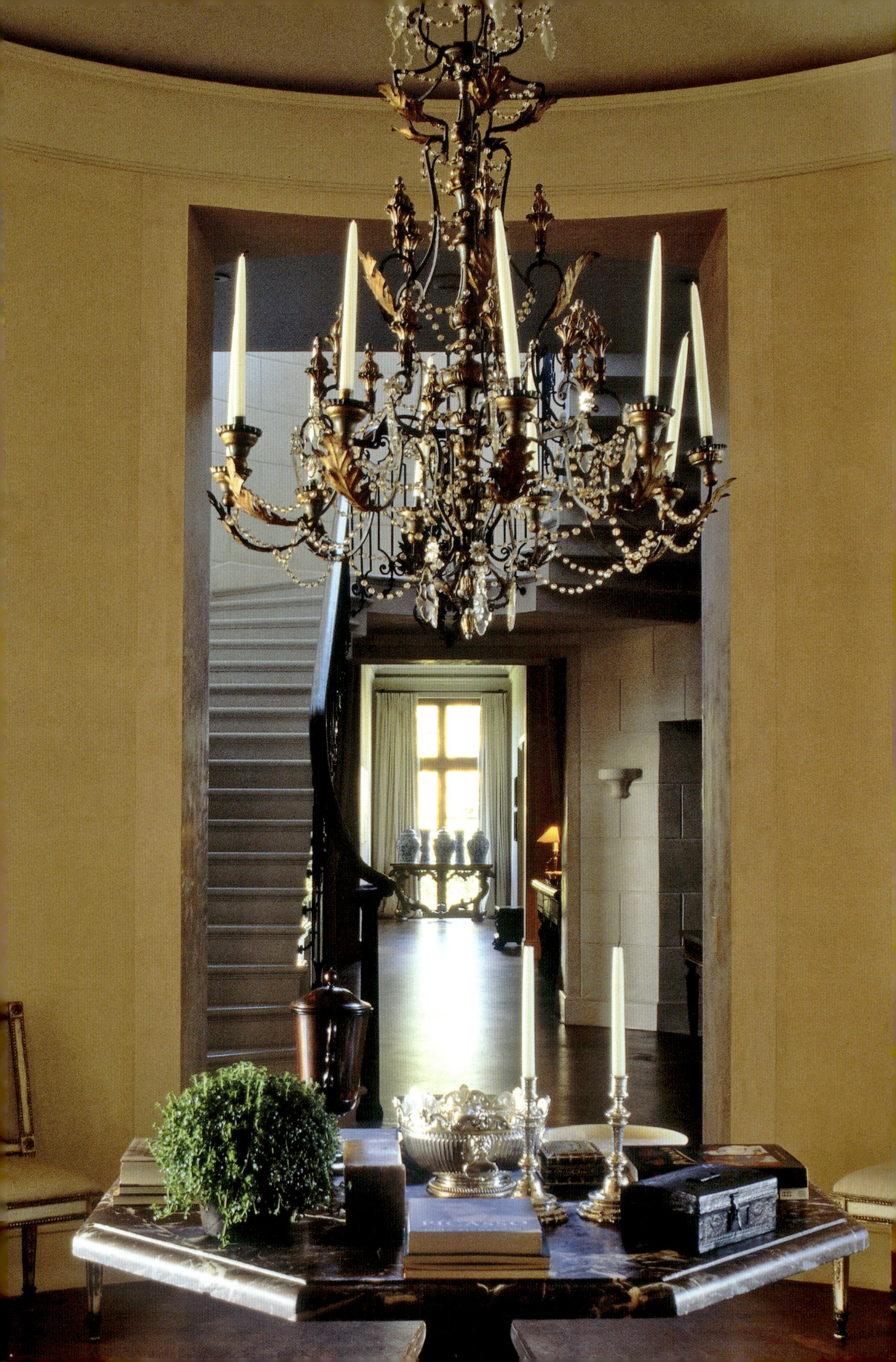

年代物のシャンデリア

最近まではいささか忘れられた存在だった古いシャンデリア。電化されていてもいなくても、伝統的な使い方でも現代的にアレンジした使い方でも、きらめくドロップ［吊り下げ飾り］や優美な渦巻装飾で飾り上げたシャンデリアは、無視できない存在になった。

吊り燭台

シャンデリアの原型は「吊り燭台」と呼ばれ、ローマ時代の古い邸宅内ですでに使われていた。城館では、十字形に釘で留められた2枚の板に獣脂を満たした小皿をいくつか載せ、鎖か麻縄で天井から吊り下げたものをそう呼んだ。中世では、金めっきしたブロンズ製と錬鉄(れんてつ)製のものが登場した。教会内では、キリストを取り巻く十二使徒を象徴する、12個のカップと中央のより大きなランプが形作る大きな光の冠が、鎖で天井から吊り下げられていた。この光の冠はオイルでもろうそくでも使用できた。

17世紀初頭、吊り燭台は銅製か真鍮(しんちゅう)製で、彫金や金めっきが施されたブロンズ製のものもあった。枝の数は限られていて（通常6本か8本）、中央の大きなモティーフにつなぎ留められていた。

「シャンデリア」の誕生

1670年頃、ガラスや水晶の小さな粒で飾った吊り燭台が登場し、人々はその「輝き」に感嘆した。このことから、この語は「シャンデリア(リュストゥル)」を意味するようになった。

左頁
ブロンズ製の腕とガラスの飾りが優美な調和を見せる18世紀のシャンデリア。

上
ガラスのビーズが滝のように流れ落ちる18世紀の繊細なシャンデリア。

上
フェリックス・ヴァロットンによる1904年制作のこの絵《室内、花束が置かれた食堂のテーブル》は、20世紀初頭のブルジョワの邸宅の雰囲気と、室内装飾におけるシャンデリアの重要性をよく伝えている。

右頁
ロマン派風に絡み合った金属製の細い枝がきわめて繊細な印象を与える。枝にはろうそく灯が吊り下げられている。

　18世紀には2種類のシャンデリアがあった。ひとつは軸が剥き出しの、つまり「枝のシャンデリア」で、装飾がないもの、そしてもうひとつは「紐で結ばれたシャンデリア」で、ガラスの粒をつないだたくさんの紐状の飾りでできているものである。後者の構造は一般に、中央の軸に続く部品から枝と葉飾りが出て、そこに短刀の形などにカットされたクリスタル・ガラスの小片が下がる、というもので、下部には大きな球がついている。固定具は星や円花飾りで隠されていた。

　ルイ15世の時代、軸や葉飾りは通常金めっきしたブロンズ製で、比較的華奢で、カーブしたり曲がりくねったりしていて、小さな板や短刀の形にカットされたクリスタル・ガラスで覆われていた。こうしたクリスタル・ガラスによってシャンデリアは、はかないほど軽やかきわめて美しい効果を生み出している。金属に加えて、花や鳥、野菜の形に作られた磁器や、葉叢が描かれたトール・パントが使われた。

　ルイ16世様式では、骨組みが再び重要になる。大半のシャンデリアは金めっきと彫金が施されたブロンズ製で、青みを帯びた鋼と組み合わされることもあった。中央のモティーフは吊り篭の形で、天井から環状の金具に結びつけられた鎖で吊り下げられていた。クリスタル・ガラスのドロップが付いている場合、シンプルな球形か小さなオリーブの実の形で、以前よりも数は少なく、控えめになっている。

19世紀の豪奢

　第一帝政期のシャンデリア職人は、トミールやビエンネといった偉大な芸術家の影響を受けながら腕を磨いていった。この時代の特徴がもっともよく現れているのはその高さで、頂上には火壺飾りが据えられ、そこからカットしたクリスタル・ガラスや吹きガラスでできたビーズで覆われた鎖が、たっぷりと流れ出していた。下部分は熱気球の形をしていて、金めっきと彫

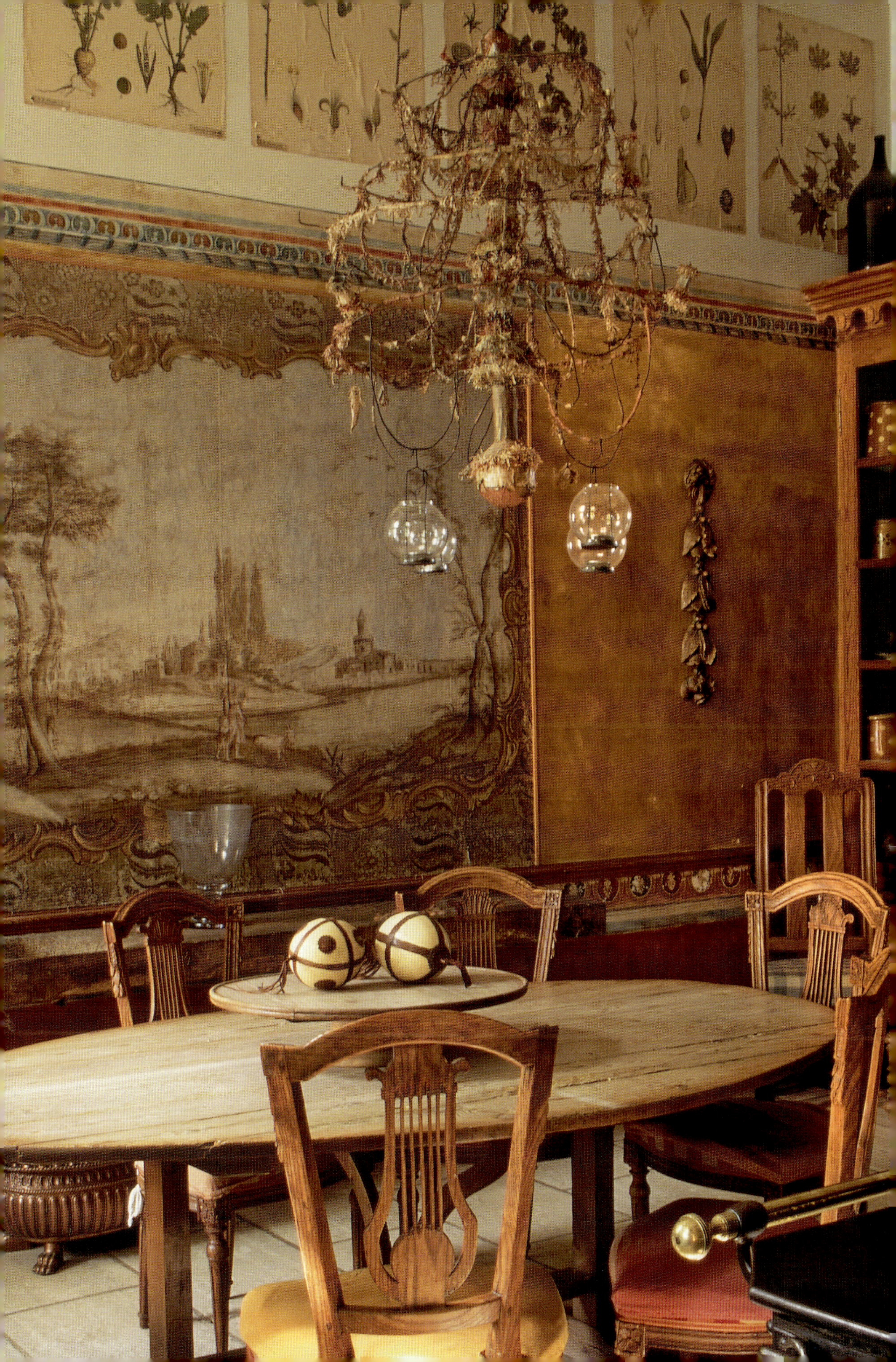

上
金属製の枠とクリスタル・ガラスの飾りが使われたフランスのシャンデリア。1950年代。

右頁
この19世紀のシャンデリアは、綱によって上下させることができる。綱はナポレオン3世時代に倣って布で覆われているが、この方法は、電化されたシャンデリアを取り付ける際、天井にコードを出す穴がない場合にコードを隠すためにも使える。

金が施されたブロンズ製の大きな輪が帯のようにめぐらされていた。輪の周囲には有翼のキューピッドやカリアティード［女人像柱］が配され、そこからアカンサスの葉やパルメットで飾られた12本の光の腕が突き出していた。

王政復古期には、トール・パントと金めっきしたブロンズでできたシャンデリアや、黒のパティネ（古色）加工と金めっきを施したブロンズ製のものが見られた。きわめて精巧な彫金が施され、ガラスのドロップはなく、鎖で吊り下げられ、輪には一連なりの旧式のオイルランプか白鳥の首の形をした光の腕がついていた。主要な装飾モティーフは松かさ、円花飾り、唐草文だった。18世紀には、ブロンズ職人は素材の塊から形を彫り出していたが、19世紀になると、職人はレリーフ状の装飾パーツをもってきて、ボルトとナット、合い釘を使って彫刻に取り付けるようになった。

ルイ＝フィリップとナポレオン3世の時代、社会的地位が向上したブルジョワ階級は贅沢に夢中になり、当時の高名なクリスタル・ガラス職人たちに18世紀の様式を大々的に模倣した壮麗なシャンデリアを作らせ、身辺を飾った。クリスタル・ガラスで飾り立てたこうしたシャンデリアは、布で覆われた太い鎖で天井から吊り下げられていた。その上、シャンデリアにはしばしば、それと調和のとれた壁付け燭台とカンデラブルがセットになっていた。ブロンズと塗装メタルの組み合わせは、ブロンズとオパール・ガラスの組み合わせと同様、この時代に発明された。どちらも、光で照らされるとはっきりするその類を見ない色彩によって、当時大流行した。

石油式のシャンデリアの多くは、チューリップ形や円錐形、あるいは水盤の形をし

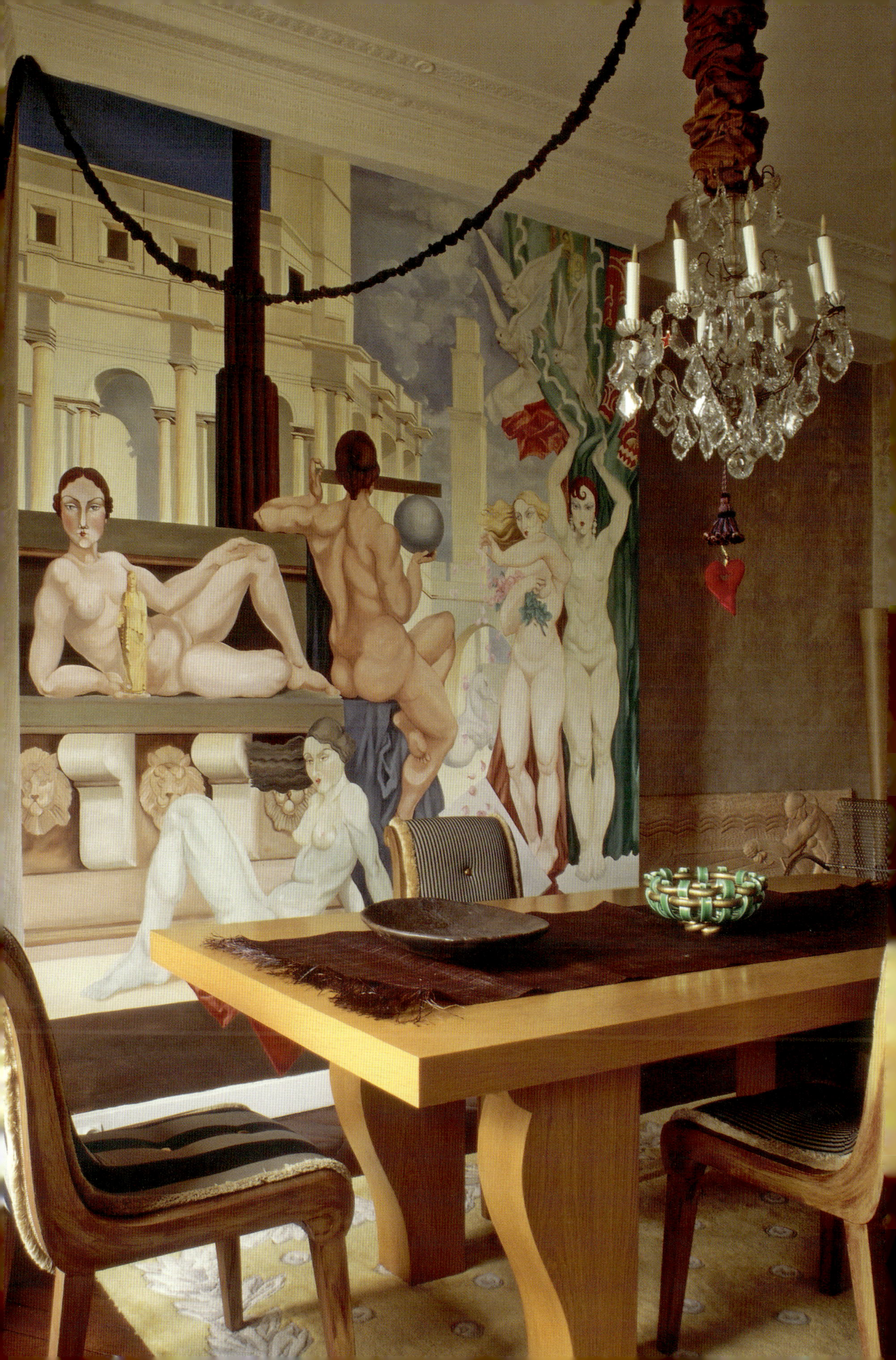

上
フランソワ・アントワーヌ・ゼジェール（1829～1885年）によるシャンデリアのデザイン。パリ、オルセー美術館蔵。

右頁
1. 優美な色彩の貝殻と珊瑚で装飾されたロココ風のシャンデリア。
2. 金属製で、クリスタル・ガラスのドロップで装飾されたロマンティックなシャンデリア。
3. ブロンズとガラスのビーズでできた、第一帝政様式の熱気球型のシャンデリア。
4. ムラーノ・ガラス製のシャンデリア。

52～53頁
洗練された小型のシャンデリアと木と石の組み合わせが、穏やかでロマンティックな雰囲気を醸し出している。

たオパール・ガラス製のシェードを備えていた。それというのも、19世紀を通じて、シャンデリアは新しい技術と新しい燃料に適応してきたからだ。最初はろうそく、あるいはオイルが用いられ、次いで、電化されるまでガスと石油が用いられたのである。

> **コレクターの方へ**
>
> シャンデリアの値段は、製作時期、大きさ、素材、ブロンズの骨組みの複雑さ、彫金細工の質の高さ、そして使われているクリスタル・ガラスの量によってさまざまだ。
> もっとも人気があるのは、（輝きがよりおだやかな）水晶でできたもの、1850年以前に作られたもの、花をモティーフにした装飾が施された珍しいもの、オパール・ガラス製のものである。
> もし伝統にのっとって食堂のテーブルの上に古いシャンデリアを取り付けようと思うなら、シャンデリアが重圧感を与えたり控えめすぎたりしないように、天井までの高さと部屋の広さを確認すること。キッチンやロフトなど、伝統的には設置しないような場所に取り付けるなら、バランスの問題はもっと自由に考えてよい。
> いずれにせよ、製品が完全な状態であるかどうかをよく調べ、もし完全でなければ値段を下げさせること。というのも、修復作業では一般に製品を完全に分解することが必要で、非常に費用がかかるからである。
> シャンデリアのドロップが足りなかったら、骨董店でばら売りされていることを知っておくとよい。また、シャンデリアの骨組みを見つけることもできるので、好みのままにドロップをつけてもいいし、たとえば小さなガラス管を細い鎖で垂らしたり、長いイヤリングやその他思いつくもので飾るのもいい。

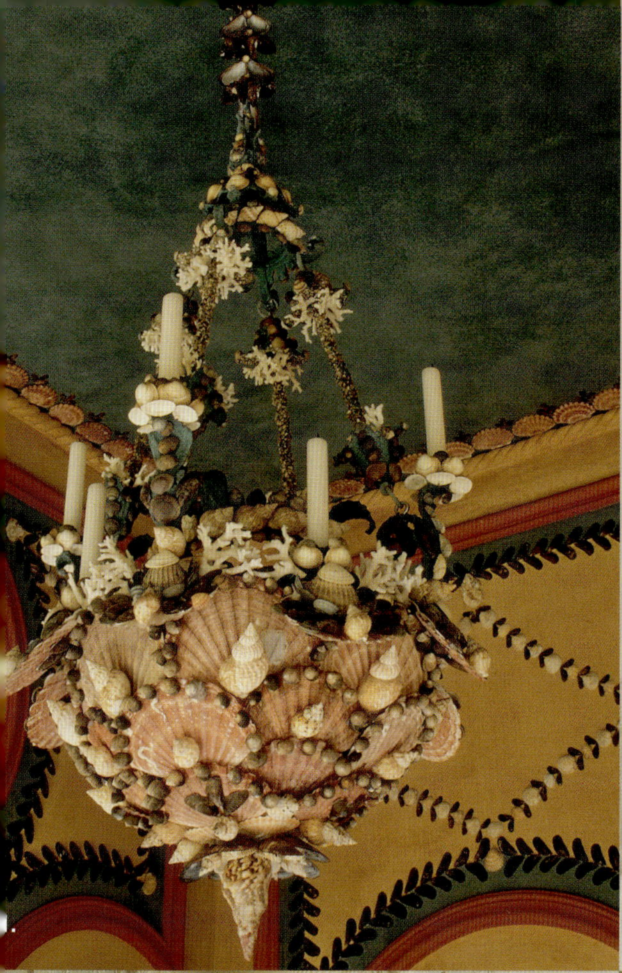

1.

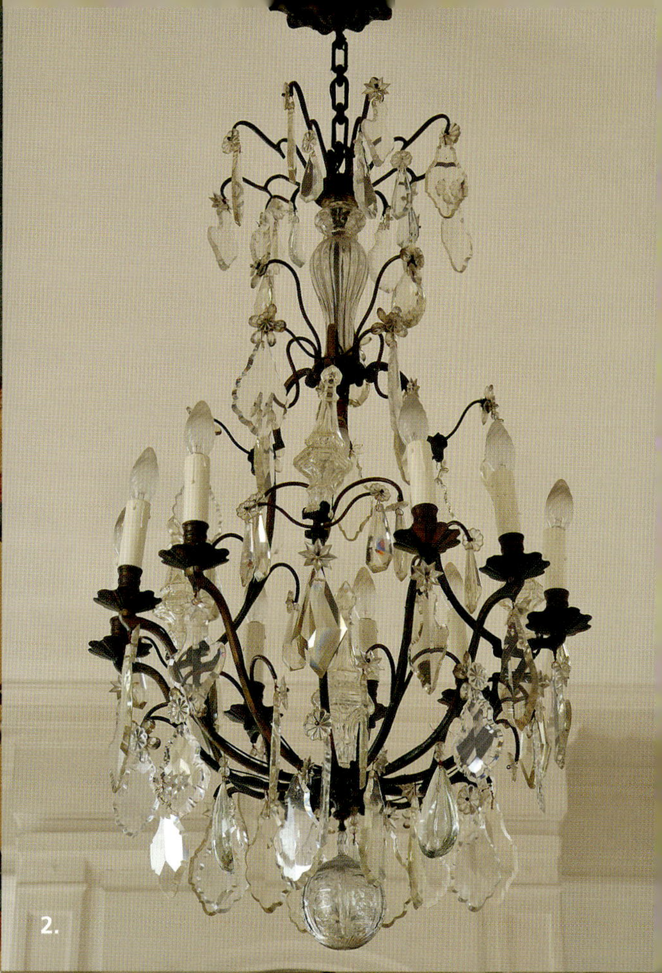

2.

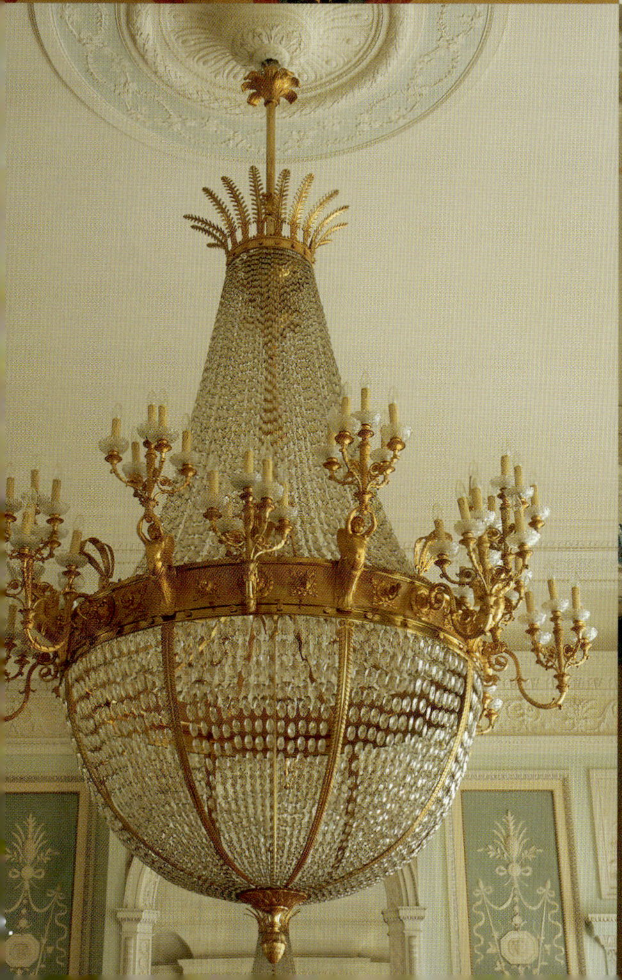

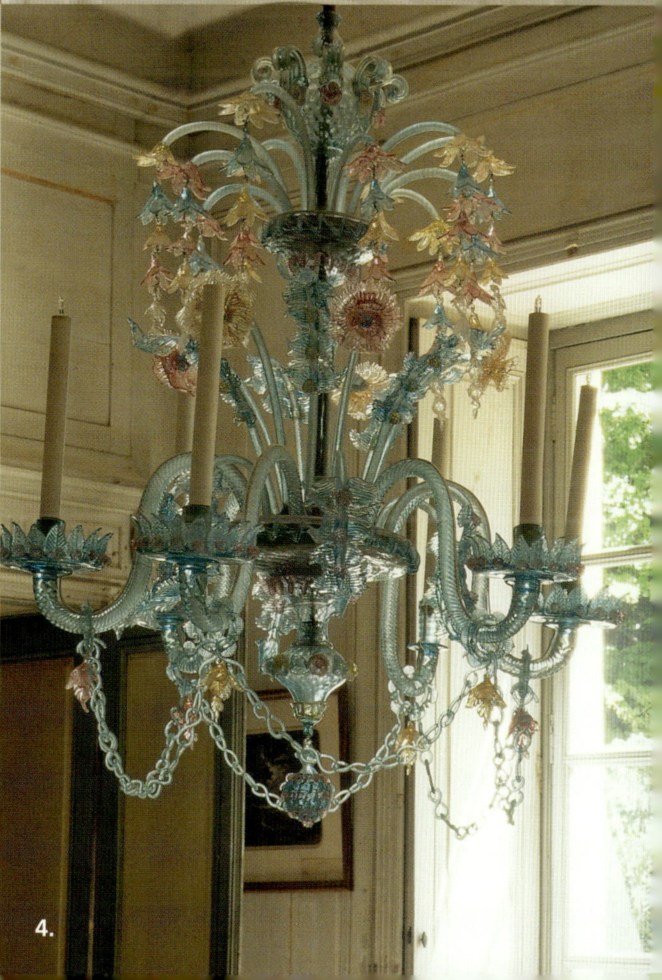

4.

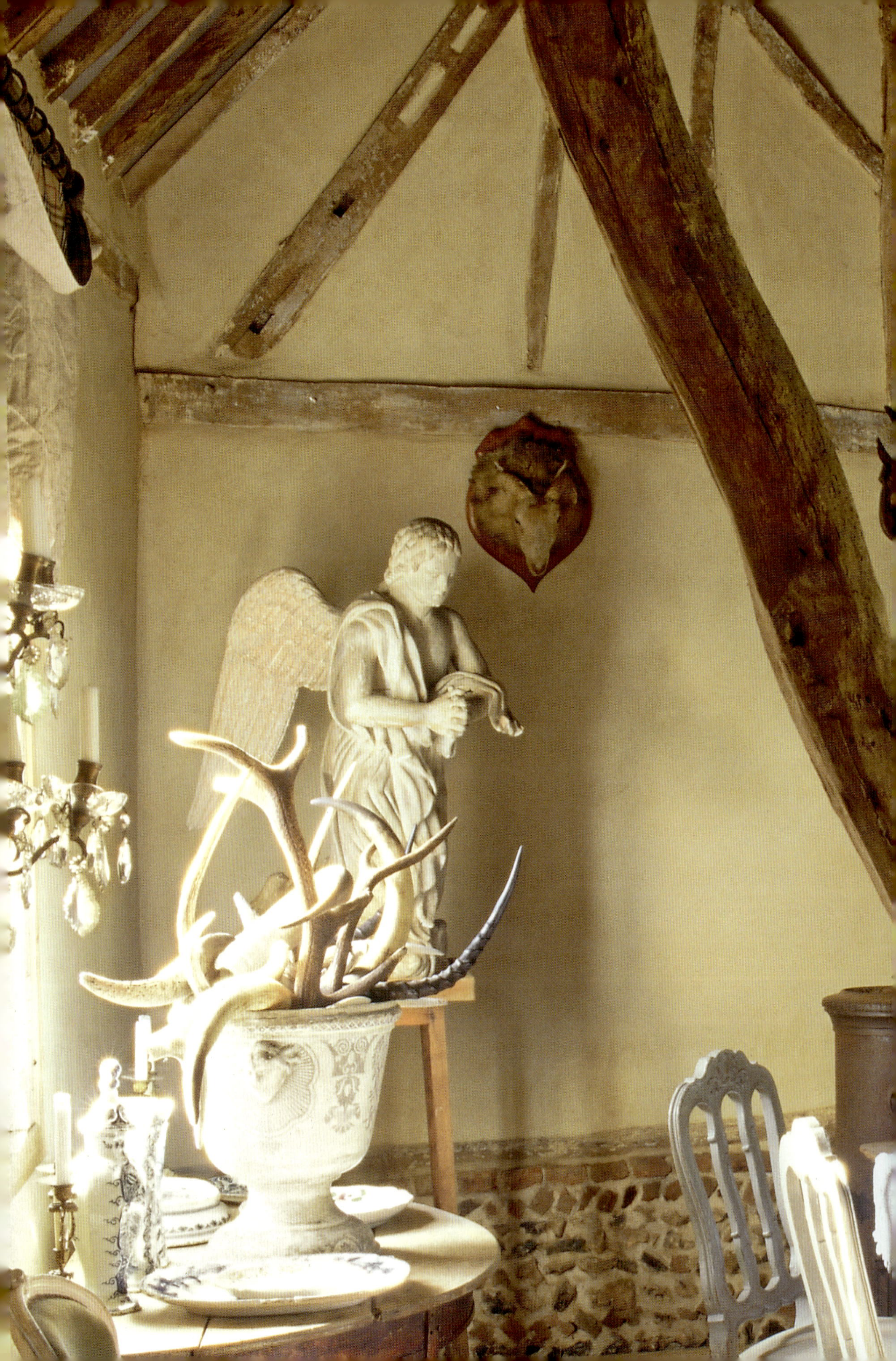

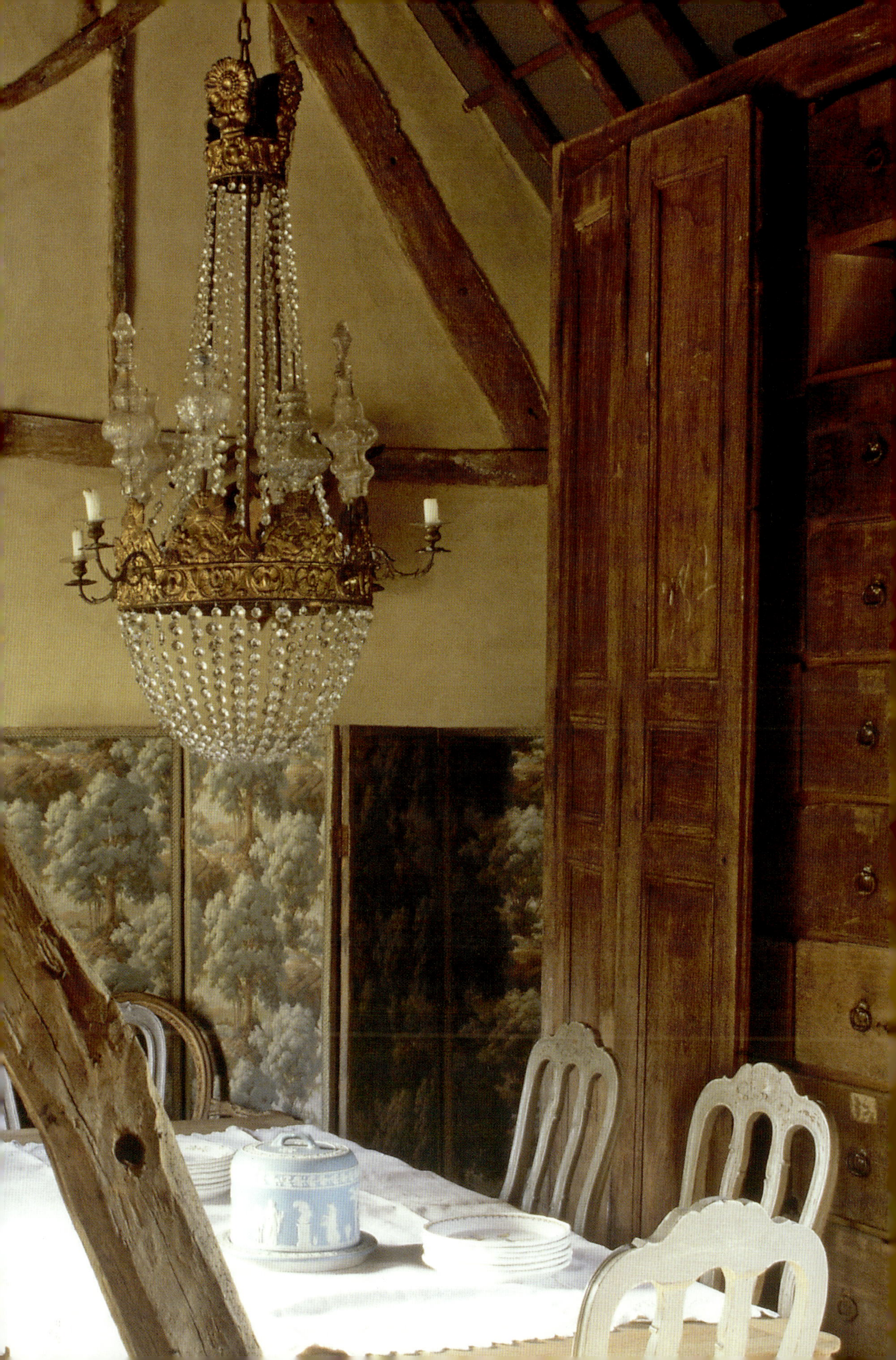

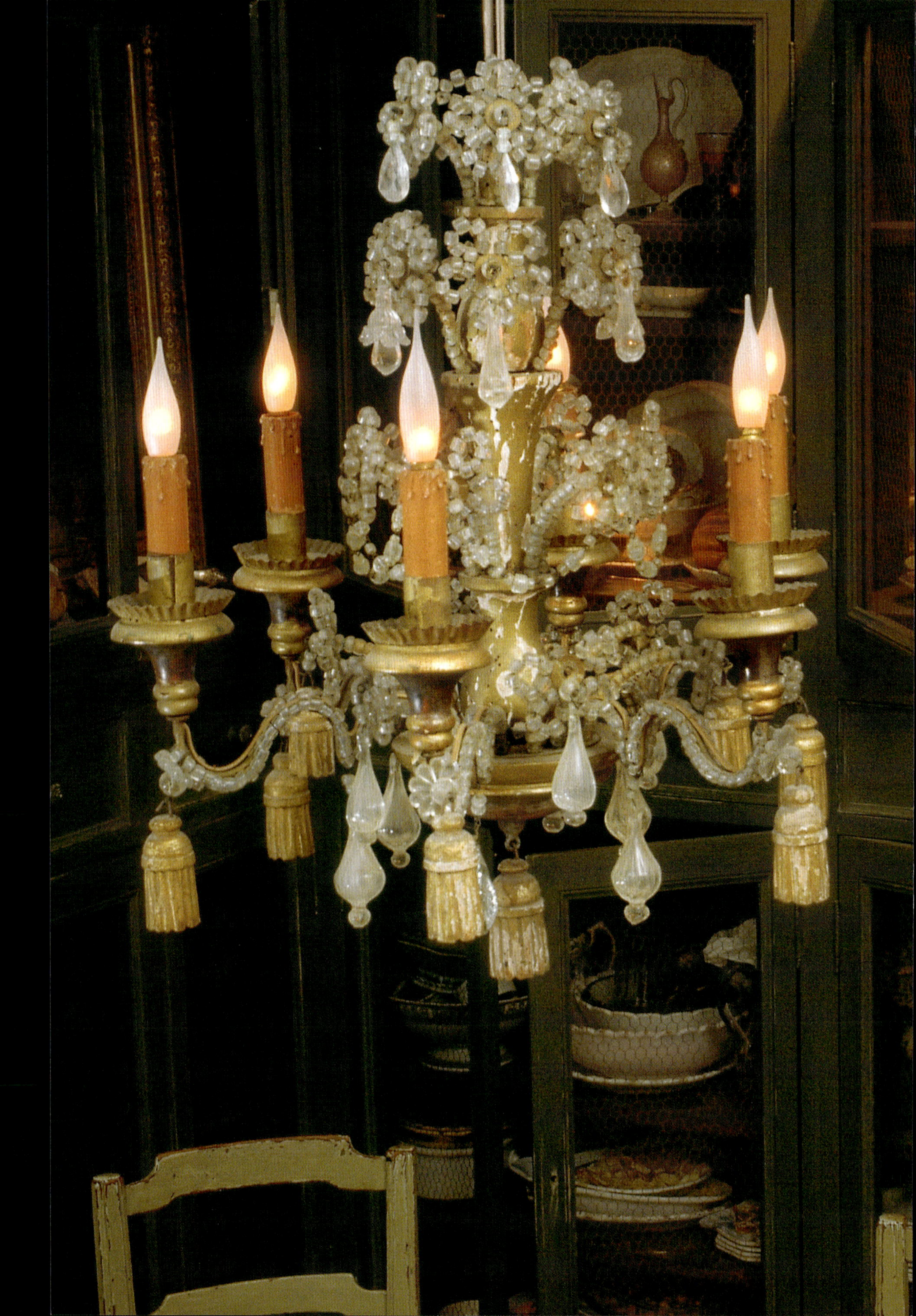

ドロップとビーズの飾り

光を無限に反射するように入念にカットされた、ダイヤモンドのようにきらめくドロップ［吊り下げ飾り］やビーズは、シャンデリアとジランドール［ピラミッド形多灯燭台］のもっとも美しいアクセサリーだ。

クリスタル・ガラス職人の傑作

18世紀の終わりまで、フランスのガラス職人はボヘミア・ガラスの手法でガラスを細工するか、水晶を使っていた。これは、1784年にセーヴルで開業し、次にル・クルーゾの炭鉱近くのモンセニに移った、王妃御用達のクリスタル・ガラスと七宝細工の製造所にまさにあてはまる。質の高いガラスを作る他の製造所は、ショワジー＝ル＝ロワ（1821～1851年）、ベルシー（1827～1835年）、パリ近郊のクリシー、リヨンのラ・ギヨティエールにあった。

ヴォージュ県の北部では、1767年創業のサン＝ルイのガラス製造所が、他の製造所と同様に、ガラス食器とボヘミア・ガラスに倣った手法のガラスを製造していた。しかし1781年、彼らは、1世紀前にイギリス人ジョージ・レイヴンズクロフトが発明した鉛入りクリスタル・ガラスの製造を始めた。この技術を改良すると、サン＝ルイ製造所は1827年以降大発展し、帝政下で卓越した存在となった。

サン＝ルイの永遠のライバルはバカラという。1764年にナンシーから50キロほどの地に創業し、初めは窓ガラス用のガラスを製造し、次いでやはり鉛入りクリスタル・ガラスの製造に着手した。彼らはこの技術を、誰も太刀打ちできないほど完全なものにした。19世紀後半、彼らはありとあらゆる宮廷のために巨大な品を製造した。特に、ロシア皇帝ニコライ2世のための高さ4メートルものドロップ付きカンデラブルや、マハラジャのためのおびただしい数のクリスタル・ガラスで飾った巨大なシャンデリアが有名である。

グラソン（氷）形とハート形

ろうそくの、後の時代には電球の光を無限に反射するものとして、カットされ面取りされたドロップとビーズ以上に美しいものはない。ガラス職人は吹きガラスの、クリスタル・ガラス職人は手作業での彫刻の腕を競い合った。彫刻するのは、水晶、次いで無色や色物の鉛入りクリスタル・ガラスだった。洋梨形や半洋梨形、ハート形（きわめて小さな洋梨形）が切り出され、あるいはひとまとめにされた。ドロップはアーモンド形、球形、オリーブの実の形、方形、八角形、円花形、台形、星形、ピンなど、あらゆる形が作られた。より大きな短刀形は、縁を1、2面面取りされている。削った鉛筆の先に似た形の、現代ではグラソン、または単にドロップとも呼ばれるミルザは、19世紀になってはじめて登場する。シャンデリアの下部にアクセントを付ける大きな球は、滑らかに仕上げられたものもあればカット面をつけられたものもある。

左頁
水晶のドロップで飾られた、金色に塗った木でできた小さなシャンデリア。17世紀。

コレクターの方へ

買ったばかりの古いシャンデリアのドロップが欠けている時は、骨董店や専門店で、ありとあらゆる形とカットのものを見つけることができる。シャンデリアに散財してしまったなら、プラスチック製の模造のドロップでも、（遠目には）ごまかせるということを覚えておくとよい。まずはプラスチック製で修復を始め、少しずつクリスタル・ガラス製に置き換えていけばよい。

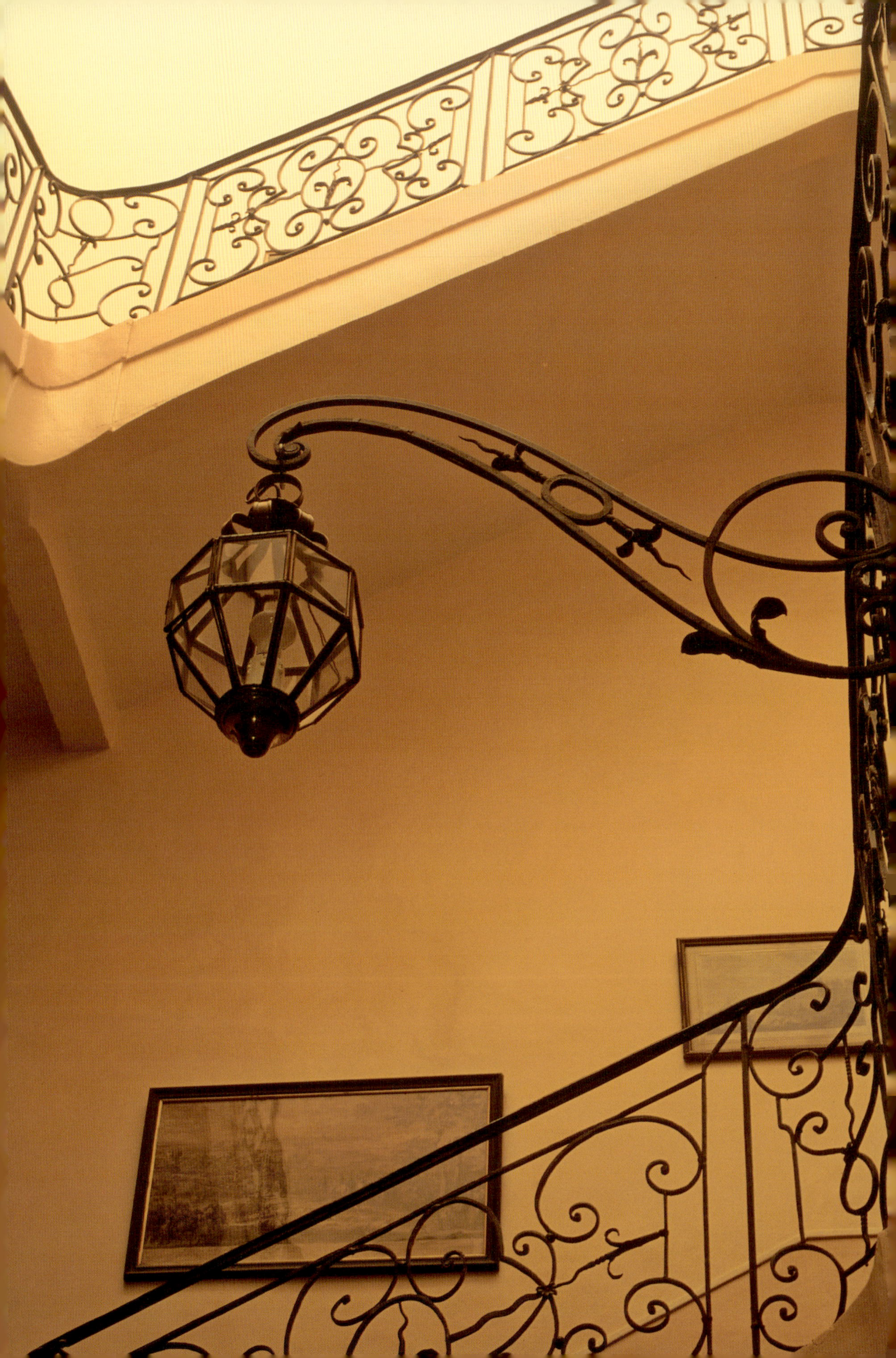

1.　　　　　　　　　　　2.　　　　　　　　　　　3.

ランタン

火を保護するために作られたこの光の箱は、18世紀と第一帝政期に黄金期を見た。今日ではむしろ、屋外用照明として人気がある。

製品のバリエーション

ポンペイではすでに、ランタンは天井から吊り下げられていたり、壁に取り付けられたりしていた。夜間に移動する時には、身分の高い人々にはランタンを運ぶ奴隷がつき従い、それ以外の人々は、ベルトに固定できる個人用のランタンを持っていた。一般に円筒形のこの品は、ランプが置かれるテラコッタ製の底部と金属製の枠、そして炎を保護する半透明の壁でできている。壁は角、羊皮、動物の膀胱を引き伸ばしたもの、油紙、そして後の時代になってからは水晶や雲母、あるいはガラスで作られた。

フランスでは、住居で複数のランタンが使われるようになったのは12世紀以降のことである。14世紀になると、さまざまな素材で作られるようになった。もっとも粗末なものは銅かブリキ製だった。修道院では真鍮（しんちゅう）製のものが使われていた。城館では銀製や金製など贅沢なものが使われ、周囲は通常、角（つの）を薄く削（そ）いだもので覆われていた（なぜならランタンを作る職人は、角で櫛（くし）を作る職人の同業者組合の一翼を担っていたからだ）。周囲の壁がガラス製のものは、1442年にボルドーで初めて作られた。しかしこの素材が一般化するには、1世紀を必要とした。

左頁

錬鉄でできた渦巻装飾が優雅な力強さを示すこの18世紀のランタンは、階段の手すりの曲線と調和している。

上

1. ろうそくを使用するランタン「オルフェオン」。黒い琺瑯引きで、把手と帽子に取り付けるためのストラップが付いている。
2. 携帯用の、頑丈で衝撃に強いランタン。
3. 玄関広間用の、繊細な彫金が施された錬鉄製のランタン。

様式の変化

18世紀には、ランタンは至る所に取り付けられた。玄関広間にも階段にも戸外にもあり、壁や鉄柵に固定されていた。金めっきしたブロンズや銅や真鍮でできた大きなものは、精緻な彫りが加えられたガラス製の箱に収められた、3本枝の小さなシャンデリアのような形をしていた。

ルイ15世の時代、ランタンは徐々に変化し、唐草文や花綱、花輪などの装飾が、塗装されたブリキや錬鉄、トール・パント、時に陶製の枠の周りを左右非対称に取り巻くようになった。ルイ16世様式のランタンはやや簡素になり、軽やかな枠が、左右対称な小さな植物模様の花輪で装飾されている。

第一帝政期には、ランタンは特に入念に作られ、ライオンの頭のモティーフなどで飾られて3本の鎖で吊り下げられた。19世紀後半にはパルメットで装飾された冠の形をとるようになり、またオパール・ガラスや塗装メタルなどの新素材も取り入れられた。あるいは、異国趣味の流行の中で色ガラスや竹が使われた。ランタンには、ろうそく、オイル、揮発油、アセチレン、アルコールなどが使用できた。

上
1, 2. 錬鉄と色ガラスのランタン。
3. 錬鉄製。切り抜かれた装飾モティーフを貼り付け、すりガラスを使用。
4. ボヘミア・ガラス製。
5. Baccarat（バカラ社）のクリスタル・ガラス製。グラヴュール（彫刻）加工を施し、艶消しをしている。
6. サン゠ルイ製造所のグラヴュール加工を加えたクリスタル・ガラス製。

右頁
1. イタリアの礼拝行列用トーチ。18世紀。
2. アムステルダム派のアール・ヌーヴォー様式のランタン。
3. 中国の紙製ランタン。
4. モロッコの真鍮製ランタン。

コレクターの方へ

ランタンの枠だけを安く見つけ出すという幸運に恵まれることもあるだろう。完全な状態にあるかどうかを調べてから掃除をし、専門家にガラスを入れてもらうとよい。

2.

4.

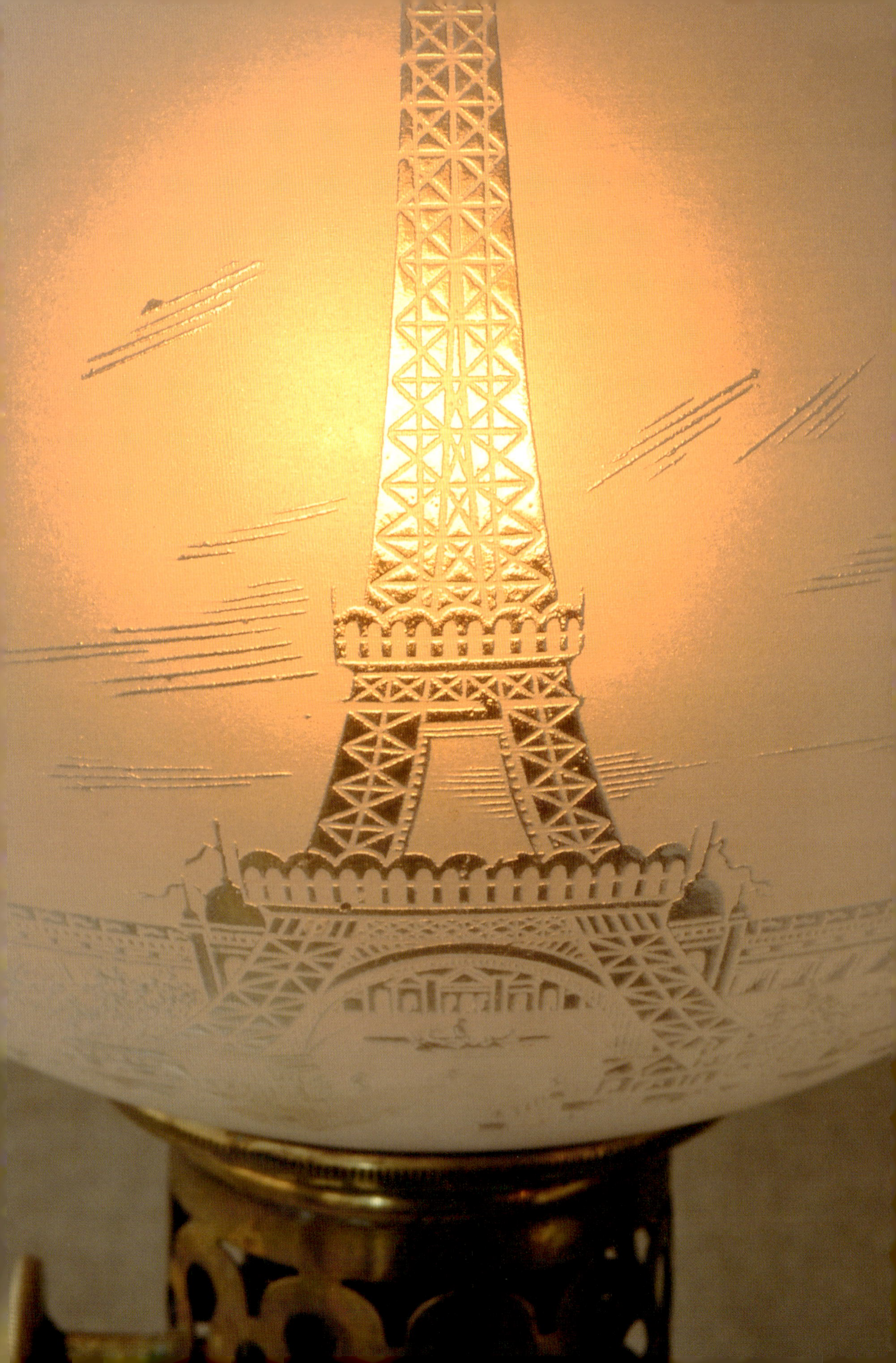

電化以前のあかり

現代では、19世紀の末まで人々が電気なしで暮らしていたことを想像するのは難しい。そして、あたりまえのように見えるランプの形が今のようになったのが、19世紀の初めにすぎないという事実も想像しがたいだろう。人々が暗闇の中で生きていたというわけではない。まったく逆だ。火の発見以来、照明は至る所にあった。特に、宗教儀式や礼拝の場は明るく照らされていた。照明は、人類が油とそれを入れるための漏れない容器を作れるようなるとすぐに生まれた。人々はその容器を熱心に装飾したが、それは古来、テラコッタや金属の容器を巧みに成形し、刻印や彫りを加えてきたことから明らかだ。

17世紀まで、オイルランプはほとんど変化しなかった。機械が、一方では新しい気化燃料の発見、そして他方では数多(あまた)の発明家たちの創意工夫のおかげで、爆発的な進歩を遂げたのは19世紀だった。それによって照明も、より明るく、より燃焼時間の長い、システムがより実用的な、そしてより危険の少ないものへと少しずつ変わっていった。同時に、この時代の芸術的な豊かさを反映し、素材と形態も進化していった。

いささか古めかしい魅力を放つ、技術的にも美的にも小さな傑作と言うべきオイルランプは、今も私たちを魅了してやまない。

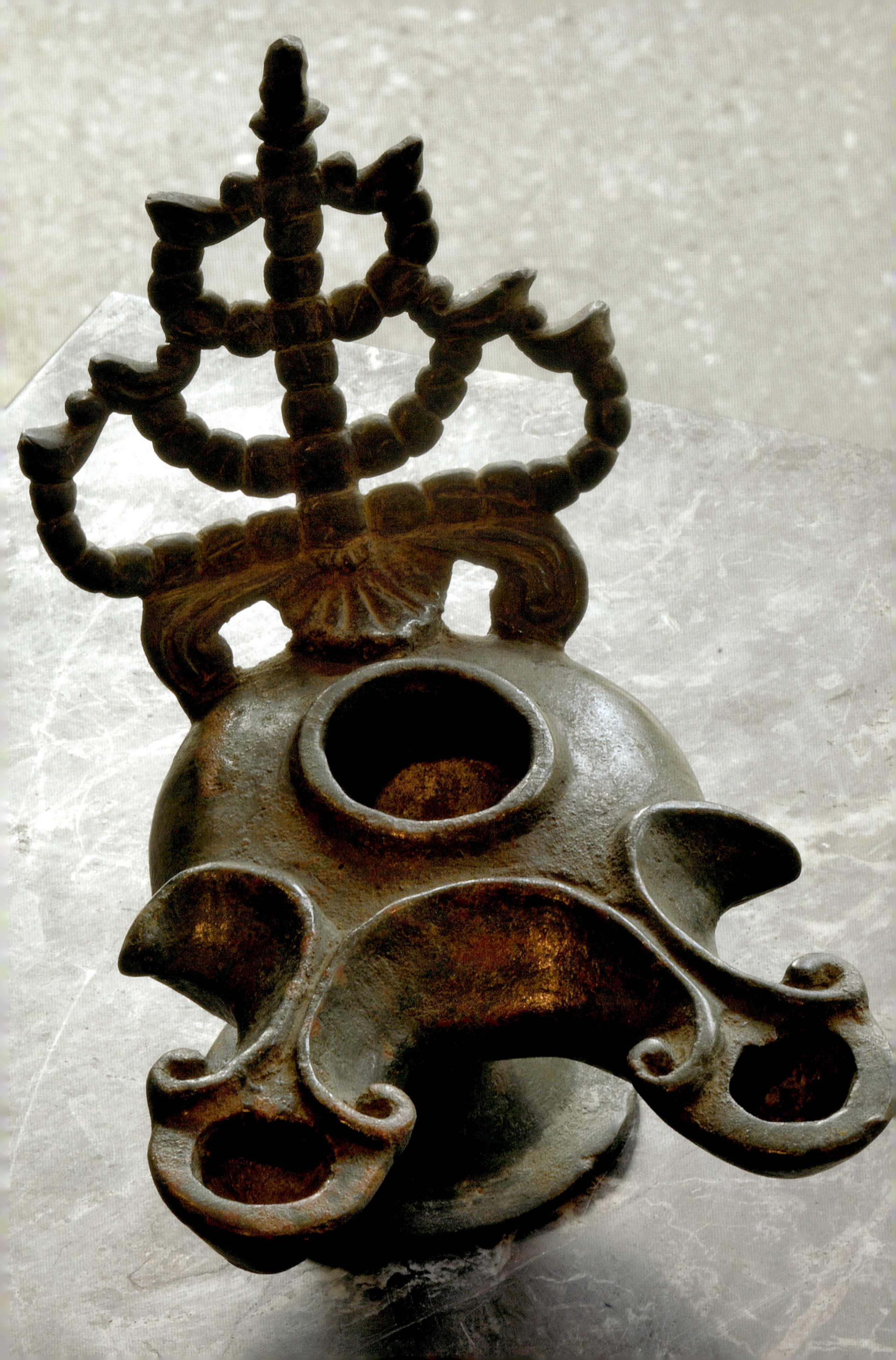

1.　　　　　　　2.　　　　　　　3.　　　　　　　4.

原始的なオイルランプ

油を満たした容器から出ている灯芯が、毛細管現象によって燃焼する。これが原始的なランプの原理で、このようなランプは旧石器時代から存在した。その形は16世紀までほぼ変わらないままだった。

最初の照明方法

　地中海沿岸の古代文明では、メソポタミア文明と同様に、ランプは、魚油を入れる容器になる貝殻（バイガイ、カキなどの殻）や、樹皮または繊維でできた灯芯を差し込む溝を作った、窪んでいたりえぐれたりしている石から作られていた。

　道具の発明によって、石灰岩のような柔らかい石を細工することが可能になった。紀元前1万年頃、ランプは広範囲に存在したが、特に神殿内と葬儀の際に用いられていた。

　時とともに、職人は粘土を使うようになり、指でこねたり、果実の皮や貝殻に詰めて成形したりして、天日で干した。しかし急速に乾燥させるこの方法では、できあがったものが壊れやすいため、職人は日陰で、次に灰の中で乾燥させるようになり、そしてとうとう、焼き窯を作り上げたのである。

エジプトとギリシャ

　エジプト人は紀元前3千年紀に、葉叢（はむら）、シュロ、神々を表す動物の装飾を施した、把手（とって）の付いた碗型のランプを使っていた。彼らは円柱の先端にランプを取り付け、家々や露店を照らしていた。

　紀元前2000年、やはりエジプトでは、型を使って作った不透明ガラスのランプがすでに存在していた。それより後、ヘロドトス（前484頃〜前420年頃）は、無数の小さなランプの光に照らされて繰り広げられたエジプトの祭の壮麗さについて記録している。

　ギリシャでは、紀元前6世紀以降、オイルランプの存在が確認されている。それは粘土でできた小碗で、初めは手で成形し、次いでろくろが使われ、さらに型に入れて作られるようになった。ギリシャ人は、ランプのへりを内側に湾曲させ、さらに火口（ひぐち）を作った最初の人々だった。石、ブロンズ、

60頁
1889年のパリ万博を記念して製作された、パリのジョゼフ・シュロスマシェールによる調節装置付きオイルランプのガラス製シェード。

左頁
メノラ（七枝の燭台）の形の反射板になる把手付きのブロンズ製オイルランプ。アレクサンドリア、1世紀。

上
1. ローマ時代のランプ。
2. フェニキアのランプ。
3. キリスト教徒のランプ。
4. ブロンズ製の吊り下げランプ。

上
1. ローマ時代の底が平らなブロンズ製ランプ。1〜3世紀。
2. 反射板の部分にキリストのモノグラムが入ったテラコッタ製のランプ。カルタゴ、3〜5世紀。
3. ローマ時代のブロンズ製ランプ（蓋が失われている）。紀元前1〜3世紀。

そして金や銀までが用いられたが、それは、神々を崇める場である神殿の中では、どれだけ美しく飾っても十分ということはないからだった。

ヘロドトスはまた、「たいまつ競走」というランプの祭典について言及している。火のついた灯芯が浮かぶ、油と塩を満たしたランプを手に持って競走するマラソンがあったことも知られている。

ローマ

ローマ時代のランプは、一般に深めである点以外はギリシャのものとほとんど変わらない。油を入れる容器は、一方の端に把手があり、もう一方の端には、持ち主が貧しいか裕福かによって、1箇所、または2箇所に火口がついていた。ランプは、開いた形のものもあれば、装飾が施された円盤によって蓋をされているものもあった。

キリスト教徒のランプは、キリストを意味するモノグラム［組み合わせ文字］が記され、船、魚、葡萄の木、その他の宗教的なシンボルの装飾が施されていた。

より高級な素材

石や型押し模様をつけた陶器といった、広く普及していた素材のランプの他に、より高級な素材、つまりブロンズ、大理石、鉄、さらにガラス、銀、金までが使われていた。そうしたものでは、形もより入念なものになり、いくつもの加工段階を経て作り上げられるものもあった。ランプは台の上に置かれるか、天井から鎖で吊り下げられた。装飾も次第に洗練されていった。1世紀の終わりには、ランプは大量に製作されるようになり、製造元の印も入れられるようになった。

油と灯芯

使用される油は、地域、気候、海に近いか否かによってさまざまだった。動物から採れるもの（鯨やビーバーの油、羊や牛の脂）、植物から採れるもの（菜種、クルミ、ケシ、オリーブ、アーモンド、ブナの実などのドングリ、ゴマ）があった。灯芯は、マッチ棒状に割った木や、葦の髄、そして植物繊維を撚り合せるか編んだものが使われていた。植物繊維の原料として、パピルス、亜麻、麻、葦、モウズイカ、さらには綿毛までが使われた。木綿はきわめて高価であったため、16世紀まで灯芯の製造には用いられなかった。

原始的なオイルランプ | 65

1.　　　　　　　　　　2.　　　　　　　　　　3.

小さすぎる炎

　フランスでは、ランプは古代のものに倣って作られた。中世のフランス語方言のひとつであるオイル語では、ランプを「クラッセ」または「グレッセ」と呼んだが、それは中に入っていたのが多くの場合、菜種油(コルザ)だったからだ。やはり中世の方言のひとつ、オック語では、「シャレイユ」、「シャルイユ」、「カラン」あるいは「カレ」と呼んでいたが、一般にオリーブ油が使われていた。容器は楕円形で、蓋が付いていた。自在鉤の仕組みで油壺を傾けたまま保持し、油の量が少なくなっても油が灯芯に届くようにしてあった。

　ランプの素材となる金属はさまざまだった。鉄板、錬鉄(れんてつ)、銅、ブロンズ、真鍮(しんちゅう)などである。14世紀にはすでに、銀、金めっきした銀、水晶などで作られ、精巧な装飾が施された贅沢なランプが存在した。それらは、裕福な持ち主が移動する際に持ち運べるように、美しい容器に収められていた。

　しかしこの種の照明器具に不便な点がないわけではなかった。得られる光は弱く、炎は赤味を帯びていて、しばしば消えてしまう。また、不完全燃焼した油は吐き気を催すような臭いの煙を出す。油壺には油を満たしておかなければならないし、煙が出すぎないように、灯芯を引き出しては先端を切ることも必要だった。このような理由から、貴族階級は時としてランプを嫌って倹約家の人々に譲り、蜜ろうのろうそくを好んで使用していた。

初期の改良

　大きな問題点は、油が灯芯に十分にしみこまないことだった。油壺を火口よりも高い位置に置くというアイディアは、古代ローマの碩学(せきがく)、6世紀のカシオドロスのものだった。後に、ランプ製作者のペリエが、2本枝の燭台の形をした、支柱が円筒形の油壺を支えるモデルを提案した。1576年、パヴィアの数学者カルダーノが、ランプの位置に関係なく灯芯に油が行き渡るという、革新的な装置を考案した。

上

1. 初期キリスト教時代のテラコッタ製ランプ。3つのヘブライ語の言葉が記されている。カルタゴ、3〜5世紀。

2. 小型の台座の上に、つまんで作った3つの火口があるテラコッタ製ランプ。チュニジア、紀元前2世紀。

3. イスラムの陶製ランプ。シリアまたはエジプト、12世紀または13世紀。

コレクターの方へ

あなたはもしかすると、ルイ14世のように古いランプのコレクターかもしれない。驚くことに、神々や動物が彫られた、ローマ時代の素朴な石のランプが、今でも手頃な価格を保っている。しかし数多い模造品に注意しなければならない。模造品は一般に、かなり粗雑に仕上げられている。

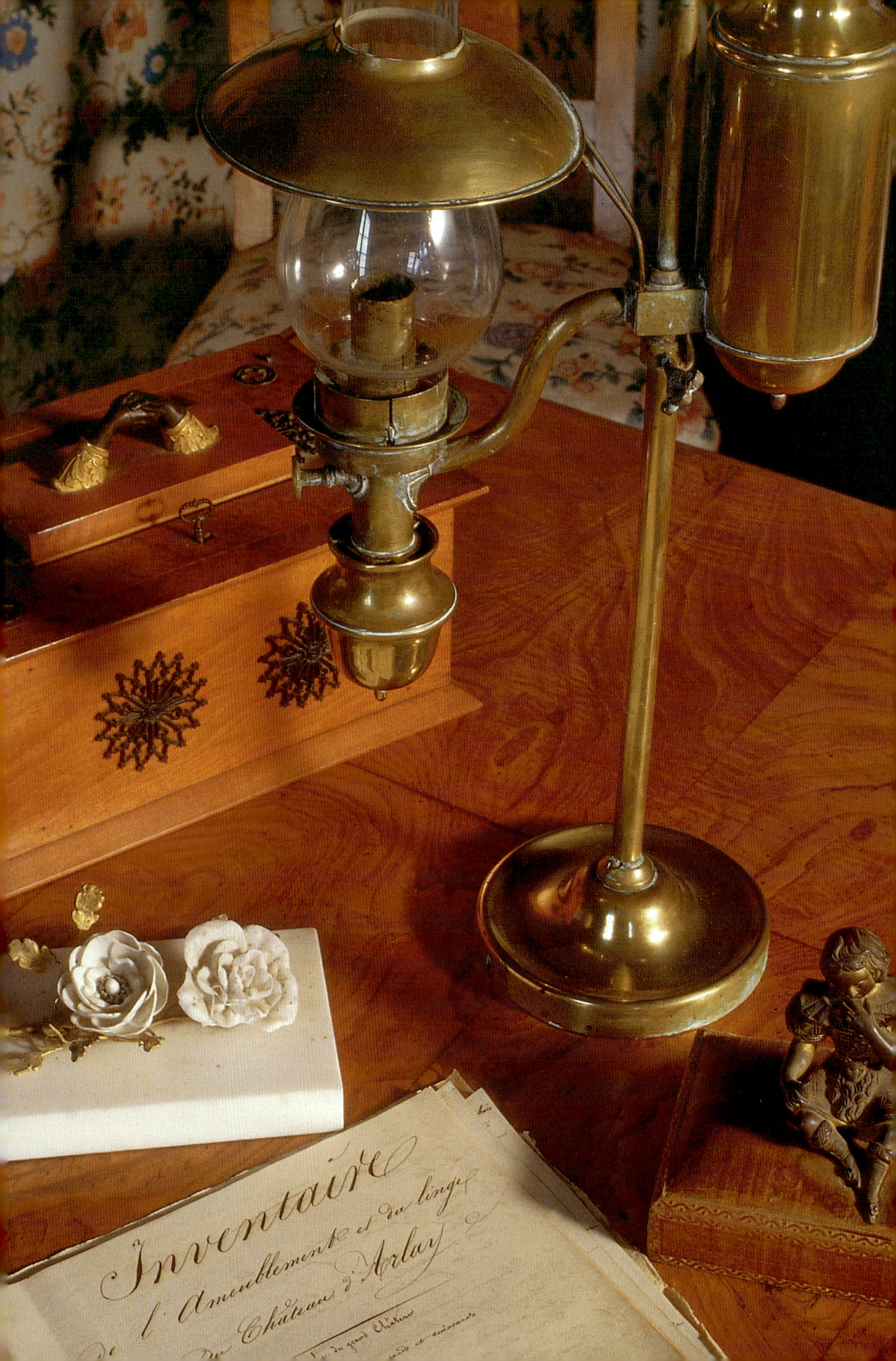
Inventaire
de l'Ameublement et du linge
du Château d'Arlay

1.　　　　　　　　2.　　　　　　　　3.

18世紀と19世紀のオイルランプ

織られた平らな灯芯が1775年に考案された後、ランプの発光方法はますます工夫が凝らされるようになったが、絶え間ない気遣いと手入れが必要なことは相変わらずだった。ガス、さらには電気による照明の出現によって、オイルランプは徐々に衰退していくことになる。

プルーストのランプ

1780年頃、フランスの化学者ジョゼフ=ルイ・プルーストが、安定点灯し、油壺が脇に付いているランプを発明した。技術的な細部には立ち入らないが、油壺の内部にある鐘を逆さまにしたような形のものが、油を規則的にバーナーに送るように調節する、というものだった。しかしこのランプには、2つの不具合があった。油の供給が不規則になってしまうため、ランプを傾けられないこと、そして油壺が灯芯よりも高い位置にあるため、大きな影ができてしまうことだ。

アルガンの発明

ジュネーヴの化学者エメ・アルガンは、大革命までフランスで活動していた。彼は、同心円状に配された2本の管の内側に、内部が空洞の円筒状に形作った木綿の灯芯を取り付けたバーナーを発明した。これによって灯芯の内側と外側に二重の空気の流れを確保できたのである。

アルガンによって、ランプの形はそれまでの常識を覆された。彼は通気の調節のために、炎の上部に鉄板で、のちには耐熱ガラスで作った円筒形のホヤを付け加えたのである。得られる光は蜜ろうのろうそくの

左頁
19世紀の銅製カンケ式ランプ。油壺の位置は調節できる。

上
1. 金属とガラスでできたオイル式のこんろ兼豆ランプ。
2. オイル式の吊り下げ聖体ランプ。光沢を出した銅製、碗形の部分はガラス製。
3. 調節装置付きランプ。

上
1, 2. 2種類のアルガン式ランプ。
3. 第一帝政様式のカンケ式オイルランプ。

10倍強くなった。このタイプのランプでは、鳥の水やり器や連結した壺の原理で、油は一定の高さに保たれるのである。この発明は、照明器具の進化におけるもっとも重要な段階を画するものだった。

カンケ式ランプ

この名称は、薬学者アントワーヌ・カンケに由来している。彼はアルガンの発明を模し、まっすぐだったホヤを、途中で細くしたガラス製にして灯芯のそばに置く、という変更を加えた。そのおかげで空気の流れがより効果的に作用するようになった。彼は油壺の形も変更し、その高さを垂直の支柱を使って調節することを可能にした。カンケ式ランプは一般に金属製(ブロンズ、真鍮、打ち出し細工の鉄、アルミニウム、亜鉛、鉛)で、時に独創的な油壺、たとえば動物の形のものが作られた。

シノンブル・ランプ

このランプは、バーナーの周囲に冠のように配置された環状の油壺が特徴である。この大きいが高さのない油壺の上に、2つの開口部が設けられた。ひとつは栓をすることができ、油を入れたり中を空にしたりするのに使う。もうひとつはもっと小さく、通風口の働きをした。

このランプは無粋な影ができない(このランプの名称は「ノン(ない)」と「オンブル(影)」の合成語である)ため、大成功を収めた。しかし2つの不具合があった。明るさが安定しないことと、油の高さが下がるにつれて、徐々に光が弱くなってしまうことである。

カルセル式ランプ

1800年、ベルナール・ギヨーム・カルセルは、脚の部分に時計の機械仕掛けを備えたランプを発明した。この仕掛けにより、油壺を高く上げていかなくても、油を規則的にバーナーに送ることが可能になった。ランプの脚には穴があり、そこに鍵を挿すと仕掛けが動き出すようになっていた。このランプはアルガンのバーナーを備え、可動式のホヤ受けが付いていた。ホヤの細くなった部分が炎の位置にくるように高さを変えることができたので、可能な限りもっとも明るい光を得られるように、空気の流れを調節することができた。しかしこの繊細な装置は、もっぱら裕福な人々に

18世紀と19世紀のオイルランプ | 69

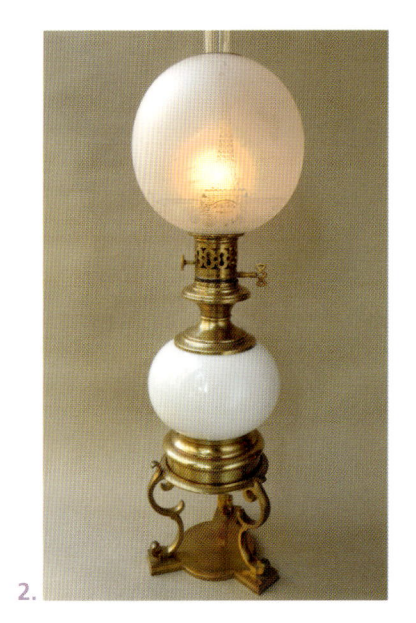

向けられたものだった。

調節装置付きランプ

カルセルの仕掛けは、フランショが1837年に特許を取得した調節装置付きランプに切り替えられた。それはコイルばねによって機能する信頼性の高い照明器具で、安価に製造できるものだった。コイルばねの一端に付いているピストンが油に圧力をかけるのである。ピストンの中心には、軸に鍵が付いたピニオン（小歯車）によって動くラック（平板歯車）が固定されている。調節装置付きランプの登場後、オイルランプは衰退していくことになる。

オパール・ガラスからパピエ・マシェへ

ポンプ式で油壺が脚部に内蔵されているカルセル式ランプと調節装置付きランプは、カンケ式に比べて装飾を施すことがはるかに容易だった。その形状は一般に球形、または円筒形で、時に洋梨形や、相変わらず燭台を模した形もあった。脚部の台座は、多くの場合彫刻による模様で飾られていた。もっとも質素なランプは、錫、模造金、白銅、銀めっきした銅、ブリキ、塗装メタルなど、ありふれた金属でできていた。しかし、はるかに高価で、そのうえ稀少な素材も遅れをとってはいなかった。クリスタル・ガラス、金めっきしたブロンズ、銀、金、磁器や水晶で作った人形、炻器、ファイアンス、磁器などである。彫刻や彩色による装飾は洗練の極地だった。

19世紀後半には、ガラスに珍しい色彩を与えられる新しい素材、オパール・ガラスでたくさんの製品が作られた。ナポレオン3世の時代には、ポン＝タ＝ムッソンの製造所が得意とした素材、パピエ・マシェ［紙張子］が流行した。

> ### コレクターの方へ
>
> 燃料がオイルから石油にかわった時、オイルランプの脚の部分に石油用の油壺を取り付けることがしばしば行われた。こうしたランプの多くは、グラヴュール（彫刻）加工による装飾がある不透明なガラスの球形のシェードを備えていた。シェードはガラス製のホヤにかぶさっていたが、ホヤは明るさを増すために、少なくとも高さの3分の1はシェードから突き出していた。残念ながら、当時のままのシェードを見つけることはどんどん難しくなっている。

上
1. パリのレオン・シェルフィスによる小型時計兼用のオイル式常夜灯。19世紀半ば。
2. 調節装置付きオイルランプ。パリのジョゼフ・シュロスマシェール作。球形のシェードには1889年のパリ万博を象徴する場所が表現されている。

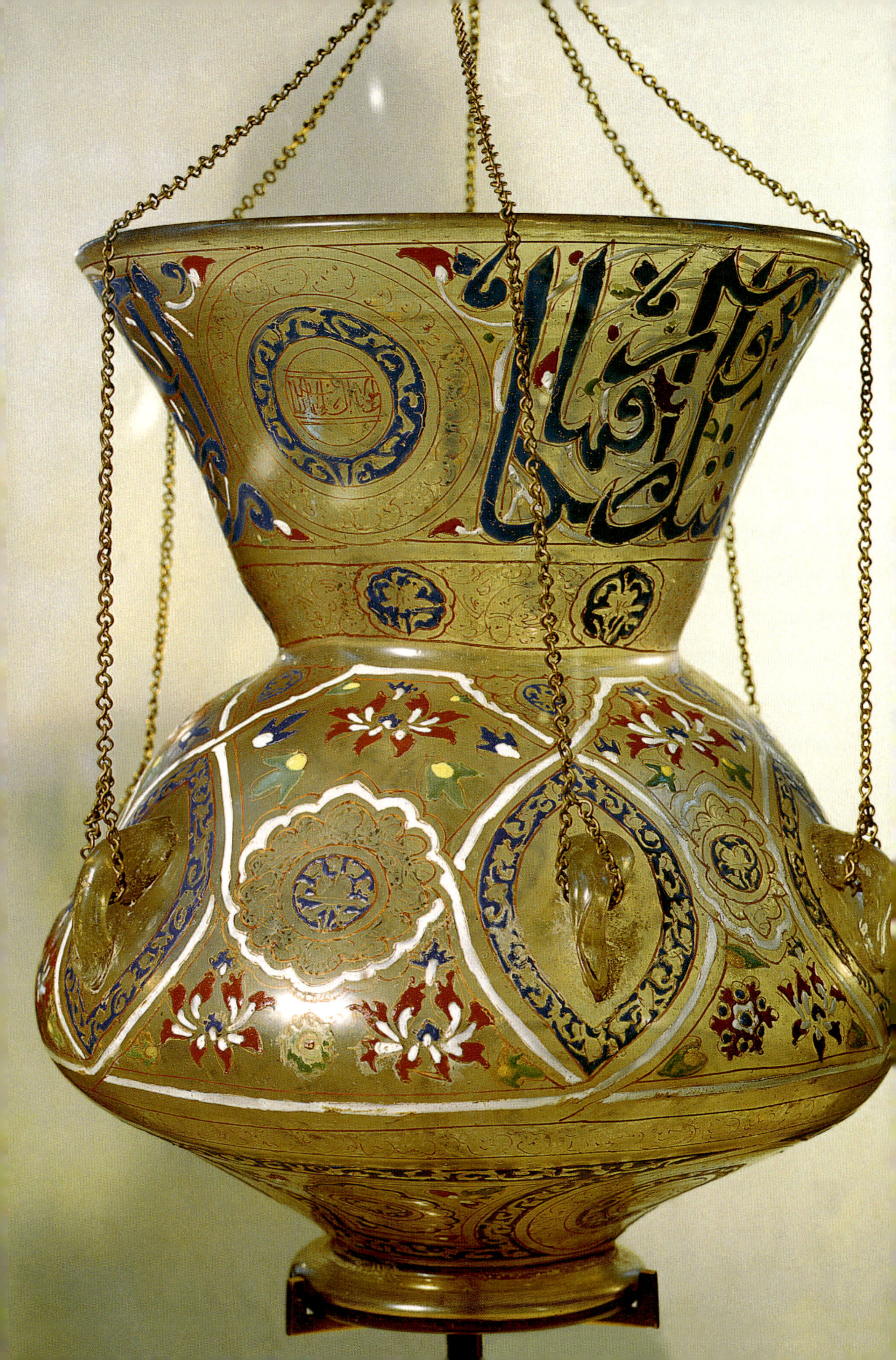

聖なる空間のランプ

かつてのオイルやろうそくから電灯になった聖なる空間のランプは、現代では住宅の中に居場所を見出し、雰囲気を演出する照明として素晴らしい効果を生み出している。

瞑想の源

聖なる空間が存在するようになって以来、その空間は、神がそこにいることの証明であるランプによって照らされてきた。ランプはまた、瞑想や祈りに必要な精神の集中を助け、宗教儀式に際しては欠かせないものとなっている。それは一般にひとつまたは複数のガラス製の小碗の形で、中に油と灯芯、またはろうそくを入れ、鎖で吊るすものである。

ユダヤ教のシナゴーグの、律法に結びついた「永遠」と呼ばれるランプ、東方正教会の夜祷のランプ、カトリック教会の聖体ランプ、モスクのランプ、宗派にかかわらず用いられる、奉納のための小さなランプ……あらゆる礼拝の場で、ランプは等しく神への信仰と信頼を表現しているのである。

原則はどこでも同じであっても、聖なる空間の照明は所によって変化する。大規模な礼拝空間では数多くの照明が必要になる。その場合、何百ものランプが、いくつもの円が連なるように配置された金属製の骨組みの中に、シャンデリアのように丸く並べられ、穹窿から吊り下げられる。一方、小さな礼拝堂では、独立したランタンがあちらこちらで弱い光を放っている。

透明、あるいは色ガラス

基本的には、ランプはガラス製の小碗で、上部に小さな膨らみがあり、その下に鎖が繋がった金属製の輪をかける。ガラスは透明か、または着色されていて、多くは赤か青である。これをもとに、さまざまなバリエーションが存在する。過去に作られたモスク・ランプのなかには、高さが40センチに達し、胴の部分は球形で、肩が大きく、口が広がっており、鎖を取り付けるための把手が6個付いているようなものもある。これらのランプは、ヴェネツィアまたはバルセロナのガラス製、あるいは銅製で、七宝と金が象嵌されている。七宝は、地の部分に施されていることもあれば、円花飾りやアラベスク文様の装飾に用いられていることもある。かつてフランスの教会では、聖なる空間のランプは金銀細工師の仕事だった。ガラス製の聖体ランプは、精緻な細工が施された銀製の器の上に設置されていたからである。

> **コレクターの方へ**
> ろうそくによる照明が大好きであれば、テーブルに置かれた色付きの小碗型のランプは、美しい輝きをもたらしてくれるのでおすすめだ。細い鎖で天井から吊り下げて、補助照明にしてもいいだろう。いくつかのランプを高さを変えて吊り下げ、中にろうそくを入れれば、魔法のような効果が生まれること間違いなし!

1.

2.

左頁
カリグラフ、花、幾何学模様が、この美しい広口のモスク・ランプの上で調和している。エジプト、14世紀。

上
1. 戦艦ベル゠プール号内の遺体安置室のランプ。
2. ヴァンスのロザリオ礼拝堂のシャンデリア。アンリ・マティス作、1948〜1951年。

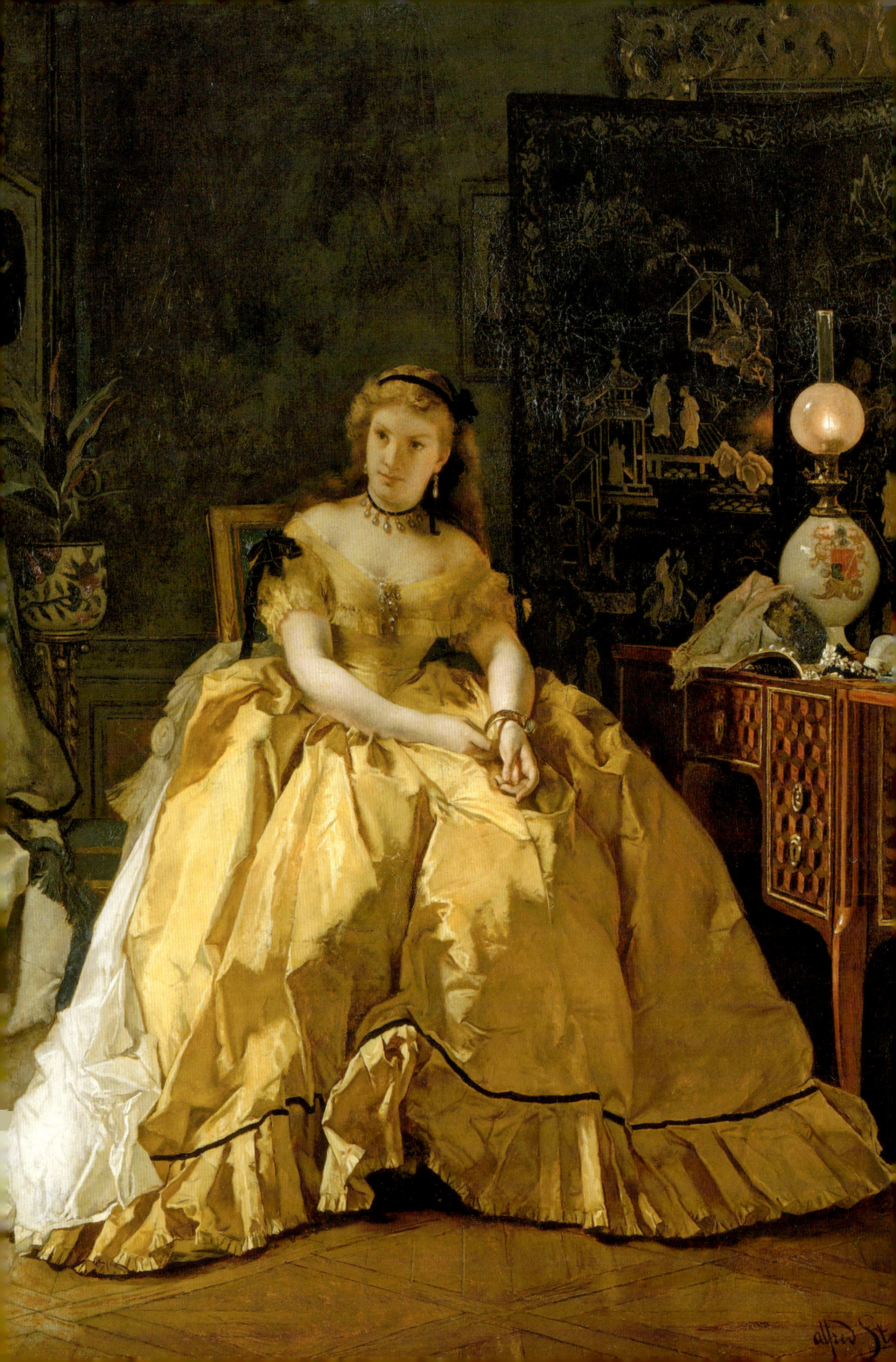

1.    2.    3.    4.

揮発油ランプ

アルフォンス・ミルが発明し、ガルドンが改良してピジョンが普及させたランプは、きわめて経済的で、19世紀末には大成功を収めた。

ミルの特許

1862年、アルフォンス・ミルはコニアールの協力を得て、イギリス人ウィンザーの業績に着想を得た、「揮発油のガス・ランプ」と銘打ったランプを発表した。ミル式ランプと命名されたこのランプは、石油を精製して得られる、経済的で無臭の揮発性の物質を燃料としていた。

ミル式ランプは、洋梨形の油壺と、紐状に織られた灯芯を保護する管状のバーナーからなっていた。管の中を循環する空気の流れが、蒸気を押し出し燃焼させる仕組みである。このランプは、比較的壊れやすく（真鍮かブリキでできていた）、また火災の危険を避けるために保管や取り扱いに注意が必要だったにもかかわらず、15年間ほど大人気を博した。ミルは特許権をルプレイとノエルに売却し、彼らは油壺の内部に海綿を詰める改良を行った。このランプはきわめて経済的で、10万基以上も製造された。

同じ時期、鋳物工場の所有者だったガルドンが、高価だがより安全性が高く、頑丈なランプを製造した。その跡を継いだガルドンとルナールは、脚付きで台座があり、直径が大きい、ブジョワールを思わせる形のランプを作り、品揃えを拡充した。ここから、昔ながらの手で持ち運べるブジョワールや、銅やブロンズ製のフランボー、カンデラブル、自動車用ランプに取り付けられる、差し込み付きランプを製造することを考えついたのだろう。1870年頃、揮発油ランプは大成功を収め、数十もの特許が登録されたほどだったが、特許の大部分はバーナーの改良に関するものだった。

そしてピジョン登場

1879年頃、シャルル＝ジョゼフ・ピジョンはボン・マルシェ百貨店の照明器具売り場で15年間販売員を務めた後、独立して、揮発油を用いた新しいランプを発明した。見た目の美しさにはこだわらない地味なこ

左頁
ベルギーの画家、アルフレッド・ステヴァンス（1823～1906年）による《舞踏会からの帰宅、あるいは黄色いドレス》。カンヴァス、油彩。コンピエーニュ城蔵。

上
1. ピジョンの印が入った台所用揮発油ランプ。銅製、把手は真鍮製。
2. 揮発油使用の歩行用常夜灯。ガラス製。
3. 台所用のブジョワール形揮発油ランプ。銅製光沢仕上げ。
4. 脚付きの揮発油ランプ。銅製光沢仕上げ。

のランプは、鉄の鋳物でできていて重かったが、把手が付いていたので持ち運びが可能だった。

1882年、彼は鋳鉄製の「グルナード」ランプを発表、普及させ、その2年後には新製品の特許を取得した。それは、気密性の高いバーナーがフェルト製のワッシャーを備えた油壺の上にねじ留めされ、直径7ミリの中空でない円筒形の灯芯が管の中に詰められたものだった。調節可能な炎は、ミルのランプに比べ油壺のはるか上方で燃える。安全性は完全で、このランプは傾いたり倒れたりしても、爆発する危険はなかった。「スタンダール」、「メルヴェイユーズ」、あるいは「円筒形ランプNo.1」といった名称で知られたこの製品は、年を追うごとに、光沢仕上げの真鍮、ニッケルめっきした真鍮、銅など、さまざまな仕上げで作られた。

ピジョンはさらに製品の種類を増やした。デスク・ランプの原型である「ド・ノテール（公証人の）」、持ち運びができ、「スタンダール」より小振りな「ラ・ド・カーヴ（地下室用）」、油壺が浅い「トゥピー（独楽（ごま））」などだ。「トゥピー」はガルドンの製品同様、燭台やランタンのろうそく受けに差し込むことができた。

ピジョンは豪華なランプも製作していた。もっとも好評だったのは脚付きの、吊り香炉や聖杯、洋梨の形をしたもので、「アンピール」「トリアノン」「ドーファン」「ルイ15世」などがあった。それらはさまざまなサイズ（ミニチュアもあった）、素材（光沢仕上げかニッケルめっきの真鍮、彫金を施したブロンズ）、装飾（山形飾り、縄形飾り、植物や動物、風景をかたどったもの）で作られていた。「アラジン」という製品は、渦巻状の把手と親指を置く台を備えた持ち運びのできる燭台型ランプで、約20時間燃焼可能だった。

1900年以降、ピジョンの特許は権利が消滅し、公共財となった。その時から、市場での地位を何とか首尾よく奪おうと試みるメーカーたちの熾烈な争いが始まった。「コロンブ」「イロンデル」「フォーヴェット」「ムエット」「パレイユ」「フランボワイヤント」「エブルイッサント」「アンコンパラブル」など、新商品の製造競争は電気が普及するまで続いた。

コレクターの方へ

一般に揮発油ランプはサイズが小さい。製造業者自身によれば、「正真正銘のピジョン・ランプには商標が入っている」。商標は2つ入っている。ひとつめは灯芯を上げ下げするための小さなつまみに刻まれている。2つめはランプ本体の胴部か底部に、溶接された楕円形か方形のプレートに刻まれているか、あるいは直接刻まれている。つまみの上の商標は変化している。最初はC. P.、次にPigeon breveté SGDG、さらにlampe Pigeon déposéとなった。

ピジョン・ランプを新品の状態に戻すには、脱酸素し、凹凸をならし、しかも分解が必要なことも多い。取り外された部品がなくなっていた場合だが、現在でも「ピジョン・マリヴァ」という名前でランプの製造が続けられていることを知っておくといいだろう。

市場では、他の商標の揮発油蒸気ランプを見つけることがあるだろう。Liotard Aîné（リオタール・エネ）、Haupois（オーポワ）、Succès（シュクセ）、DBD (Dutrut-Bernier-Desrues)、Tito-Landi（ティト＝ランディ）、Luma（リューマ）、Gardon（ガルドン）、Astrasoleil（アストラソレイユ）、Dart（ダール）、Valdor（ヴァルドール）等である。模造品も多数出回っている。

鉱山用ランプの愛好者には、Mercier（メルシエ）や、Arras（アラス）の「カルモー」と「クラン＝ピュジョル」が人気がある。

上
1. 風から炎を守るピジョン・ランプ用のガラス製ホヤ。
2. 脚付きの揮発油ランプ。光沢仕上げの銅製で彫金が施されている。

右頁
すべて真鍮製のランプ。（左から）円筒形、脚付きのピジョン・ランプ。ポン＝サン＝ピエール（ユール県）のA. Daveluy（A. ダヴリュイ社）製ヴァルドール・ランプ。パリのTito Landi（ティト＝ランディ社）製カリス形の白熱式ランプ。マコンのGardon（ガルドン社）製洋梨形のランプ。

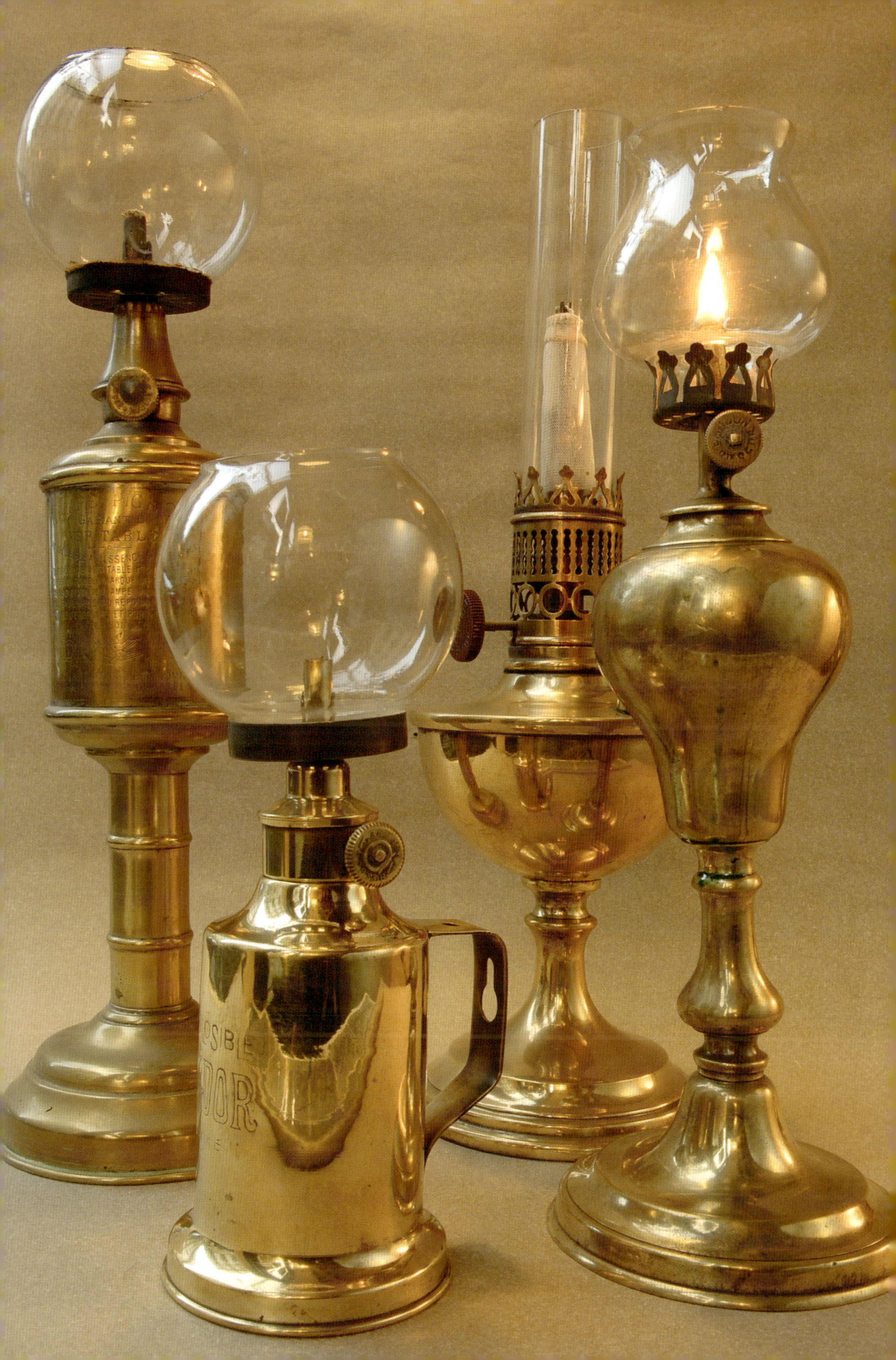

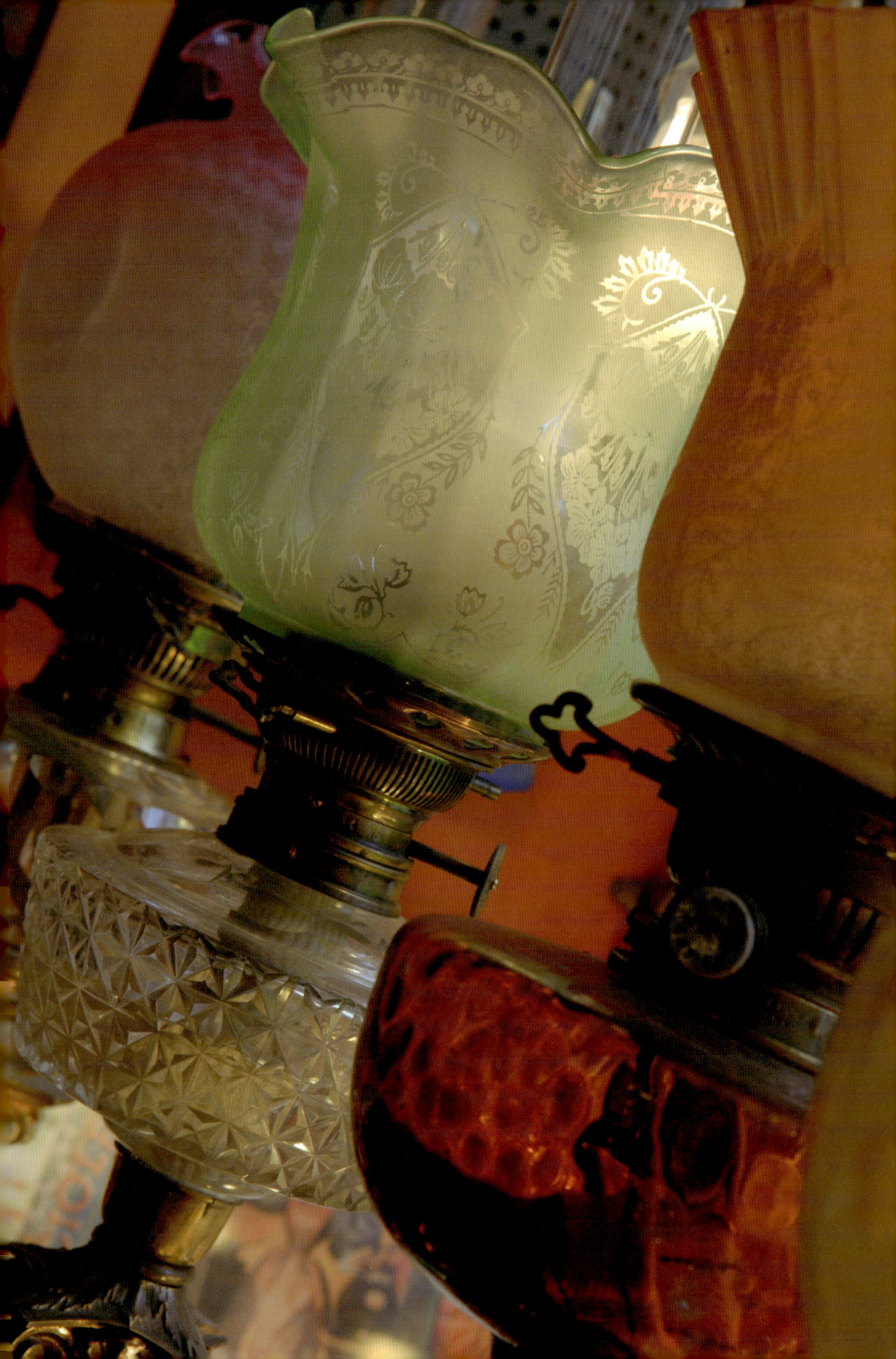

1. 　　　　　　2. 　　　　　　3. 　　　　　　4.

石油ランプ

19世紀の終わり頃、原油の精製技術によって石油ランプの製造が可能になり、その大成功は20世紀の中頃まで続いた。石油ランプは職人や芸術家に刺激を与え、彼らはクリスタル・ガラスや金属、陶磁器によって、まさに驚嘆すべき品々を誕生させた。21世紀の今日も、石油ランプはその魅力をいささかも失っていない。

アメリカの発明

原油の存在は古代から、特にエジプトとメソポタミアで知られていた。人々は原油に他の物を混ぜて、たとえば木材の保存や船板の隙間の充填のために、さらには死体をミイラにするためにも使っていた。

ヨーロッパでは19世紀の初めから、原油を原料にする照明の試みが行われていたが、植物や動物の油よりも流動性が高く燃えやすい燃料を作り出し、より単純な家庭内照明のシステムを提供できるようになるには、アメリカでの油井の発見と精製技術の確立を待たなければならなかった。

石油（「灯油」またはケロシンとも呼ぶ）を用いた最初のオイルランプは、オーストリアのウィーンで作られたオイルランプのバーナーを用いて、アメリカで製造された。このアメリカ製のランプは、1860年までにヨーロッパに輸出され、1863年以降はフランスで製造されるようになった。当初はカルセル式ランプや調節装置付きランプの形や構造を模倣していた製品は、速やかに、きわめて単純化される方向に展開した。

システムの説明

ランプはガラス製や陶磁器製、または金属製の、やや膨らんだ油壺を備えている。油壺はあまり深くなく、灯芯ホルダー（金属製の管で、複数の小さな開口部があり、燃焼中に石油の蒸気を逃がすようになっている）で固定された灯芯に、毛細管現象によって規則的に石油を供給できるようになっている。灯芯の高さは側面にあるつまみで調節する。ねじ留めかはめ込みになっている、トゥピー［独楽］と呼ばれる半透明の油壺は、一目で燃料の残量を確認することができる。

ランプのバーナーと、炎の強さを増大させることができる通気のシステムは、多くの発明家によって、年を追うごとに改良されていった。おもなバーナーには以下のも

左頁
膨らみのあるガラス製の油壺と、グラヴュール（彫刻）加工を施したシェードが、この19世紀の美しい石油ランプを特徴づけている。

上
1. 上下に伸縮自在なビジュー・ランプ。光沢仕上げの銅製、ドーム形のシェードは白い磁器。
2. デスク用の石油ランプ。ニッケルめっきした銅製、ドーム形のシェードは白い磁器。
3. アール・ヌーヴォー様式の装飾が施された、打ち出し細工の銅製のランプ。ドーム形のシェードは銅製、クリスタル・ガラスのカボション［半球状にカット・研磨されたもの］入り。
4. 純銅製のデスク用の石油ランプ。トゥピー形の油壺は無色のクリスタル・ガラス製。ドーム形のシェードは磁器。

78～79頁
エピナール版画が刷られた厚紙でできたシェード2種。切り抜いて組み立てるようになっている。左：《スケート》。右：《スイスの山》。

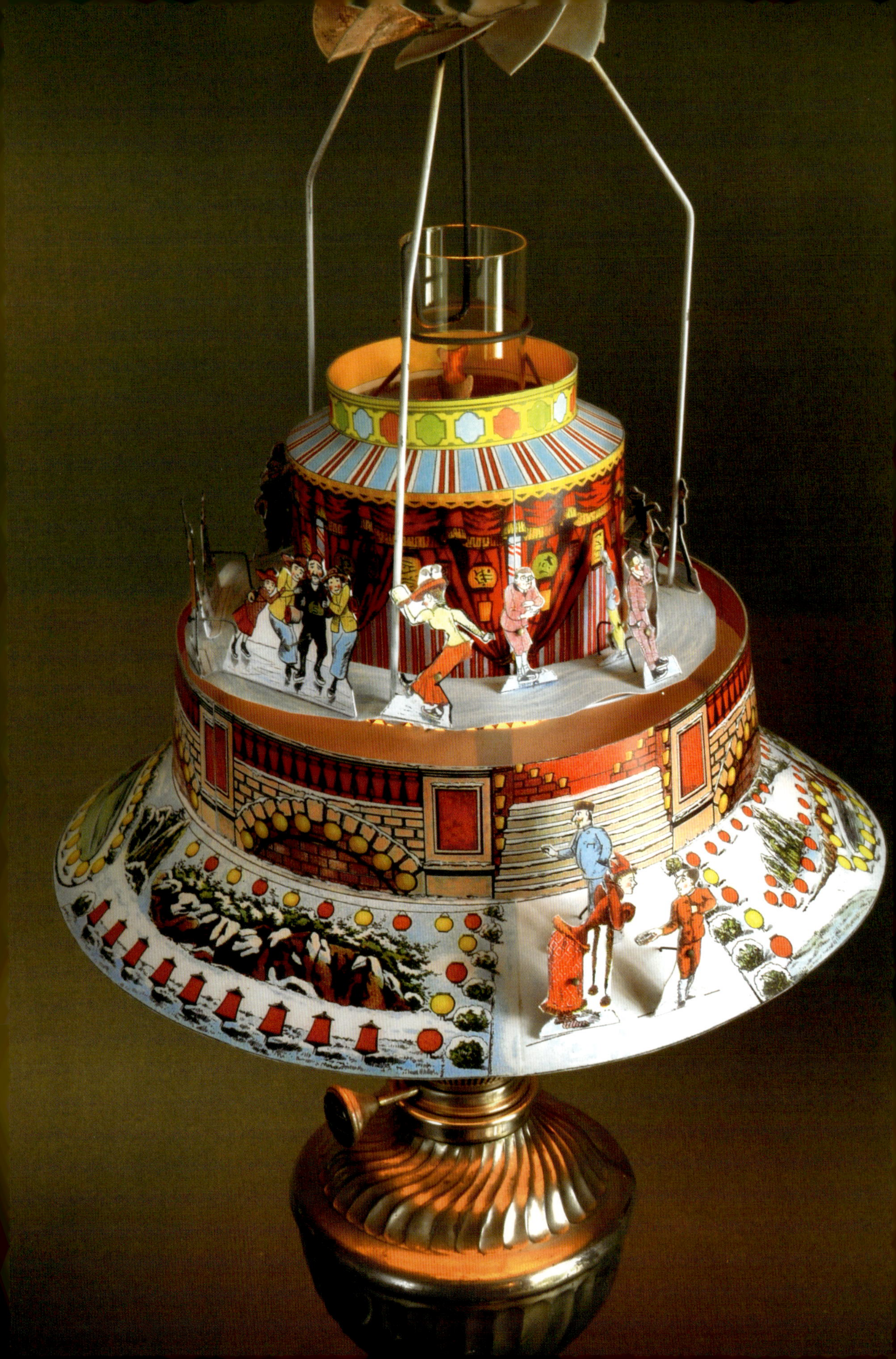

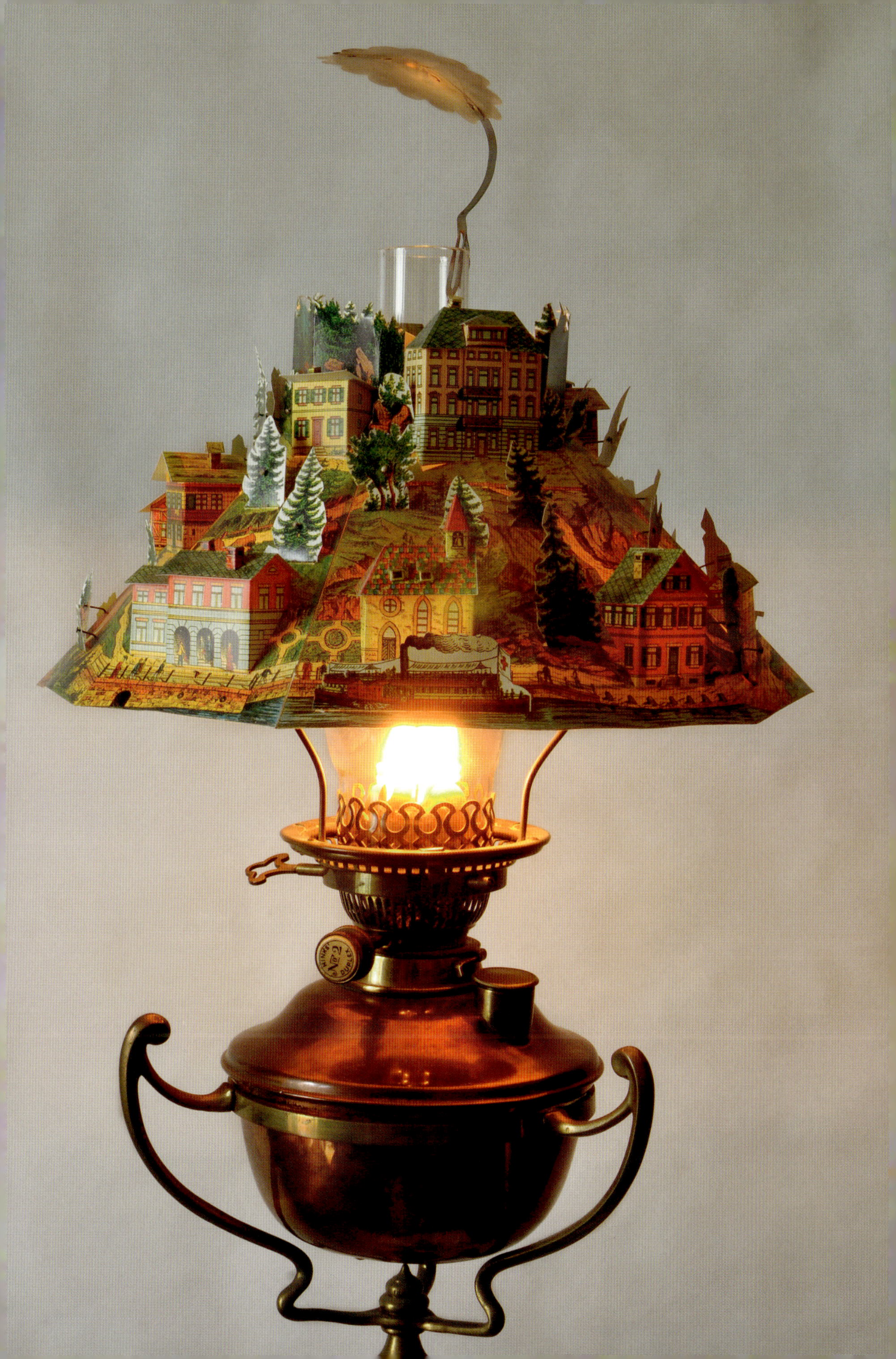

1.

2.

3.

4.

5.

6.

7.

8.

9.

石油ランプ | 81

左頁

1. 真鍮とオパール・ガラス製のカンケ式デスク用石油ランプ。エアフルトのKleemann（クレマン社）製、1863年に特許取得。
2. ベルギー、エルスタルのカビー商会製造の読書用ランプ。角度を変えられるシェードはアンリ・ド・パルヴィルが発明した。
3. 真鍮とオパール・ガラス製の読書用ランプ。バーナーは油壺の下にあるリングにねじで固定されていて、灯芯が圧迫されるのを防いでいる。Wild & Wessel（ヴィルト・ウント・ヴェセル社）の「ヴェスタ・モデル」。1878年に特許取得。
4. ニッケルめっきした真鍮製の読書用石油ランプ（1910年）。「コスモス」タイプのバーナー。ベルリンのJ. Hirschhorn（J. ヒルシュホルン社）製。
5. バーミンガムのCoalport（コールポート社）製ひび焼き磁器とHukin & Heath（ヒューキン・アンド・ヒース社）の金銀細工による石油ランプ。
6. おそらくヴィエルゾンで作られたクリスタル・ガラス製石油ランプ。バーナーはドイツ製。
7. ピンク色のオパール・ガラスに模様を手描きした石油ランプ。バーナーと型押しされたガラスはバーミンガムのHinks（ヒンクス社）製。1880年に特許取得。
8. ガラス製ランプ。タイル部分は陶磁器とホワイトメタル製。バーナーはリエージュのLempereur & Bernard（ランペルール・エ・ベルナール社）の「オルガ」。19世紀末。
9. 陶器製ランプ「マヨリカ」。ドイツ製、19世紀末。バーナーはベルリン、ヴィルト・ウント・ヴェセル社の「セントラル＝ヴルカン」。

上

1. アーツ・アンド・クラフツ風の、銅と真鍮製のランプ台、球形のシェードはオパール・ガラス製。バーナーはJames Hinks & Son（ジェームズ・ヒンクス・アンド・サン社）の「デュプレックス」。イギリス、20世紀初頭。
2. ザクセンの無釉の陶器を使ったドイツ製の常夜灯。チューリップ形のシェードはオパール・ガラス製。19世紀末。

のがある。平芯と平らな炎のバーナー、ロール状の平芯と管状の炎のバーナーである「コスモス」タイプ、ディフレクター付きの「マタドール」タイプのバーナー、中央通風式、または通風装置付きのバーナーとランプ。

信頼性、単純さ、経済性

石油による照明には多くの長所がある。信頼性が高く、取り扱いが単純で、他の照明より経済的だ。炎の質も他より良い。汚れにくく、臭いも煙もほとんど出ない。しかも、平らな灯芯は手入れが簡単だ。しかし事故も多い。もしランプが破損すると、こぼれた石油が燃え上がる危険がある。また、灯油の精製が不十分だった場合、爆発の危険性も無視できない。

それでも石油ランプは、1880年から1930年にかけて華々しい成功に恵まれ、電気の発明の後も使用され続けた。20世紀の半ばになっても、農家で石油ランプを使用している例は珍しいことではなかった。

オイルランプと同様に、石油ランプも油壺の他にガラス製のホヤと、ホヤを3分の2ほど覆う、一般にはガラスやオパール・ガラス製、あるいは金属製のシェードを備えている。ランプは吊り下げることも、壁に取り付けることも、立てておくこともできる。吊り下げ式のものでは、オパール・ガラスか金属、あるいは雲母でできた「除煙器」という煙を除去するフードが、天井が煤けるのを防いでいる。また、鎖とおもりからなる自在鉤の仕組みによって、石油の補給や灯芯の交換のために上げ下げできるようになっている。

素材と色

他のランプに比べて、石油ランプは仕組みに変更の余地がほとんどないので、ランプ製作者の独創性は素材と色に向けられ

1. 　　　　　　　　2. 　　　　　　　　3. 　　　　　　　　4.

上

1. 丈の低い小さな石油ランプ。トゥピー形の油壺は色ガラス、脚はニッケルめっき。

2. 丈の低い石油ランプ。トゥピー形の油壺は色ガラス、脚は打ち出し細工の銅製。

3. 丈の低い石油ランプ。トゥピー形の油壺は装飾を施したボヘミア・ガラス、脚は打ち出し細工の銅製。

4. 丈の低い石油ランプ。トゥピー形の油壺は色ガラス、脚は装飾を施し銅めっきした金属製。

右頁

エナメル彩を施したガラスとホワイトメタルを使った石油ランプ。20世紀初頭。

84～85頁

左　石油ランプのブラケット灯一対。作者不詳、19世紀末。

右　「台所用」と呼ばれる石油ランプのブラケット灯。バーナーは「コスモス」タイプ、反射板は凹面のガラス。エアフルトの Kaesther & Toebelmann（ケストナー・ウント・トーベルマン社）製、1910年頃。

た。テーブル・ランプでは、油壺は通常脚の上に置かれている。脚は精緻な彫刻が施された燭台の形をしていて、銅やブロンズ、錫、真鍮などの金属か、七宝、アラバスター、研磨した大理石、あるいは半貴石などでできている。

脚の最上部に置かれた油壺は、金属製のものも見られるが、多くは他の素材、たとえばクリスタル・ガラスか、吹きガラスや鋳造ガラスで色の付いたもの（特に、美しい緑、ターコイズブルー、ピンク）に、エナメル彩やグラヴュール（彫刻）加工、カットを施したものでできていた。また、オパール・ガラス、特にサン＝ルイあるいはバカラで製造されたものは、色彩の輝きが際立っていた。パリ、リモージュ、セーヴルなどの製陶所で作られた磁器は、多くが手描きの花や風景で彩られ、繊細さの極致を示している。ジアン、リュネヴィル、サルグミーヌ、ロンウィ、ショワジー＝ル＝ロワなどの有名な製陶所の陶器も、絵付けやレリーフで表現されたモティーフや、泥漿〔液状の粘土〕の質、七宝の技術、あるいはひび焼きの肌合いなどでは引けを取らない。

シェードはドーム形のものも見受けられる。おおむね銅製で、さまざまな色彩のクリスタル・ガラスのカボションがあちらこちらに散りばめられたものか、あるいはオパール・ガラス製で三角形状のものもある。球形のシェードにガラス製のホヤを差し込んで使うこともある。このやや曇ったガラス製の球体には時に、酸で腐蝕させ模様を表す技法であるエッチングで、劇の一場面や風景、幾何学的なモティーフなどが表現されている。

コレクターの方へ

石油ランプはおびただしい数の製品が作られたので、骨董店ではまだたくさん見つけることができる。1880年前後に製造された、きわめて洗練されたランプは、特に人気が高い。ファイアンス製のものは、通常サインは壺の内側にあるため、読み取るためにはランプを分解する必要がある。

憧れのランプが見つかったら、石油ランプを揮発油ランプやアルコールランプと混同しないよう、まず確認しなければならない。次にバーナーを確認し、本来の部品がすべて揃っているか調べるべきである。特に、ディフレクター付きのモデルでは、ディスクが重要である（「マタドール」と「オダン」のバーナーには必須だ）。ランプは完全な状態であることが望ましい。そうであれば、ランプに新たな生命を与えてやることができる。灯芯と燃料は常に質の良いものを使うこと。

ランプが完全な状態でない場合、あるいは自分で修理することが難しいと感じる場合、修理はとても緻密な作業なので、専門家に委ねる方がよい。そうすれば、ランプは再び使えるようになるだろう。石油ででも、また、（おそらく最良の方法だが）電気ででも。不完全な状態だったり、素人修理で不具合があったりして、もうあかりを灯すことができないランプは、たとえ物として美しいものであっても見るも哀れだ……。

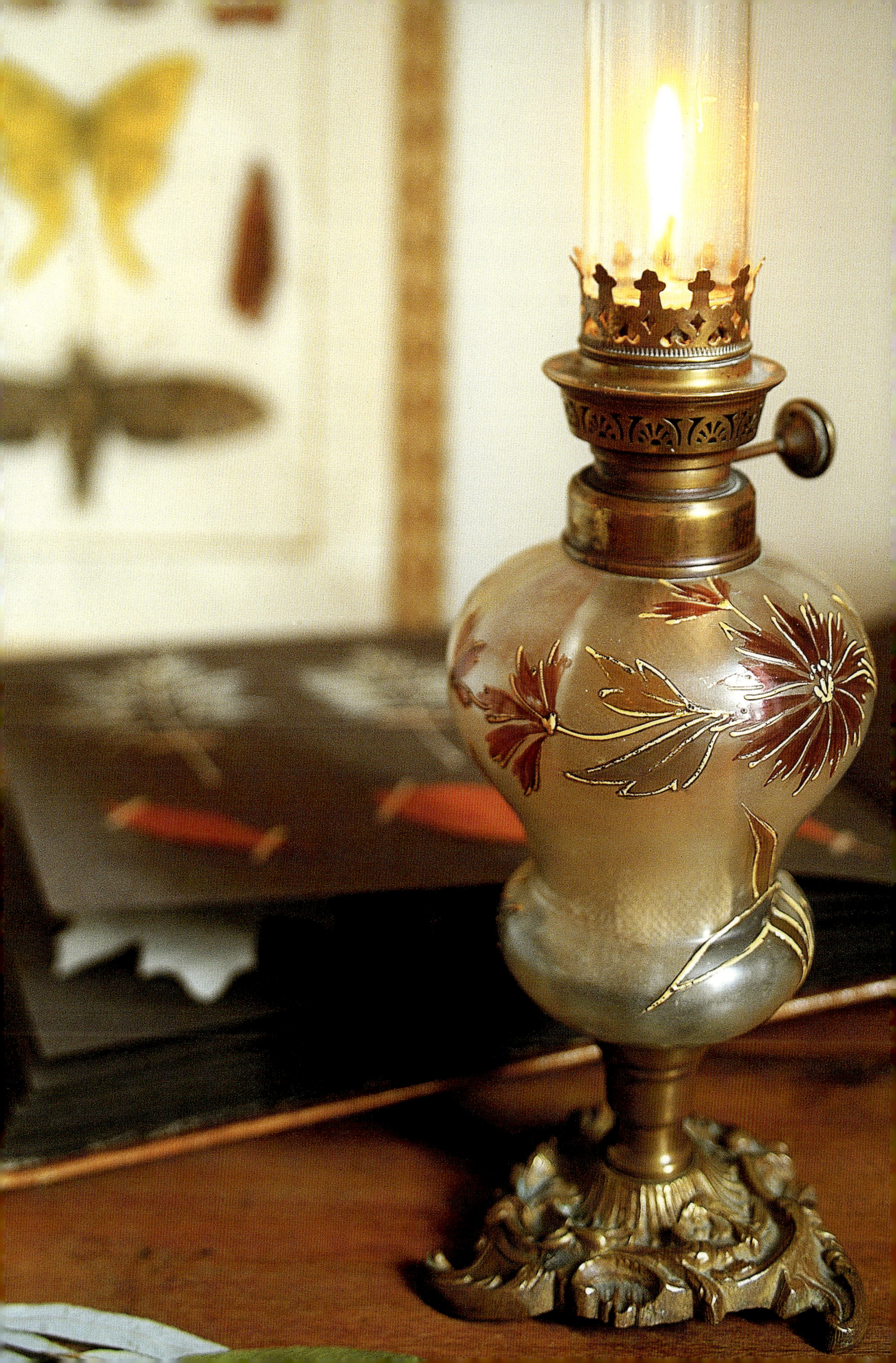

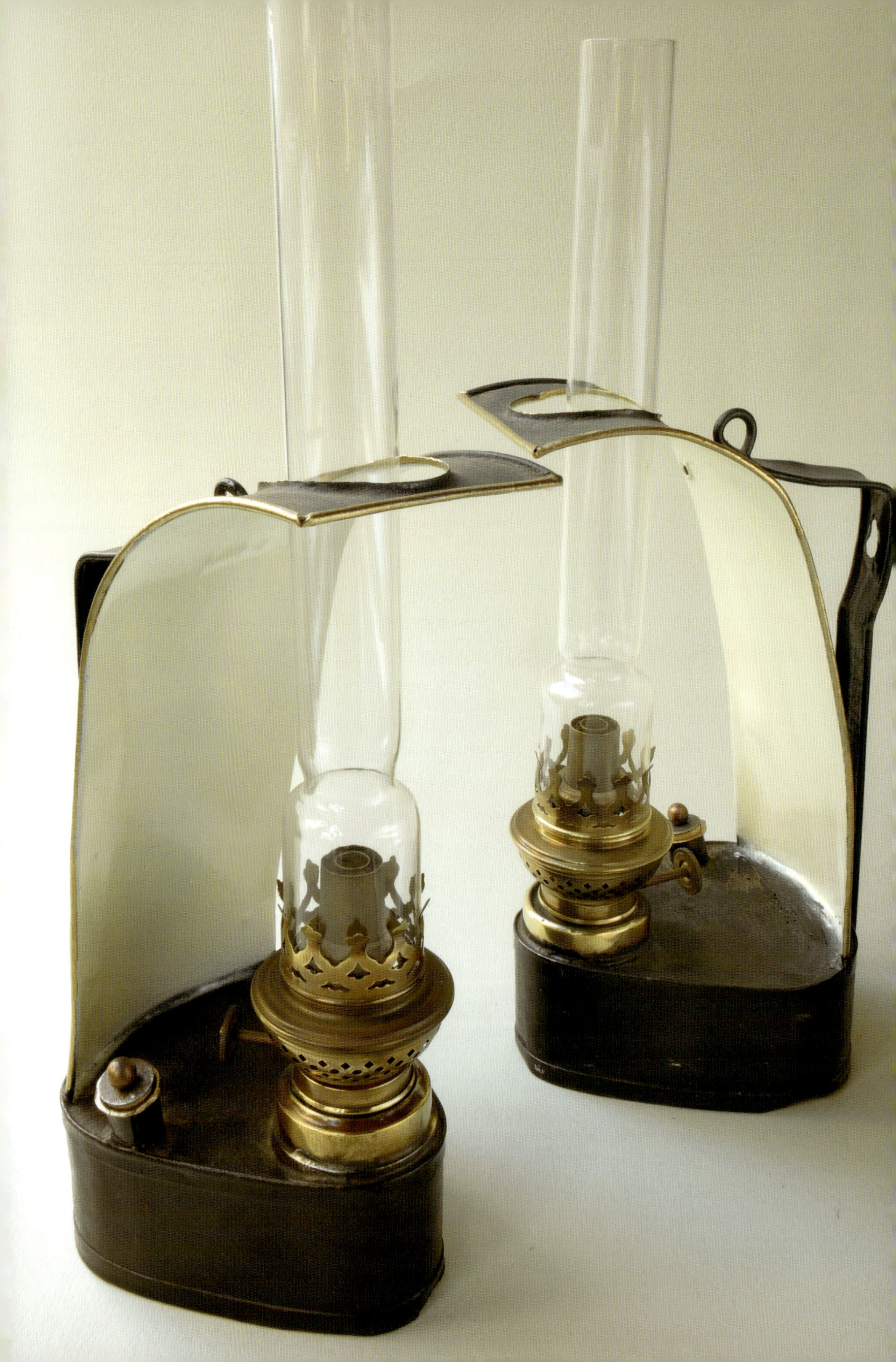

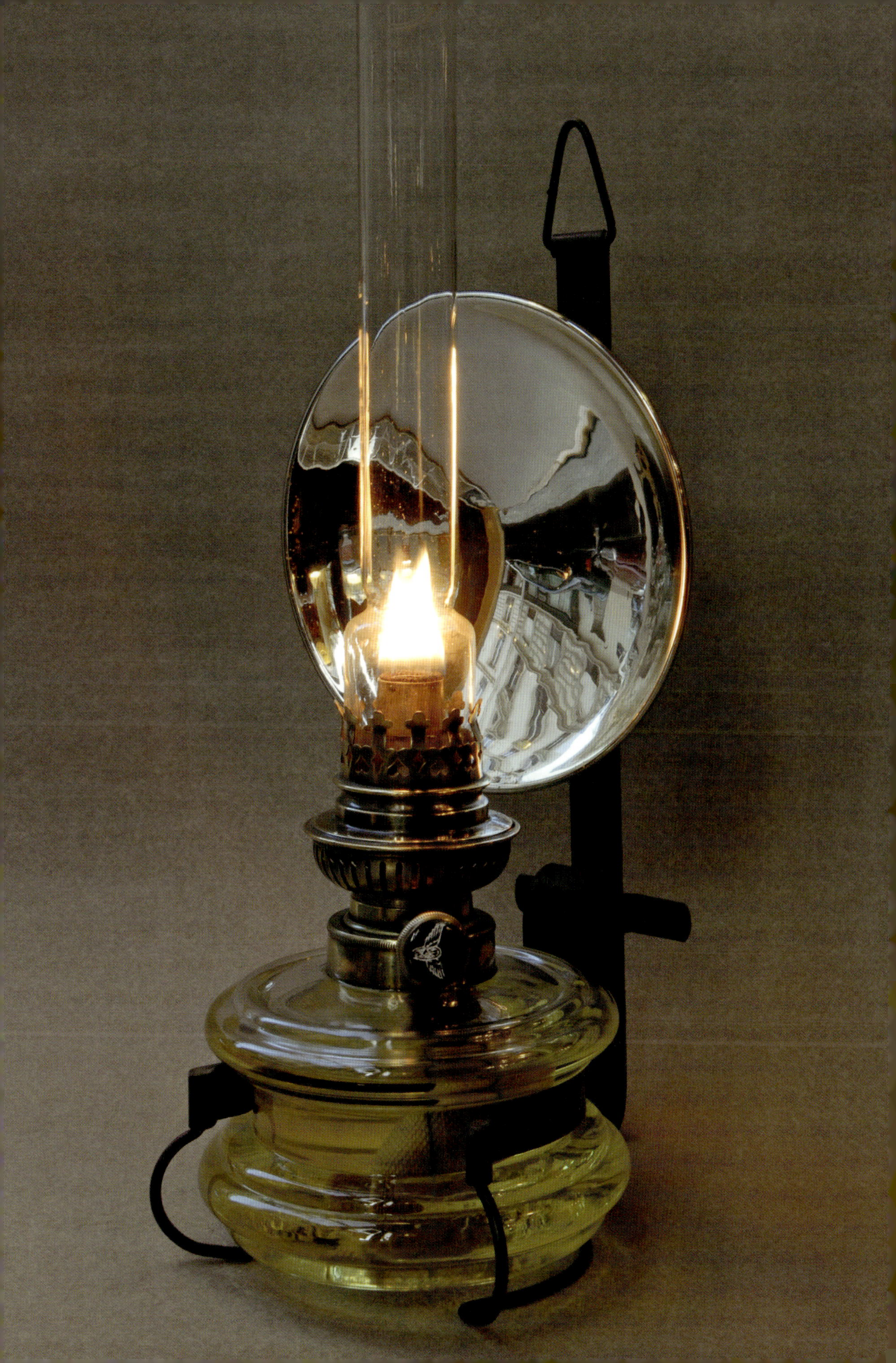

TOUT FUIT ÉBLOUI
LA RADIEUSE
LAMP
à
L'ACÉTYLÈN
LIQUÉFIÉ
LE PLUS
SIMP
LE PLU
INTENS
LE PLUS ÉCONOMIQU
DE TOUS LES ÉCLAIRAGE
BREVETÉ S.G.D.G. EN FRANCE ET A L'ÉTRANG
Pour ACHATS et RENSEIGNEMENTS:
S'adresser à Mr BOR, Directeur à l'usine de RATIÉ par Cuzorn (Lot-et-G
ou à Monsieur
AFFICHES BRONDERT PARIS
AGENCE ROSSEL BRUXELLES
Concessionnaire pour la Belgique
M. Stéphane

アセチレンランプ

アセチレンランプは、その頑丈さ、単純さ、必要とされる役割への完璧な適応性によって、コレクションの対象となる前は、さまざまな用途に使用されていた。

化学者の協力

アセチレン（酢を意味するラテン語アケトゥムに由来する語）ガスは炭化水素の一種で、イギリスの化学者ハンフリー・デイヴィーが1806年に発見し、1863年にマルセラン・ベルトロが合成した。しかし、1884年に照明に応用することに成功したのはフランス人アンリ・モワッサンだった。

原理は以下の通りである。炭化カルシウム（きわめて硬質の灰色の小石）が水に接すると化学反応が起こり、石灰の残留物の他にアセチレンガスが発生する。微細な穴があるバーナーを用い、都市ガスよりもやや強い圧力を加えると、このガスは燃焼し、美しく強い光を放つ炎が得られる。大きな発生器の中で作られ精製されたアセチレンは、家庭、さらには村落にまであかりを供給したのである。そのうえアセチレンは、効率が良く経済的な携帯用の照明にも用いられた。

積み重なった2つの容器

1893年から商業的に実用化されたアセチレンランプは、密閉され、積み重ねられた2つの容器で構成されている。下の方の容器には炭化カルシウムの化合物である固形物が入っていて、上の方の容器に入った水が、その上に1滴ずつ落ちてくるのである。小さなコックが水の流量を制御していて、結果的に炎の高さが調節される。

アセチレンランプは、壁に取り付けることも、吊り下げることも、立てておくこともできる。さらに、爆発性のガスが含まれない鉱山や工事現場、洞窟探検、また馬車や自転車、オートバイ、鉄道といった乗り物でも使われた（p.171「交通機関の照明器具」参照）。初期の製品はブロンズや真鍮製だったが、その後、製造業者は、アルミニウムや、型打ち成形した鋼板を錫や亜鉛の薄膜で覆ったものや、もっと簡単に塗装仕上げしたものなど、より安価な製品を作り上げた。

コレクターの方へ

1950年代のものが多くあるアセチレンランプは珍しいものではなく、価格も低廉なままだ。

もし掘り出し物のランプがあったら、錆が深部まで及んでいないか、容器の気密性が保たれているか、容器下部のプレートに傷がないかを確かめなければならない。接合部分の気密性も調べること。また、バーナーが詰まっていないかも確認しないと、爆発を引き起こしかねないし、穴が大きすぎると炎から煙が出てしまう。

ランプの輝きを取り戻すには、紙やすりで磨き、市販の磨き剤で光沢を出すとよい。

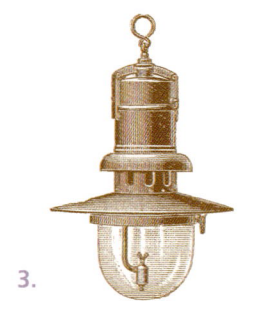

左頁
アセチレンランプ「ラ・ラデューズ」の宣伝ポスター。1895年頃。

上
1. 光を遠方まで投射する円錐形の反射板付きアセチレン灯。
2. 銅製の脚付きアセチレン灯。
3. 屋外照明用の、持ち運び可能な大型アセチレン灯。密閉性のあるガラス製の覆い付き。

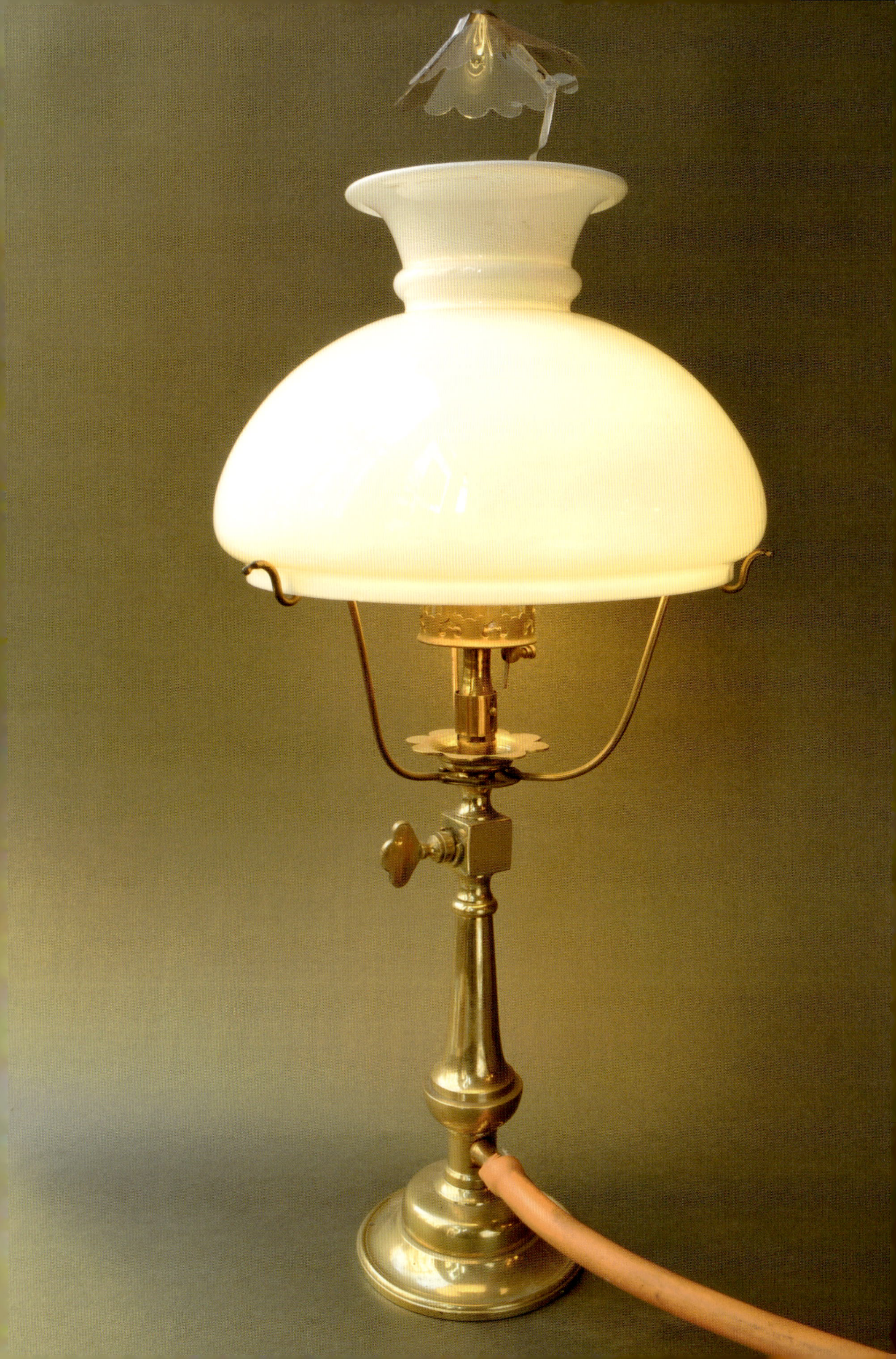

ガスランプ

配管網による家庭への燃料供給という、小さな革命の最初の証人であるガスランプは、歴史的に興味深い存在である。

初めての供給網による照明

天然ガスは遠い昔から、メソポタミアや中国で知られてきたにもかかわらず、ヨーロッパでは18世紀にいたるまで、その特性は発見されていなかった。18世紀以降、スコットランド人ウィリアム・マードック（1783年）やベルギー人 J. P. ミンケレルス（1792年）が、密閉した容器内で石炭を乾留することで、そしてフランス人フィリップ・ルボン（1796年）が、同様に木材のおが屑を乾留することで、天然ガスを取り出した。必要なのは、ガスを集めて精製し、ガスタンクに貯蔵し、ガス管内で圧力をかけ、小さな穴があるランプのバーナーまで送り込み、そこで燃え上がらせる、ということだった。

この種の照明は供給網の設備を必要とするが、それは工業化されたこの社会において、水道よりも、もちろん電力よりも早い、初めてのことだった。ガスによる公共の照明は、都市部では19世紀初頭から登場していた（パリでは1829年）が、家庭では、都市の大きな建物内で、決まった場所に設置された照明が広まるのは、1864年以降のことだった。

さまざまな制約

制約は山のようにあった。ガスを取り入れるガス管は、「隠れて」いなければならず、ランプは決まった場所に固定される必要があった。炎は球形の覆いで保護され、マントルは垂直に設置されなければならなかった。ガス栓は、一酸化炭素による窒息を引き起こすおそれがあるガス漏れを防ぐために、監視とメンテナンスが必要で、手が届くところになければならなかった。

ガスランプは壁に取り付けることも、卓上に置くことも、吊り下げることもできる。卓上用のものは、ブジョワールの形をした管でできている。特徴あるバーナーを備え、ガス管につながれている。年月とともにバーナーの改良が進み、特にベンゲルとロベルト・ブンゼンの発明や、マントルを導入した、オーストリア人でブンゼンの弟子、カール・アウアー・フォン・ヴェルスバッハの功績は重要である。

コレクターの方へ

ランプを購入する前に、ランプがガス用か、石油用か、あるいは揮発油用かを混同しないよう、判別する必要がある。それ以外で難しい点は、バーナーである。さまざまな種類があり、多くの部品からなっている。他のランプの合わない部品を無理に接ぎ合わせる人がいるが、危険なだけである。ガラスの覆いがバーナーに合っているかも確認しなければならない。危険を冒してでもランプを修理しようという人はまずいないだろうが、専門家に相談する方が安全である。

左頁
真鍮とオパール・ガラス製のデスク用ガスランプ。除煙器は雲母製、アウアー式バーナー。

上
1. 吊り下げ用石油ランプで、ガスでも使用できる変換用の装置が付いている。
2. 取り付け可能な状態になっているガス・マントル付きの白熱式バーナー。銅製バーナー、マントル、支柱、ガラス製のホヤ、シェードの5つの部品からできている。
3. 炎が下向きのマントルつき白熱式バーナー。球形の覆いはクリスタル・ガラス製。

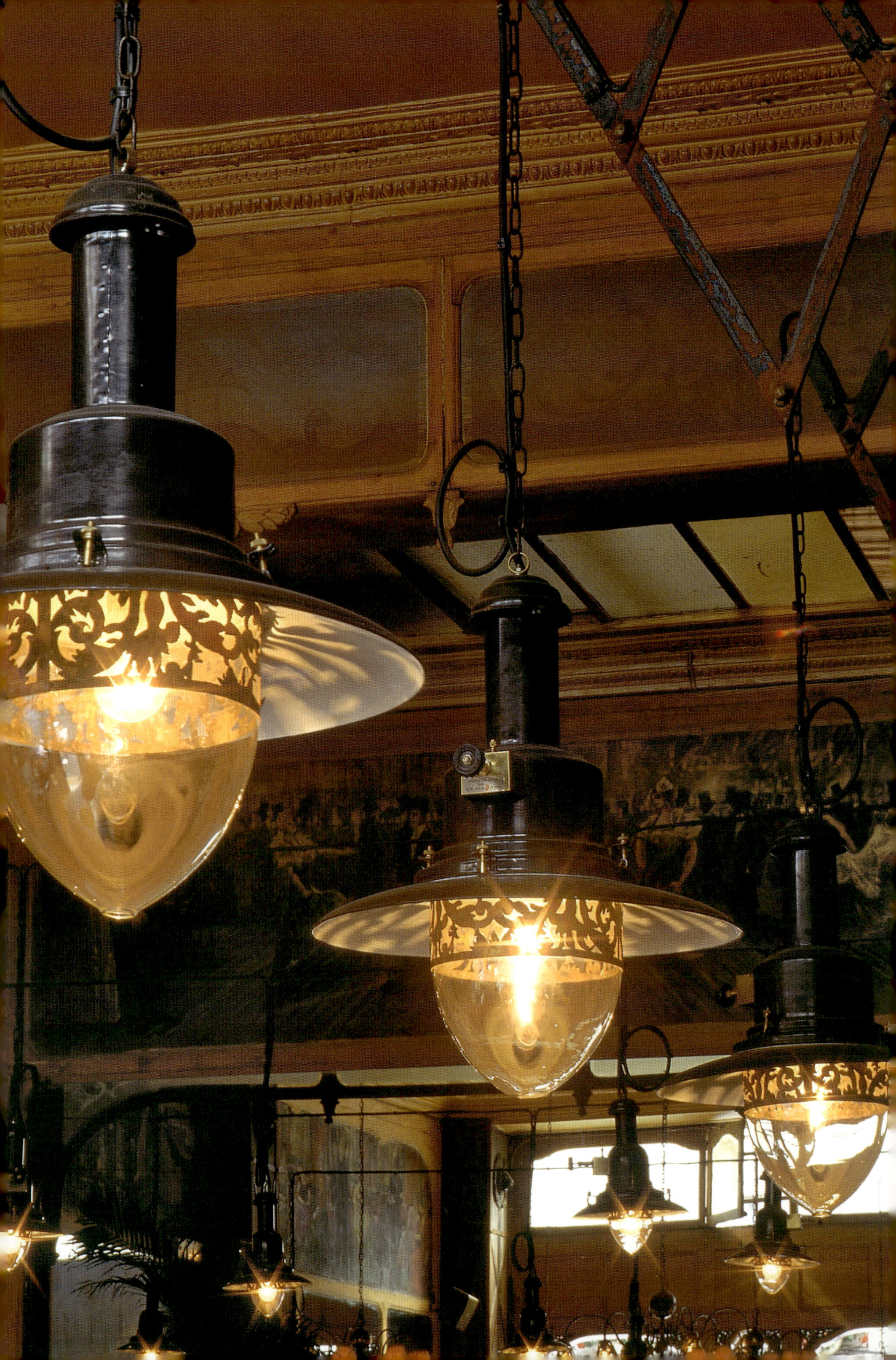

電気による照明

エジソンの白熱電球の出現は、17世紀の終わりから電気による照明の可能性を少しずつ探ってきた物理学者たちの研究の輝かしい帰結だった。品質に加えて、光の数を増やしたり、場所を問わずに設置したりできる可能性は、電気照明の活躍の場を無限に広げていった。照明は次第に科学になり、人々を取り巻く環境を創造する繊細な手法になっていった。

20世紀全体を通じて、2つのタイプの照明器具が併存していた。

ひとつめは過去の器具から思いついた伝統的な形のもの。つまりフランボーなどの燭台、古いオイルランプや石油ランプを電気で使えるようにしたもので、そうした器具には油壺や木製の支柱、その他のものが残されていた。白熱電球の輝きはシェードで和らげられ、シェードの重要性はますます高まっていった。

2つめは前衛的なもの。それはクリエーターたちの発想と才能を映し出している。彼らは常により先を追求しようとする。絶えざる技術革新が行われている際はなおのことである。だからアンティーク好きの人々にとって、照明器具の世界は探求の広野であり、喜びと驚き、そして発見の、尽きることのない泉なのである。

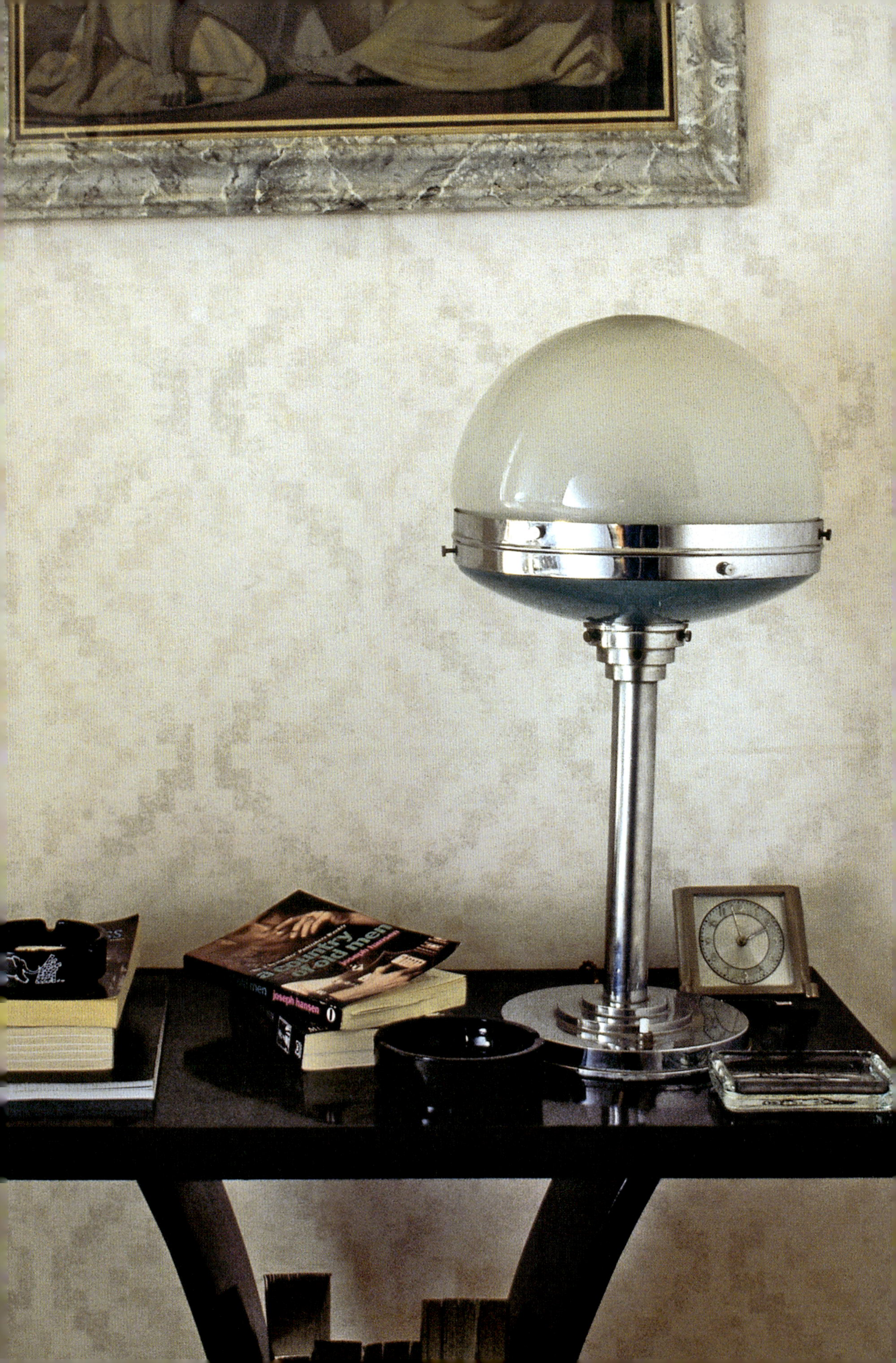
a country of old men
joseph hansen

テーブル・ランプ

アール・ヌーヴォー様式の花のランプから、厳格な直線のアール・デコ様式の照明器具や1950年代の針金のように細いランプ、プラスチック製の現代的なデザインの製品まで、テーブル・ランプにはあらゆる趣味に対応する製品がある。伝統的なスタイルの製品に加えて、ランプに仕立てた室内装飾品や美術品、珍しい物なども挙げておかなければならない。

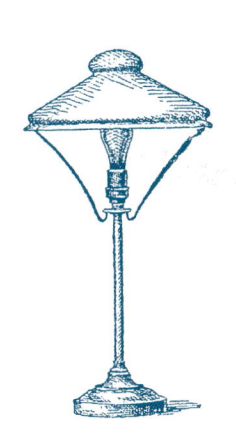

花、きのこ、女性と花：アール・ヌーヴォー

電気の発明という革命——汚れを出さない安全なシステム、耐久性のある電球、光源を横向きにも逆さまにも取り付けることができる可能性——は、20世紀初頭のクリエーターたちにとっては、汲めども尽きることのない着想の泉だった。

第一次世界大戦以前は、「自然」が支配的な主題だった。作家たち、特にナンシー派は、花冠の形をしたガラス製のシェードを備えた微妙な色調（ラヴェンダー、マゼンタ、浅緑、淡いピンク）の花のランプを作り出した。それらのランプでは、電気のコードは金属製の支柱の中に隠されていた。花のランプに想を得たきのこのランプも、花のランプと同様、すみやかに数を増やしていった。傘形のシェードと脚は、通常同じ素材、つまりガラスで作られ、調和のとれた飾りが付けられていた。

それ以外にも、多くのガラス製のテーブル・ランプは、動物、特に蜻蛉、蝶、蝉といった昆虫や、貝、秋の風景、夕日などで装飾されていた。

この時代のもうひとつの大きな主題は「女性と花」で、蔓植物のような伸びやかな肢体に、豊かに波打つ長い髪に縁取られた顔の女性が表現された。それをもっともよく示す例はダンサーのロイ・フラーで、流れるような長いヴェールに包まれた彼女の姿は、しばしば彫像やランプに表された。

こうしたランプはたいてい、2つの部分からなっている。金属製の骨組みと、ガラス製のシェードである。使われている金属は、光沢仕上げか、銀または金めっきしたブロンズ、あるいは鋼鉄、銅、錬鉄、そして銀だった。木、大理石、半貴石、象牙も金属のかわりに使用され続けた。シェードは透明、不透明、またはすりガラスで、型押しやグラヴュール（彫刻）加工が施されたり、あるいは色ガラスが使われたりしていた。

また別の技法でよく行われたのが、顔料を挟み込んだ多層ガラスを用いる方法だった。ガレ、ドーム、シュネデール、ルグラ、ミュレール兄弟といった当代の偉大なガラス製造者は皆、このタイプのランプを大量に製造した。

ガラス、ニッケル、錬鉄：1930年代

第一次世界大戦後、照明を科学的に扱おうとする傾向が強まり、照明器具は建築の要素のひとつと見なされるようになった。ペルゼルとサビノが、照明の5つの形態を次のように定義している。直接、半直接、混合、半間接、間接である。テーブル・ランプでいえば、クリエーターたちは器具のデザインを機能にふさわしいものとすることを追求し、線はシンプルに、装飾は控えめにすることをよしとした。大半のランプは円形か円錐形の脚の上に据えられている。支柱の多くはまっすぐか、球体や円錐の連なりが組み合わされている。

90頁
工業用のペンダント灯が作る華やかな眺め。パリ、オベルカンプフ通りのカフェ「シャルボン」で。

左頁
昼光色のイルラン・ランプ。青色ガラスと二重になったオパール・ガラス製。

上
シェードがオパール・ガラス製のテーブル・ランプ。20世紀初頭。

1.

2.

3.

4.

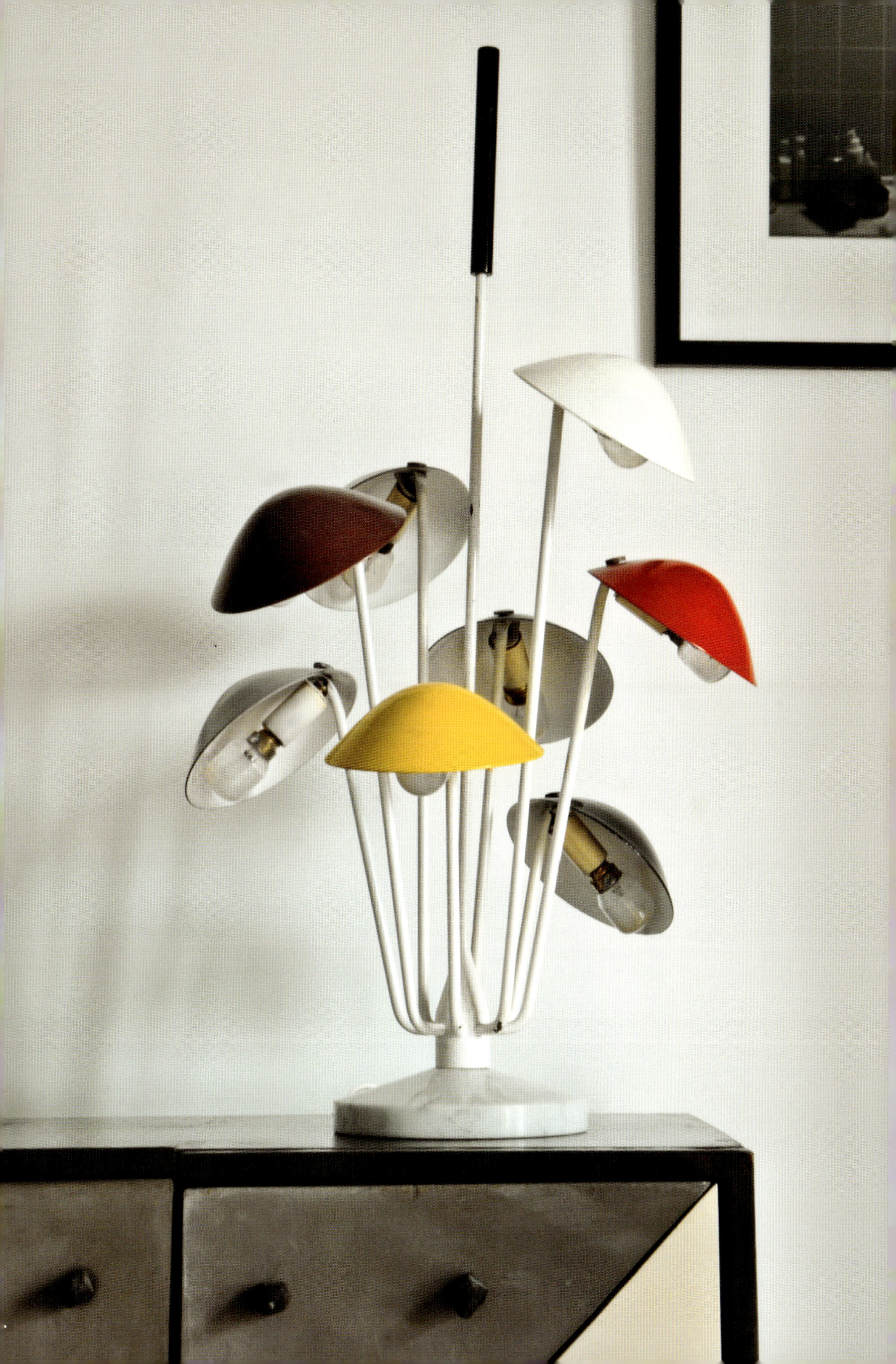

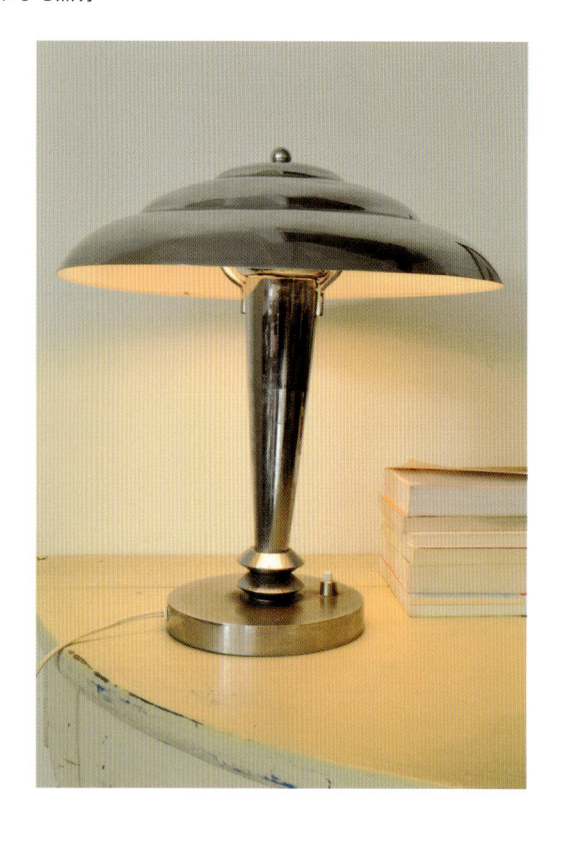

94〜95 頁
1. ガラスとブロンズの2灯ランプ。ドーム作、1900年頃。
2. 錬鉄と鋳造ガラスのランプ。デゲ作、1925年頃。
3. クロームめっきした金属とガラスのランプ。サビノ作、1930年頃。
4. 2灯の電灯。W. A. S. ベンソン作、イギリス、1900年頃。
5. テーブル・ランプ。ジーノ・サルファッティ作、1951年。アームとシェードは角度を変えられる。

上
クロームめっきした金属製のデスク・ランプ。1930年代。

右頁
19世紀の精神を感じるテーブル・ランプ。脚はろくろ仕上げの木製、シェードはプリーツを寄せた絹。

　ブロンズは人気を失い、かわってクロームめっきした金属が用いられるようになった。しかし、他の上質な素材、大理石、錬鉄、木、革や鮫皮による被覆（ひふく）、ガラス、クリスタル・ガラス、ニッケルめっきした金属、アラバスターもクリエーターの関心を引いた。ガラス製のシェードには、プレス成形の技法によって彫刻のような効果が生み出され、色彩は虹色や乳白色になり、装飾はグラヴュール加工やエナメル彩、サンドブラスト加工で施された。

　装飾は幾何学的な要素や、様式化された花、太陽、三日月、ジグザグ模様で構成された。また、旅行やレジャーの流行から生まれた新しい主題が登場した。スポーツ、ジャズ、飛行機、大型客船、列車などである。女性の主題も残っていたが、それはスポーツをする活動的な、髪を切った女性たちだった。動物（おもに牝鹿や犬）も表現された。大理石でできた長方形の台座の上に輝く球体が置かれ、そのかたわらに女性か動物の像が立っている、という形のテーブル・ランプが数多く作られた。

1950年代のチューブ・ランプ

　第二次世界大戦後、ペンで引いた線のように細い照明器具が飛躍を見せ、均整という掟に立ち向かった。大量生産されるたくさんの製品は、より多くの人々にとって手が届くものとなった。そうした製品は自らの素性を隠すことなく、かつてはほとんど使われなかったありふれた素材、たとえばパンチングメタルやプラスチックのコードなどでできていることを誇示していた。それまでは支配的だった穏やかな色彩は放棄されて過去のものとなり、黒や原色が使われるようになった。

ヴァロリスのキッチュ

　この線のように細い世界から遠く離れて、1950年代から70年代にかけての南フランス、おもにヴァロリスでは、今日の我々の目からはキッチュの極みと見なされる製品が作られていた。技法は泥漿（ていしょう）によるものだった。貝や魚、海藻があふれるアンフォラ、そして海の小さな生き物でうめつ

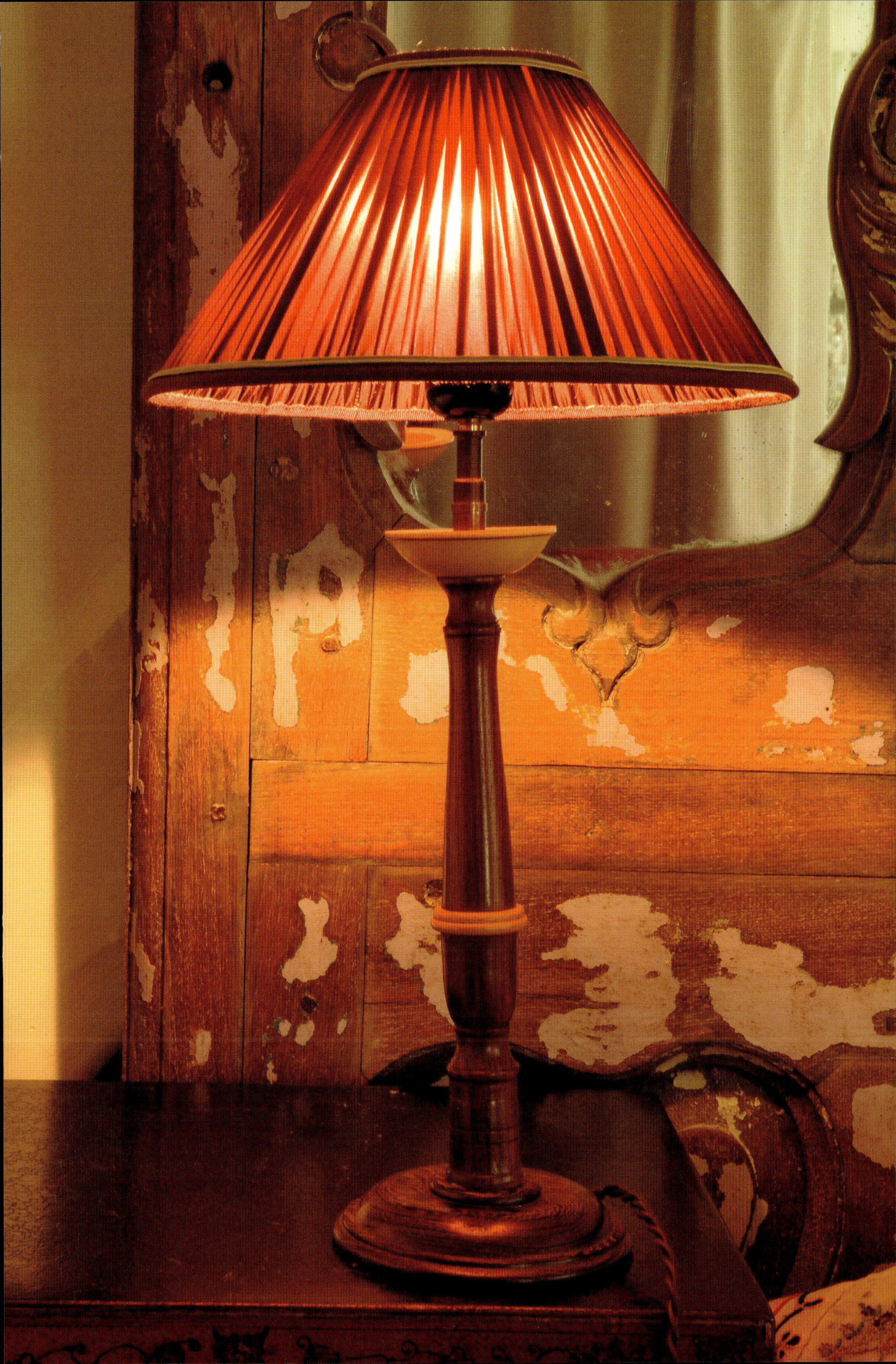

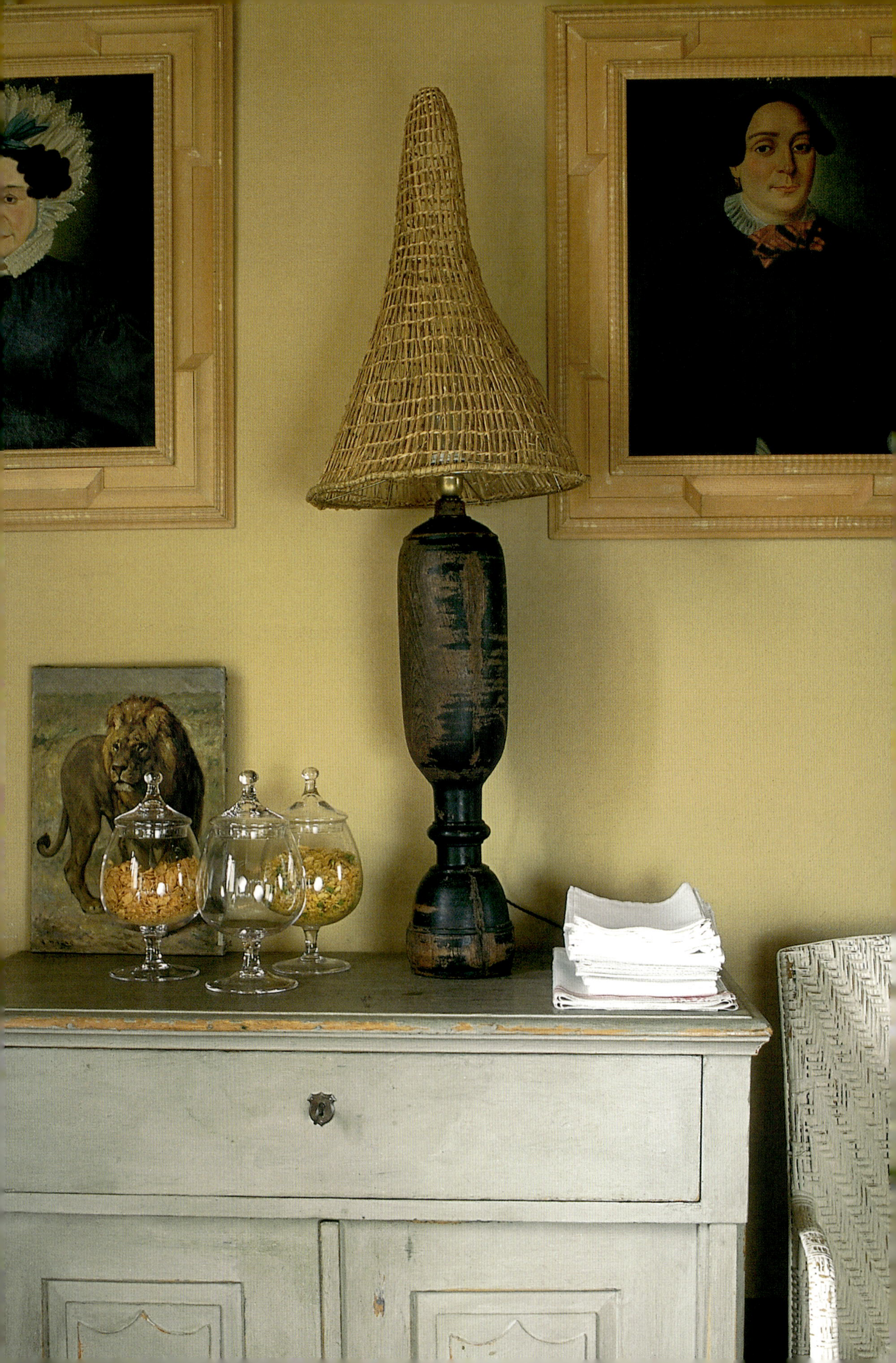

くされた陶器による見事な海の世界が、黒と金属的な光沢に調和するけばけばしいほどの色彩の七宝で彩られ、地上に現れている。

陶磁器でできた、より伝統的な形のテーブル・ランプも製造されていた。それらは、多くは左右非対称で丸みのある支柱を備え、浅浮彫りや目を引くような釉薬(ゆうやく)の流れが施されていた。色彩は一般にコントラストが強い原色が使われていた。オレンジと緑、白と黒、黄と赤といった具合である。

遊び心のある照明器具とプラスチック

1960年代は、創造性と、生きる喜びの再発見の時期だったように思われる。照明器具に関しては、クリエーターの関心は素材に向けられ、金属を薄くするという新しい扱い方が提案された。しなやかな薄い金属板や、それらを軽くねじったものを用いることで、光の戯れや視覚的効果を生み、さらには銀の鈴を振るような音までも生じさせた。

プラスチックは20世紀初頭から存在していたが、企業がその研究に大量の資本を投じるようになったのは、実際には1960年代以降のことだった。金型成形のおかげで大量生産されたプラスチック製品は、価値のないもの、さらに使い捨ての素材と見なされた。ランプは、基本的な形のほっそりした脚と、丸い、あるいはカマンベールチーズ形のシェードでできていた。シェードの色はおおむね白やオレンジ、赤だった。その後1980年代には、金色や黒色が散りばめられた、パイナップルや椰子の木の形をした大型のランプが流行した。

ランプになる物

多くのテーブル・ランプが、「物」から作り上げられる。まず、照明の道具だ。食堂のテーブルをろうそくで照らすためのカンデラブルやブジョワール、フランボーはたいてい多くの人が持っているが、それを電気で使えるようにすれば、再び役立たせることができる。これは、ブルジョワ家庭ならどこにでもある、こうした偉大な伝統的

左頁
どんな物も、あるいはほとんどの物が、少しの想像力があればランプに変えることができる。柳細工のおかしな帽子に覆われたこの木製の魚雷は、その一例。

上
このランプの、ろくろ仕上げによる木製の脚は時代を超越していて、古典様式の室内装飾に溶け込み、周囲の古い食器とも違和感なくなじんでいる。

上
ある庭園で発見されてランプに組み立てられた、石の手すり子。やや傷みはあるが、たいへん風格がある。

右頁
ランプに組み立てられたこの素晴らしい木製の手すり子は、18世紀の家具や品々と完璧な調和を見せている。

な品のリサイクルの方法である。古い石油ランプやガスランプ、カンケ式ランプなどを、持ち主がアンティークの専門家ではない場合、電気で使えるように改造することもよく行われる。こうした品は、その美的価値以外にも語るべき歴史があるものだ。

1960年代以降は、もうひとつ偉大な伝統的な品がテーブル・ランプに作り替えられている。壺やそれに類するもの、つまり水がめ、花瓶、水差し、瓶などである。中国の壺、特に淡緑色や紅色の磁器や七宝が施されたものは、数多くの客間のテーブルの上でその丸みのある形を見せている。ルイ15世様式やルイ16世様式の、ろくろで仕上げられた木製の手すり子形(バラスター)のランプも同様である。小さな彫像やアンティーク、その他の工芸品がランプに組み立てられているのを見れば、少しの想像力を働かせられる人なら、あらゆるものをランプの素材にできることがわかる。

コレクターの方へ

きのこ形のランプは、市場に多数存在する。価格は、ひとつには作者の署名によって、またひとつには技法の洗練度によって変化する。ガレが手がけたマルケトリー（金属酸化物と金属の微粒子を包含した色ガラスの小薄片をガラス生地に熔着し、モティーフをグラインダーで削り出し、丁寧に彫りを加えて仕上げる技法）を施したガラスのランプはかなり高額になっているが、もっと単純な製品は多くの人が入手できる価格である。

プラスチックの製品については、状態の良い物を探すこと。石鹸水で拭いた後、すすいで柔らかな布で艶出しをするとよい。磨き粉や研磨剤付きのスポンジは、ランプの材質によっては色落ちするので避ける。

古いランプを購入した時には、電気系統を点検し、規格に合っているか確かめること。適合していない場合は、コードや付属品を交換するか、電気器具の修理業者にランプを委ねる。

もしある物をランプに変えたいと思うなら、その作業がデリケートなもので、しかも取り返しがつかないものであることを知っておいてほしい。よくあることだが、もし穴をあけなければならない場合、一般にその物の市場価値は失われる。けれども、心情の面ではその価値はいささかも失われてはいない。

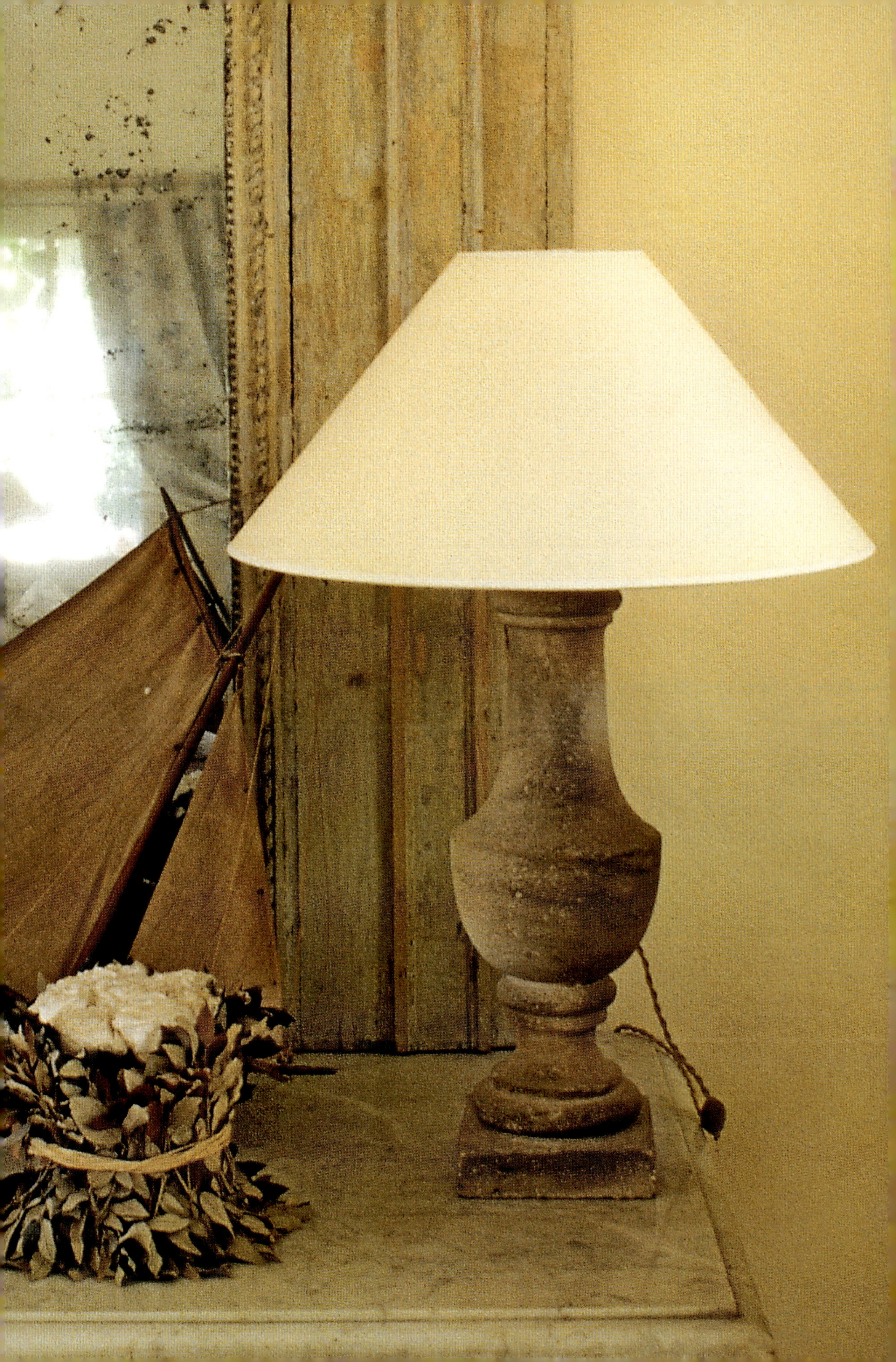

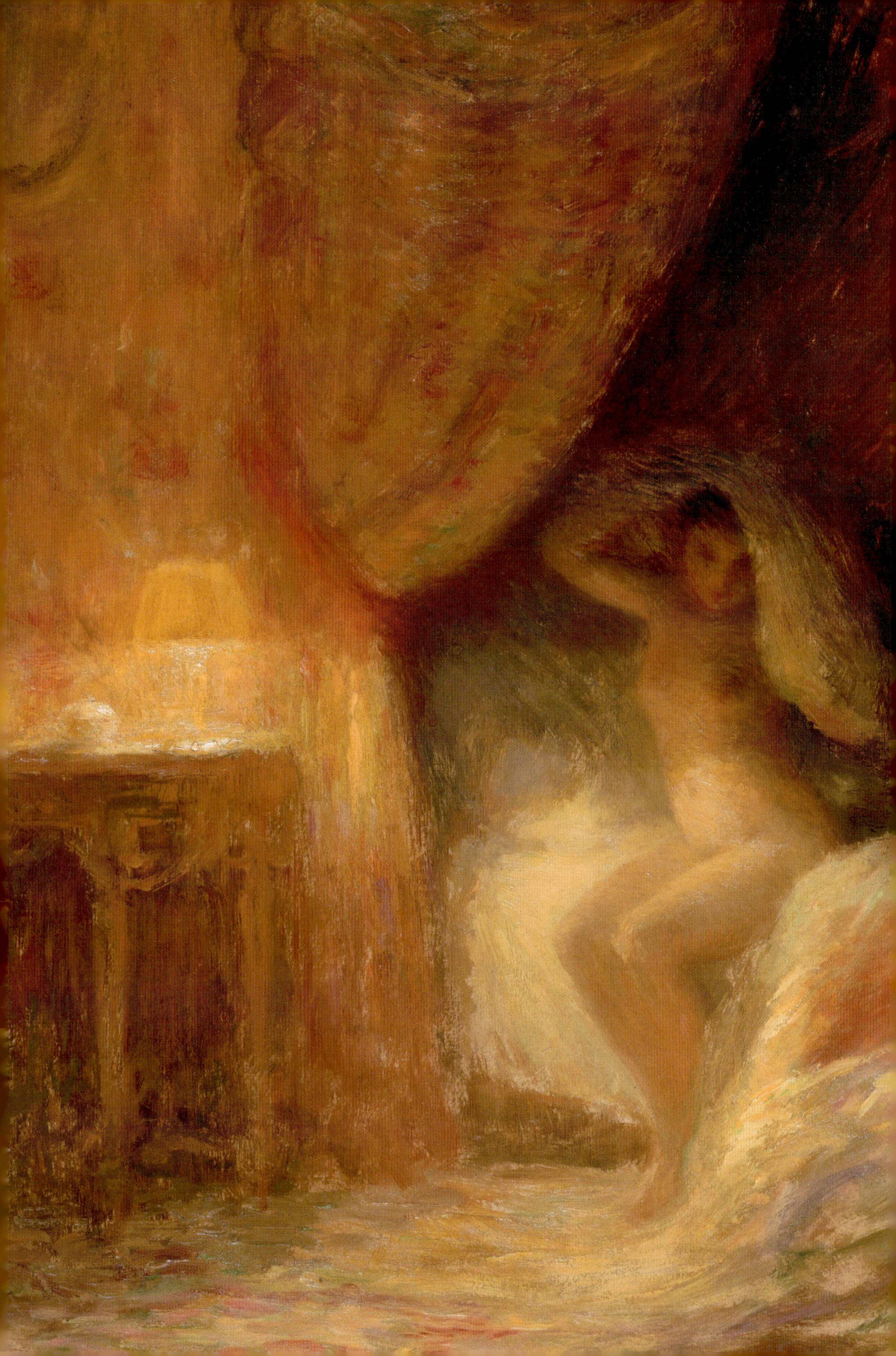

常夜灯、ベッドサイド・ランプ、光る地球儀

常夜灯は和らげられた光で安心感を与えてくれる。一方、ベッドサイド・ランプは快適な読書のために必要不可欠のものになった。どちらも装飾的であったり楽しいものであったりと、美しい品が多い。光る地球儀も同様だ。

煎じ器としての常夜灯

常夜灯の原型である煎じ器が生まれたのは18世紀末にさかのぼる。その着想は単純である。それは、油を満たした小皿とその上の筒、さらにその上の煎じ薬を入れる容器からなるもので、ファイアンスか磁器でできている。オイルランプの小さな炎が、筒にあけた穴から和らげられた光となってもれてくるのである。19世紀にはどこにでもあったこの道具だが、電気が普及してからは装飾的な役割しか担わなくなった。

マルセイユ、ストラスブール、ニデルヴィレール、リュネヴィル、クレイユ・エ・モントロー、ショワジー＝ル＝ロワ、サルグミーヌといったファイアンスの製陶所や、パリ、セーヴル、リモージュといった磁器の製陶所のほとんどが、煎じ器としての常夜灯を製造しており、その装飾は、花々、雅な情景、軍事的あるいは歴史的な情景など、非常にバラエティに富んでいる。

燠火として

常夜灯は小さなもので、部屋全体を照らすようにはできていないが、完全な暗闇になることは避けられる。それは、かつては暖炉の燠火や煎じ器が果たしていた役割に近い。20世紀初頭、常夜灯は地球儀や花、女性像などの形をとり、内部から電球で照らされた。

ガブリエル・アルジー＝ルソーは数多くの常夜灯と香炉をパート・ド・ヴェール［ガラスの粉末を糊で練って、型の中に詰めて加熱し成形する技法］で製作し、レイモン・シューブはそうしたものを銅や大理石で作ることを考案した。その後、常夜灯はあらゆる種類の形、特に動物の形をしたものが作られるようになった。というのも、常夜灯はおもに子ども向けの製品だからだ。1950年代にはヴァロリスで、口を半開きにした貝の形の常夜灯が陶磁器で作られた。

ベッドサイド・ランプ

ベッドサイド・ランプは常夜灯よりやや大きく、高さは一般に20センチから40センチである。ベッドで本を読む習慣は、多分電気の登場とともに始まったのだろう。それ以前は、人々はろうそくが消えるまでの間、あるいは古いランプのいくらかは明るい光を頼りに、肘掛椅子に座って仕事をしたり本を読んだりして目を悪くしたものだった。

ベッドサイド・ランプには独自性は特になく、テーブル・ランプの形、素材、装飾をより小さくして作られている。

光る地球儀

地球儀を内側から照らすというアイディアが生まれたのは、20世紀初頭のことだった。台座がアルミニウム、鋼板、鉄、木、ベークライト、プラスチックで作られたものが残っている。この時代の地球儀の多くに、Taride（タリード）、Girard（ジラール）、Barrère（バレール）という署名がある。

左頁
驚くべき光の効果が見られる、ヴィクトル・ルコント（1856〜1920年）作の《寝室》。油彩、厚紙。パリ、オルセー美術館蔵。

104〜105頁
1. 木と金属による光る地球儀。1930年代。
2. ブラケット灯タイプのパンチングメタル製ベッドサイド・ランプ。ル・コルビュジエ作、1956年。
3. 角度を変えられるベッドサイド・ランプ。シェードは黒のラッカー仕上げ。
4. クロームめっき仕上げのベッドサイド・ランプ。1930年代。
5. ロマン主義時代のベッドサイド・ランタン。パネルはリトファニー［透かし入りの陶磁器］で作られている。

コレクターの方へ

弱い電圧の電球を装備した地球儀は、洒落た常夜灯として使える。古い地球儀は、作られた当時の世界の状況を反映している。今の時代には合っていないことを、子どもたちに伝えておこう！

1.

2.

3.

5.

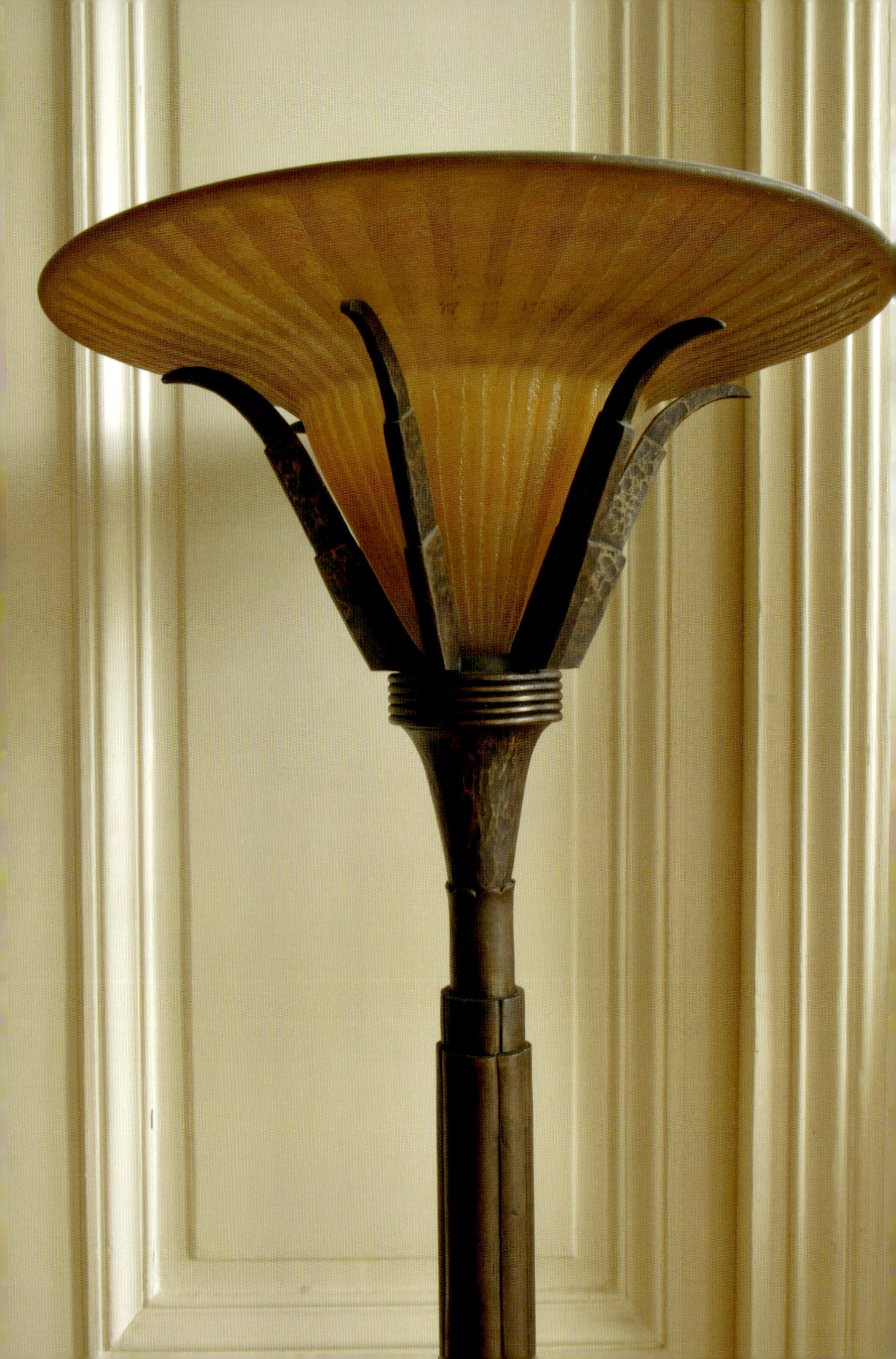

フロア・スタンド

ソファーの脇に慣習的に置いているフロア・スタンドは、ソファーと同じくらい、不可欠といっていいものになった。まっすぐな、あるいは折れ曲がる脚の付いたこのランプは、お好みの明るさで雰囲気を作り出しながら、読書を快適なものにしてくれる。

光る彫刻

フロア・スタンドとは、床の上に置かれた垂直の支柱の上に固定された照明器具のことだ。この形のものが使われるようになったのは14世紀のことで、「ランピエ」と呼ばれていた。今日フロア・スタンドを意味する「ランパデール」という言葉が現れたのは、18世紀のことだった。しかし昔のフロア・スタンドは数が少なく、この大きなランプがほとんど必需品といえるほどのものになったのは、19世紀末、電気の登場に伴ってのことだった。

アール・ヌーヴォー様式の照明器具のほとんどがそうであるように、この時代のフロア・スタンドも注目を集めるためのオブジェであり、一種の光る彫刻だった。もっとも単純な型は、自然の風景が表現されたガラス製の鉢が、程度の差こそあれ写実的な蔓植物の装飾が施された錬鉄製の脚の上にのっている、というものか、あるいは巨大な花の形で、フロア・スタンドの曲がりくねった支柱が茎になり、花冠がシェードになっている、というものだ。さらに、日本趣味の鷺や鶴が背の高い水生植物の間を歩いていて、全体が大きな葉に載っているような型もあった。マジョレルは、ドーム、ガレ、ミュレール兄弟と協力して、もっとも典型的な、もっとも重要な製品を作り出した。素材は、錬鉄やパティネ(古色)加工を施したブロンズと、無色のすりガラスや色ガラスの組み合わせがもっとも多く見られる。しかし、キュビスムの影響を受けた前衛的な作家たちは、すでに奇抜な製品を作っていた。たとえばアイリーン・グレイの、ラッカー仕上げの木と羊皮紙を用いた脚付きのフロア・スタンド《キュビスム風》や、ジャン・グルダンの銀に七宝を施したフロア・スタンドなどが例として挙げられる。

アール・デコの時代

フロア・スタンドは当時、驚異的な進歩を遂げた。大きくて頑丈な脚の上に、垂直にしっかりと立つフロア・スタンドは、光る番人といった趣だ。支柱の多くは、紫檀や椰子の木といった異国的な木、あるいはクロームめっきした金属で作られ、珍しい素材では鮫皮を張ったものも見られた。光る部分は水盤の形で、素材はすりガラス、クロームめっきした金属、さらにレイモン・シューブが得意としたアラバスターも使われた。たいていの場合、彩色はされていなかった。

ウジェーヌ・プランツ、ジャン・ペルゼル、ダモンといった当時の偉大なクリエーターたちは素晴らしいフロア・スタンドを考え出したが、建築家も同様だった。彼らは、自分たちが追求する光の雰囲気を補完するために、自身の設計にふさわしいフロア・スタンドを、みずから考案した。

左頁
アール・デコ様式のフロア・スタンド。ブロンズと、艶消し仕上げの色ガラス製。

108〜109頁
1. 鉄と塗装メタルでできた3灯のフロア・スタンド。1950年代の典型的なスタイル。
2. おもり付きランプに連結されたシェード。エドゥアール=ヴィルフリード・ビュケ作、1927年。
3. フロア・スタンドの上部。おそらくピエール・ガリシュ作、1950年代。
4. このスウィングアーム式のフロア・スタンド「ソレール」のシリーズには、デスク・ランプもある。

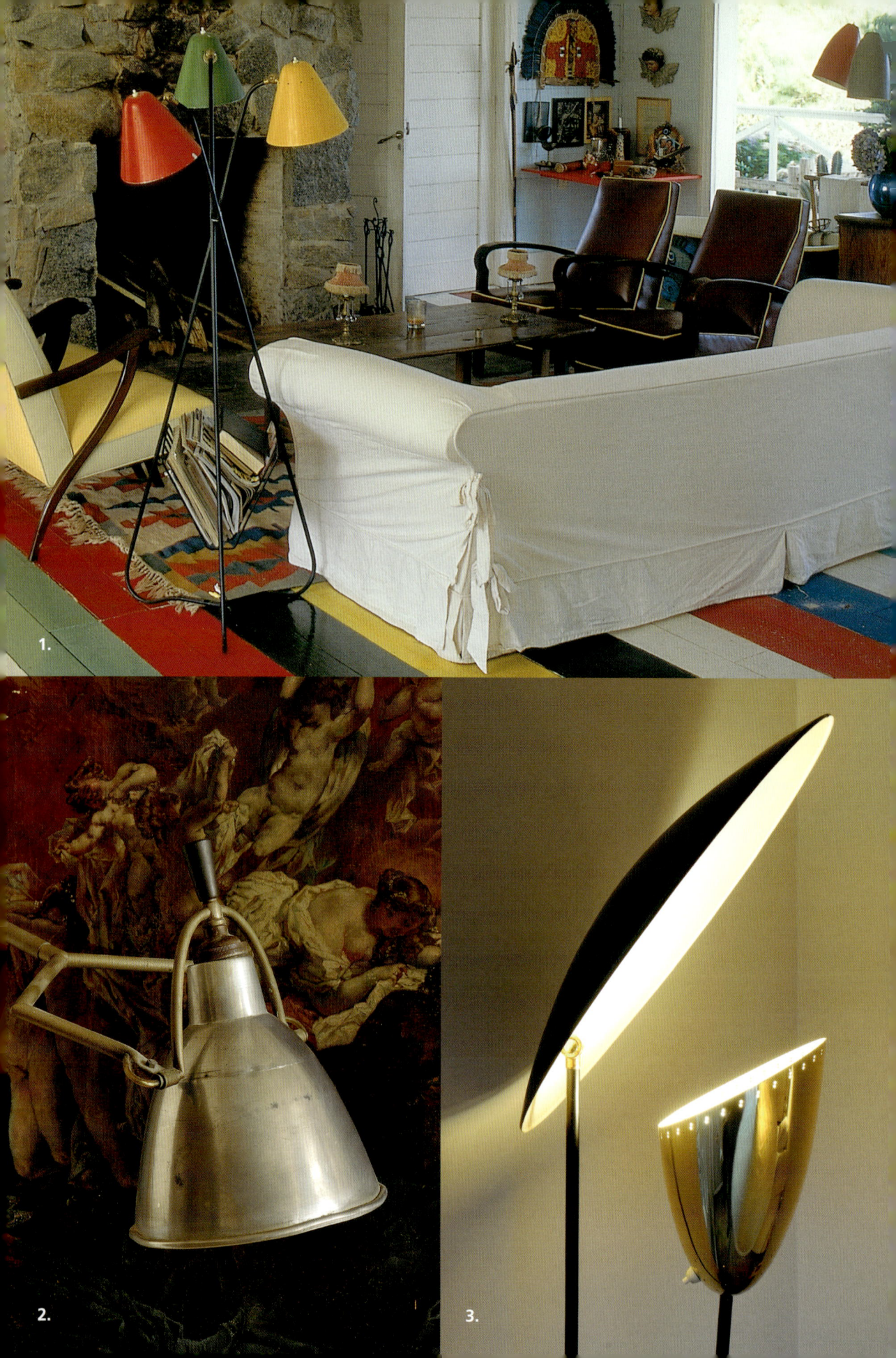

1.

2.

3.

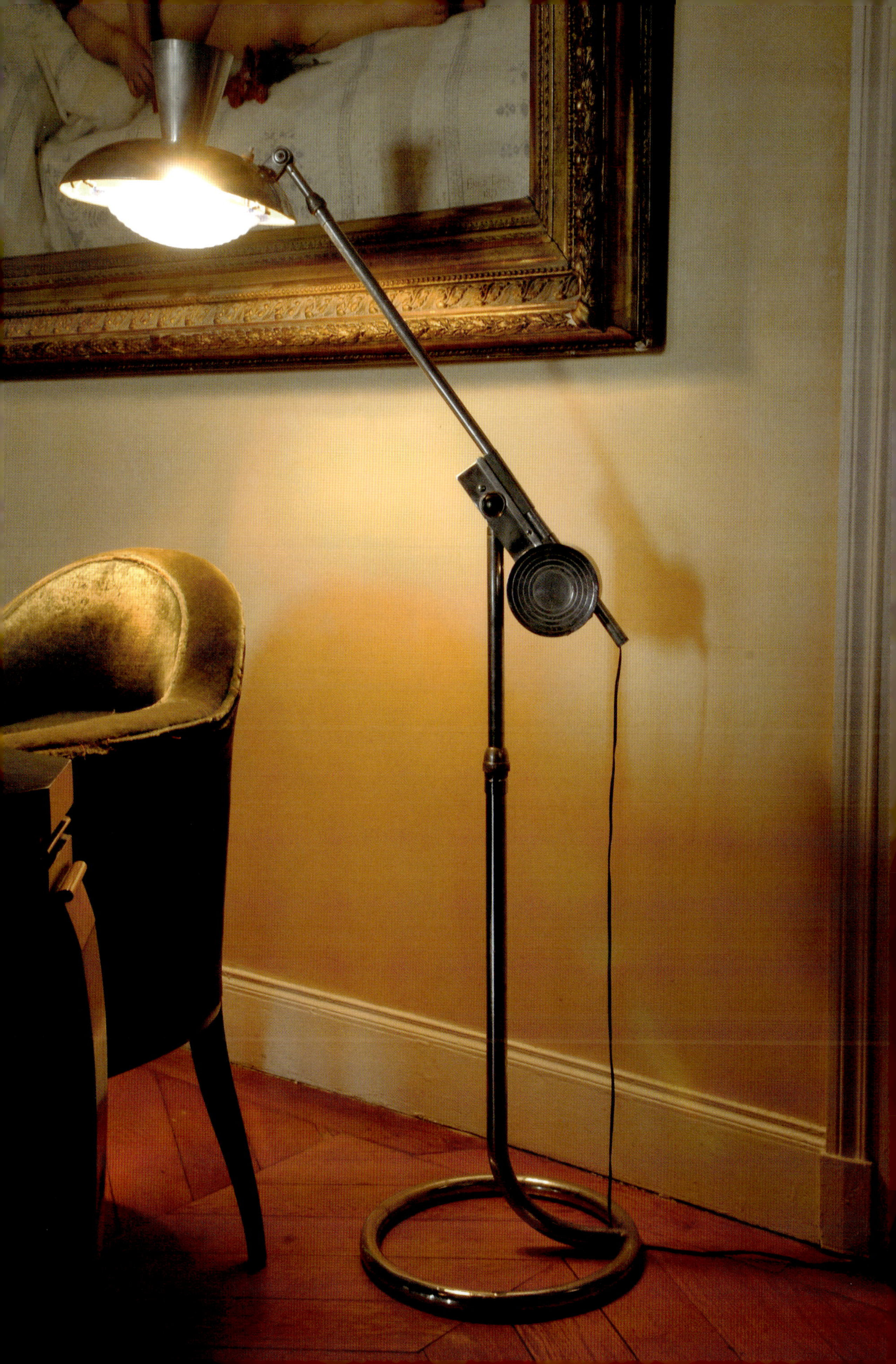

上
脚と支柱は琺瑯引きの金属製、シェードはアルミニウムに琺瑯引きのフロア・スタンド。セルジュ・ムイユ作、1953年。

右頁
ミケル・バルセロの作品の下に置かれたアール・ヌーヴォー様式のフロア・スタンド。ブロンズ製で、植物に想を得ている。

戦後

戦争が終わり、長く生活必需品に事欠き消費行動に飢えていた中流階級が台頭すると、1940年代から50年代にかけて、アール・デコ様式の、特に照明器具が再び注目を集めた。クリエーターたちは直接光による照明器具、複数のアームや屈曲可能なアームを備えたランプ、あるいはプラスチックや積層材、溶接された針金といった新素材に熱中した。

フロア・スタンドは流行した。特に読書が容易になった点が評価されたため、ソファーや肘掛椅子のかたわらに置かれるようになった。フロア・スタンドにはしばしば、本を置くための板や、小物を置く棚、灰皿、針箱、さらに植木鉢までが取り付けられた。1950年代、フロア・スタンドの高さは一般に140センチよりやや低いくらいだった。多くはまっすぐか斜めになった細い金属製のパイプでできていて、上部は複数のアームに分かれ、先端にラッカー仕上げの金属かパンチングメタル、あるいは透明な薄片でできたシェードが付いていた。

鮮やかな原色使いや繊細さとバランスによって、それらはアメリカの彫刻家コールダーのスタビール［静止した］作品の精神に近づいている。それらもコールダーの優美さを備えているのだ。作品をひとりで製作するセルジュ・ムイユや、ピエール・ガリシュ、マチュー・マテゴ、さらにピエール・ディドロ、ジャック・ビニー、ジャン・ロワイエール、ジャン・ペルゼルは、こうした傾向を代表する才能豊かなクリエーターだ。

1960年代にはデザインの台頭が鮮明になった。デザイン意識の高まりを刺激したのは、アクリル、ポリエステル、ポリ塩化ビニールといった、鋳込みか射出で成形される新しい合成素材の可能性だった。色彩が多用されるようになり、赤やオレンジが多く使われた。フロア・スタンドの支柱は比較的シンプルなままだったが、光源部分は円形や平たい形の殻のようなシェードで保護されていた。一方、ステンレスのような素材もフロア・スタンドに使われるようになり、時に薄い板状のものが甲冑のように配置されたり、ねじって使われたりした。こうした特徴は、特にシャルル兄弟の作品に見られる。彫刻と一体になったランプの登場もこの時期のことだ。たとえばアンドレ・カズヌーヴの光る石、ベン・スウィルデンスの卵ランプ、ギィ・ド・ルジュモンの光る作品などである。

コレクターの方へ

1930年代のフロア・スタンドの相場が、ここ20年ほど安定（高止まり）しているのに対し、1950年代のクリエーターが手がけた照明器具は、長い間無視されてきたとまでは言わないものの、顧みられてこなかったのが、今日では想像を絶するほどの価格に達している。一方で、無名の作者の製品も数多く存在し、それらも段々高額になってきているのは確かだが、まだ手頃である。
1960年代の照明器具は、時に壊れやすい素材が使われていて、耐久性に問題がある。色彩が黄ばんだり褪せてしまったりしたものの修復は簡単ではない。しかし、それらには郷愁が刻み込まれている。

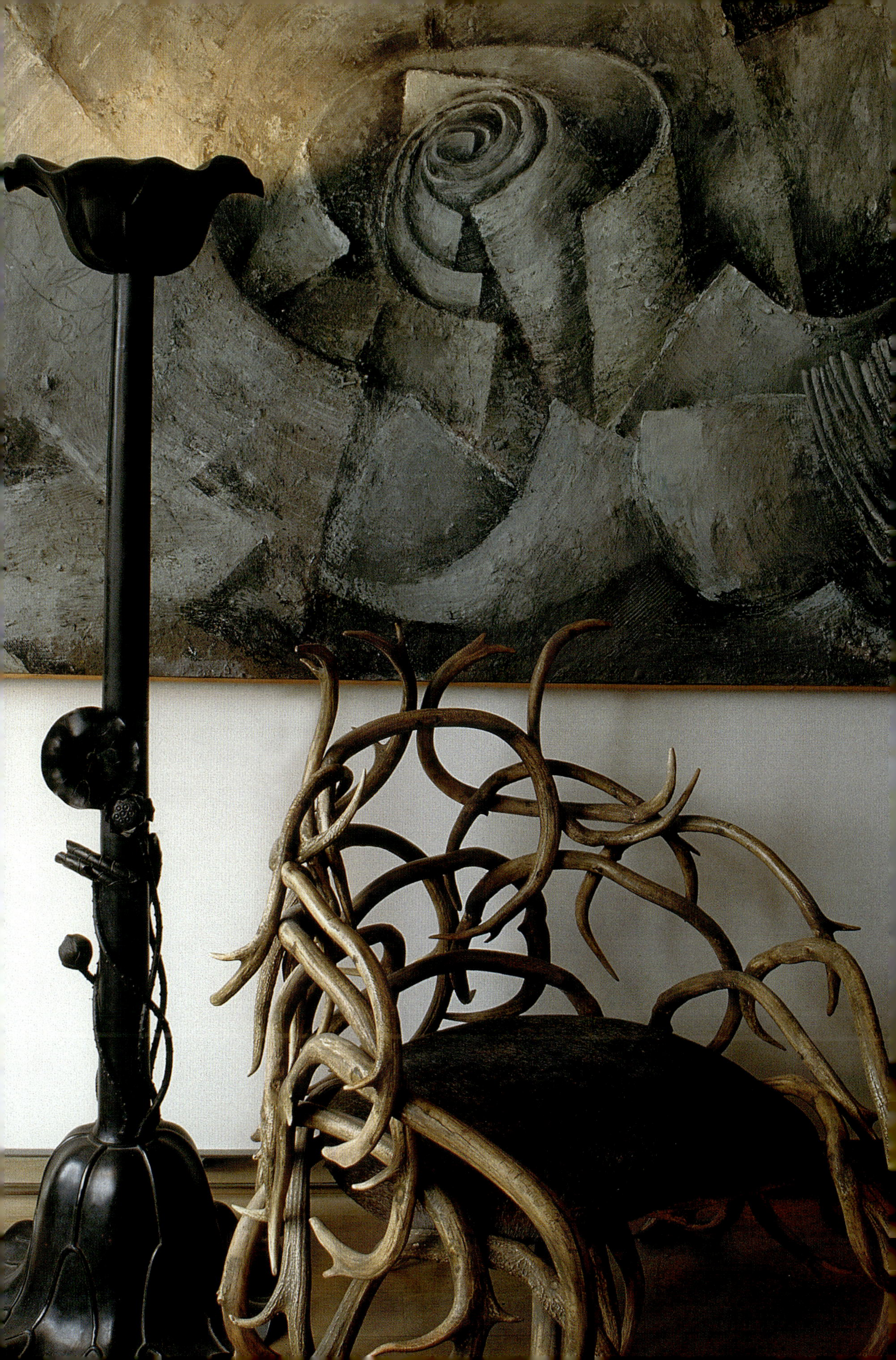

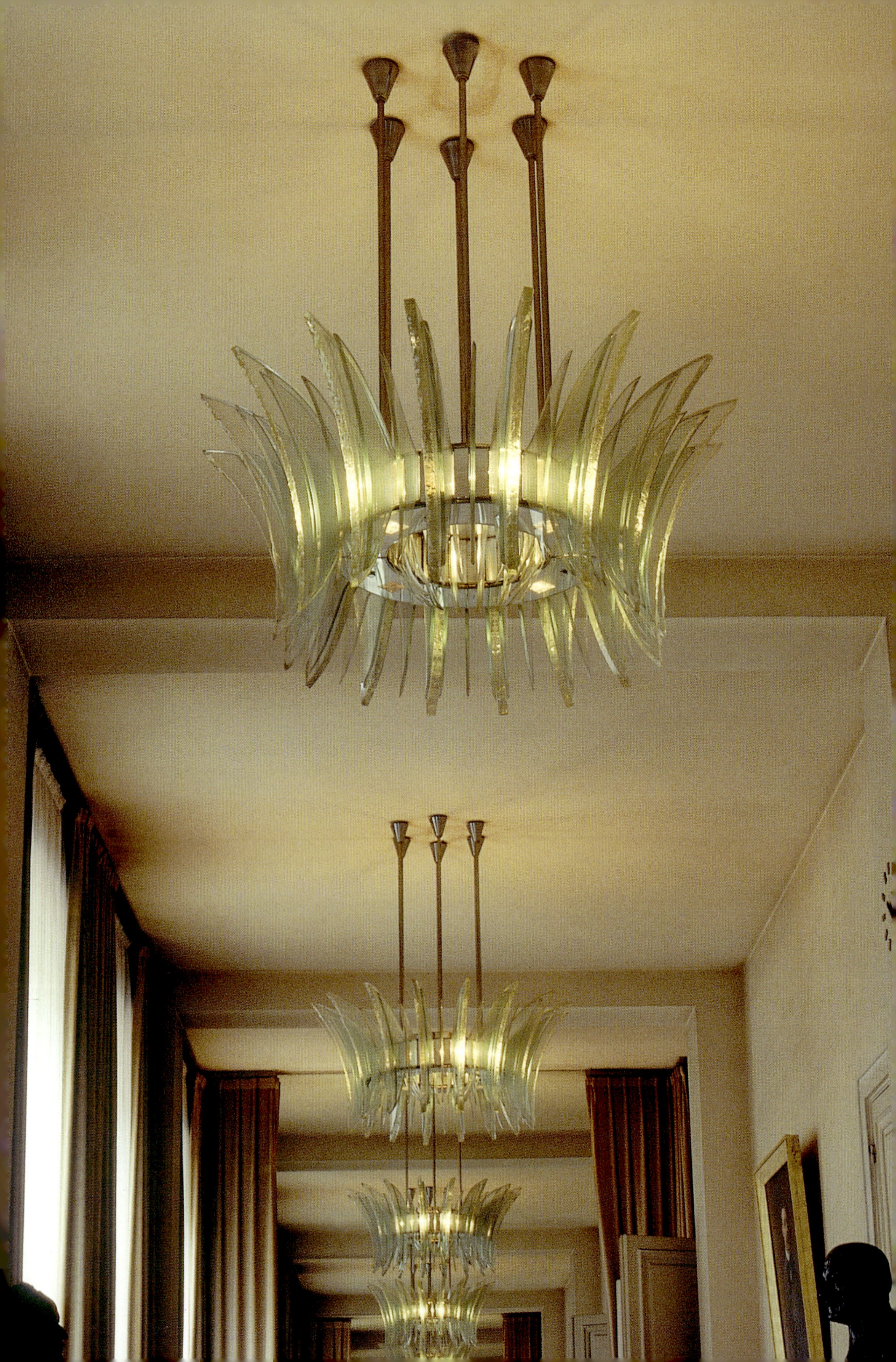

シャンデリア、ペンダント灯、天井灯

電化という奇跡によって、シンプルで建築と一体化した照明という構想が生まれた。その代表がシャンデリアと天井灯だ。

新しいシャンデリア

ドロップ［吊り下げ飾り］がふんだんにあしらわれた伝統的なシャンデリアの後、19世紀最後の四半世紀、シャンデリアの燃料はオイル、石油（最初のものは1880年にさかのぼる）、アセチレンへと引き継がれ、その構造も一新されていった。金めっきしたブロンズや真鍮、錬鉄でできた製品の多くは、オパール・ガラスやガラス製のシェードを備え、鎖とおもりからなる自在鉤の仕組みでシャンデリアを降ろし、燃料の補給と灯芯の交換という、せざるをえない必要な操作ができるようになっていた。

電化とともに、アール・ヌーヴォー様式のシャンデリアは、従来とは異なったスタイルを打ち出した。光はガラスを、その洗練されたテクニックや繊細な色彩、ぼかしや対比の妙、装飾とモティーフを引き立たせた。照明装置としての価値は重要ではなくなった。人は頭を上げて、内側から電球で照らされた、ガレやドーム、ミュレール兄弟の作品を賞賛するのだ。

時に金色や銀色のパティネ（古色）加工を施された錬鉄は、骨組みに多く用いられた。それはパート・ド・ヴェールの技法とは特に相性がよい素材だった。他方、ブロンズは鎖にうってつけだった。古典的な形態は、中央の頑丈な軸から渦巻き状の腕が広がり、先端には電球を隠すチューリップ型のシェードが付けられているというもので、シェードは天井や床を向いていたが、中央の水盤形の部分を取り巻いているものもあった。

アール・デコの到来により、色彩は無色透明のガラスに席を譲る傾向を見せた。無色透明のガラスは、ルネ・ラリックの対比の手法によって繊細に表情を変えている。つまり、きらきらした輝きとわずかな光沢を残した艶消し加工、透明な部分と曇らせた部分、一様になめらかに仕上げられた部分と凹凸があり立体的な部分などだ。エドガー・ブラントのようなクリエーターたちは、骨組みをよりいっそう重視し、錬鉄をレースのように加工して用いた。

左頁
マックス・アングランの署名がある1950年代のシャンデリア一式。製鉄業者の旧宅、パリ。

上
ドイツのカタログで提案されていた、ふんだんに装飾が施されたペンダント灯。19世紀。

114〜115頁
左 大きなシェードが付いたペンダント灯。1900年。
右 ジャン・ペルゼル作、2個組のペンダント灯。1930年代。

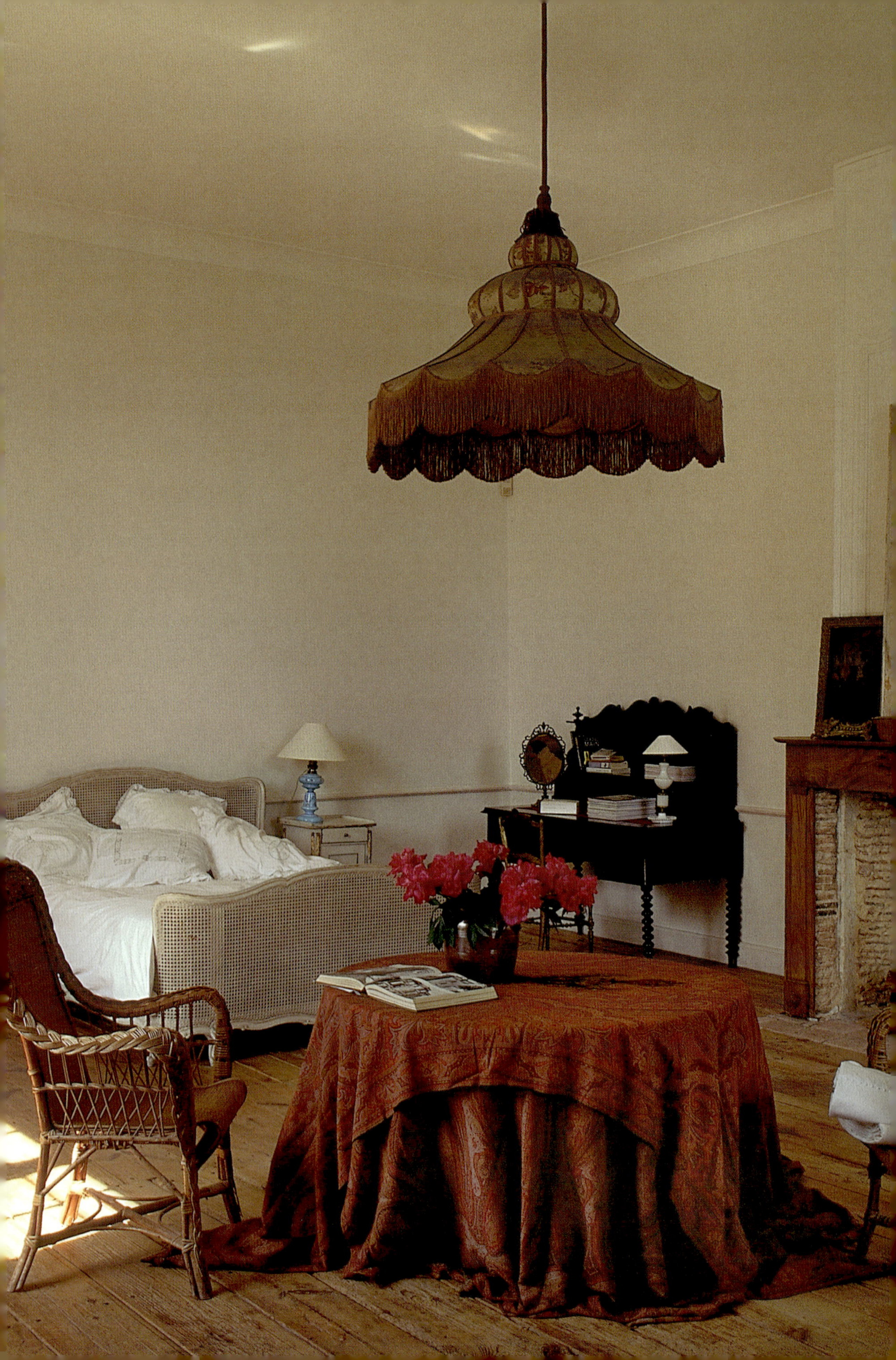

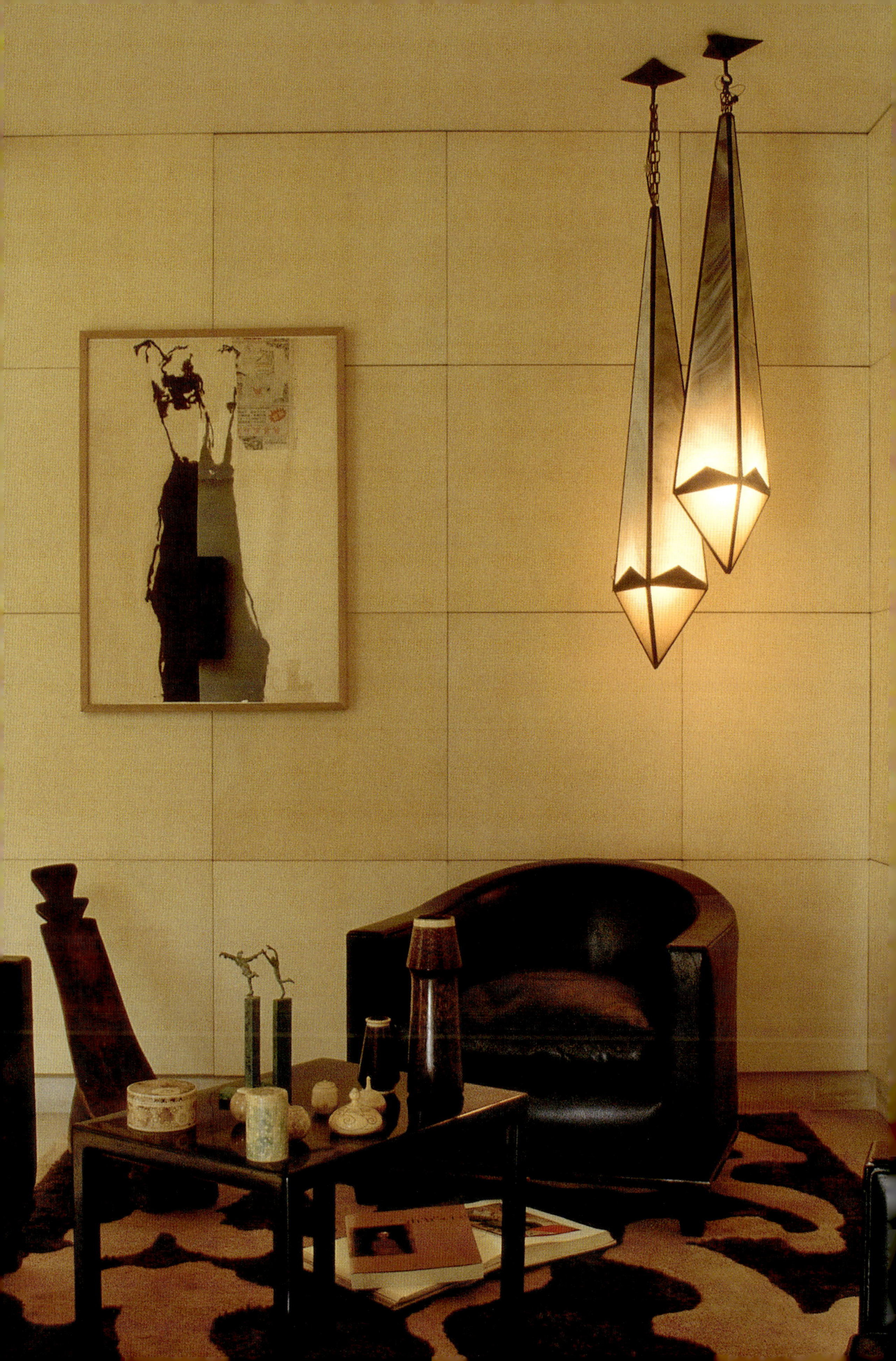

上
ドイツ製のペンダント灯。19世紀。

右頁
1．吹きガラスによるペンダント灯。ピンクのグラデーションのオパール・ガラス製。ドイツ、20世紀初頭。
2．磁器とオパール・ガラスでできた浴室用天井灯。フランス、1930年代。
3．オパール・ガラスと金属でできた、百貨店の2種類のペンダント灯。1930年代。
4．オパール・ガラスでできた、縁が鋸歯状の台所用ペンダント灯。フランス。

ペンダント灯と水盤

シャンデリアと天井灯の中間的存在のようなペンダント灯とは、天井から吊り下げられた照明器具のことである。金めっきされていることもある、彫金が施されたブロンズ製の棒か鎖で吊るされている。もっとも多いのは単純な水盤形のもので、周囲を補助灯が取り巻いているものもある。補助灯には水盤形の部分と同じ素材でできたチューリップ形のシェードが付いている。真鍮とオパール・ガラスの組み合わせは、次第に錬鉄とアラバスター、そしてブロンズとプレス成形のガラスに席を譲った。

何人かの傑出した作家がいる。ジャック・アドネは、銀めっきした金属で幾何学的な形態の骨組みを作り、その中にすりガラスでできたチューブをはめ込んだ。ジャン・ペルゼルは大型客船ノルマンディー号のために、長さが異なるガラスの薄い板を垂直に下げるペンダント灯を考案した。アルベール・シュレは、鳥や蛇、異国風の植物をかたどった金属製の枠がガラスの薄板を取り囲むペンダント灯や、クロームめっきした金属製の三角形のブラケット（持ち送り）で固定されたガラスの羽のようなペンダント灯を製作した。

1950年代には、ラッカー仕上げの原色の金属板や薄板状の金属板は、革命的な素材であるプラスチックと競い合った。プラスチックの特性は、クリエーターたちに広大な視野を開いてくれるものだった。工業生産の過程の掌握によって、1960年代には製品モデルは増大し多様化した。ペンダント灯は、球形か大きな流星の形をとるようになった。それは同時に、プラスチックや金属の薄板や玉を同じ素材の糸でまとめたデザインが流行した時期でもあった。

1.

2.

3.

4.

上
ジーノ・サルファッティ作のシャンデリア。1950年代。照明器具にプラスチックを使用した最初の作例のひとつ。

右頁
1. 電気によるペンダント灯。オパール・ガラスのシェードはリトグラフで絵柄が刷られている。フリンジはボヘミア・ガラスのビーズ、おもりはファイアンス。ドイツ、20世紀初頭。
2. 電気によるモント・エ・ベッスのペンダント灯。シェードは薄く着色され模様が細工されたガラス製。おもりはファイアンス。フランス、20世紀。
3. 元はガスランプだったペンダント灯「竪琴」。オパール・ガラス、真鍮、磁器でできている。バーナーはアウアーの白熱タイプ。フランス、19世紀末。
4. アーツ・アンド・クラフツ派風の玄関広間用照明。銅と真鍮、オパール・ガラス製。イギリス、20世紀初頭。

モント・エ・ベッス［上下する器具］

これは台所や食堂のテーブルを照らすための、おもりの働きで高さを調節できるペンダント灯のことである。控えめで、多くは魅力的な形をしていて、ランプにつながった電気コードが滑車を通っている。おもりは一般にファイアンスか磁器でできた小さな塊で、装飾が施されているものもある。シェードは、金属板やガラスでできた単純な三角形のものもあれば、クリスタル・ガラスのチューリップ形、オパール・ガラス製の小皿形で縁が鋸歯状のもの、ガラス製のやや扁平な球体で、風景が描かれたり幾何学模様が彫られたりしたものなどがある。シェードはしばしば、色彩豊かな幾何学模様をなす小さなビーズで取り巻かれている。

天井灯の誕生

アール・デコが誕生した1920年代、照明においては新しい傾向が支配的になり、部屋全体に広がる柔らかな光を作り出すことが求められるようになった。天井灯はこうした中で使われるようになってきた。天井灯は新しいタイプの照明器具で、シンプルで目立たない。天井に固定されたこのあ

1.

2.

3.

4.

上
4点の吊り下げ式石油ランプ。パティネ加工を施した純ブロンズ製で、彫金を施した装飾用のろうそく立てを備えている。半球形の覆いは磁器製。

右頁
シャルル10世時代の、3灯セットのビリヤード用ランプ。シェードはオパール・ガラス製。

122～123頁
1. 金属製の枠と鋳造ガラス製の覆いによるペンダント灯。1930年代。
2. Holophane（ホロフェーン社）のペンダント灯。シェードは線条をつけられた、虹色がかったガラス製。20世紀初頭。
3. テーブル・ランプに加工されたガラス製の天井灯。1925年。
4. 3本の鎖で吊り下げられたアラバスター製の鉢形のペンダント灯。1925年。
5. ジョルジュ・ルルー作の鋳造ガラス製シャンデリアの部分。1925年。

かりは、電球を隠すためのものとも言え、半艶消しの無色か淡いピンクのガラス製で、ニッケルめっきした金属か金めっきした真鍮でできた枠に固定されている。球形、立方体、水盤を半分に切った形、カマンベール形、星形が、もっとも一般的に使われていた形態だ。

オーギュスト・ペレやレイモン・シューブは簡素さを好み、アラバスターと錬鉄を巧みに加工した。それに対し、フランシス・ジュールダンはステンドグラスの技法で錬鉄とガラスを組み合わせた。

ビリヤード用ランプ

ビリヤードが卓上で行われるようになったのはルイ11世の時代だ。元は戸外で、地面の上で行われるクロケットの一種だった。ルイ14世治下ですでに人気を博していたビリヤードは、フランス大革命までは貴族だけが、特に男性が行うゲームで、数多くの遊技場が開設されていた。この頃からルールも練り上げられ、ゲームは少しずつ今日のような様相を呈してきた。

電化の到来とともに、ビリヤード専用のランプが作り出された。それは影ができないようにビリヤード台全体を照らすための、2灯か3灯からなるペンダント灯のことだ。もっとも伝統的な製品は、金属製の骨組みと緑色のオパール・ガラスでできた球体を内包していた。

コレクターの方へ

もしドロップがついたシャンデリアが好みでも、有利な取引きをするためには、今は別のタイプのシャンデリアかペンダント灯を買うべきだろう。
天井灯は今はさほど高価ではない。単独では十分満足できる明るさは得られないが、補助的な照明として、たとえばよく調和するブラケット灯と組み合わせて浴室や廊下に使うと面白いだろう。
古いクリスタル・ガラス製の反射板を見つけるのはだんだん難しくなってきているが、まずまずの出来の再現品もある。骨董店では、モント・エ・ベッス用のおもりを見つけることができる。また、専門家に頼めば、古いビーズを使ってモント・エ・ベッスのための美しい飾りを作ってもらうこともできる。

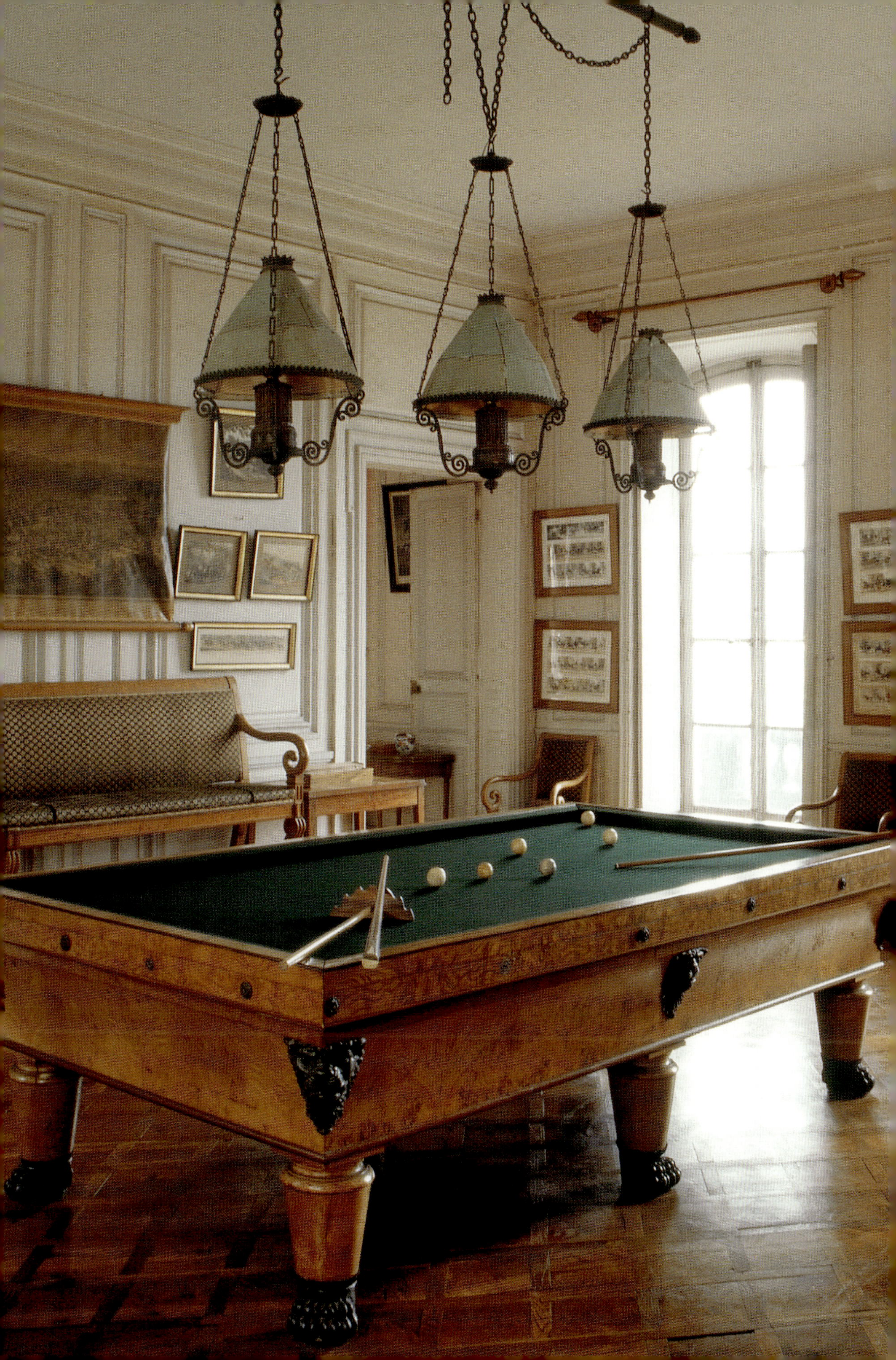

1.

2.

3.

4.

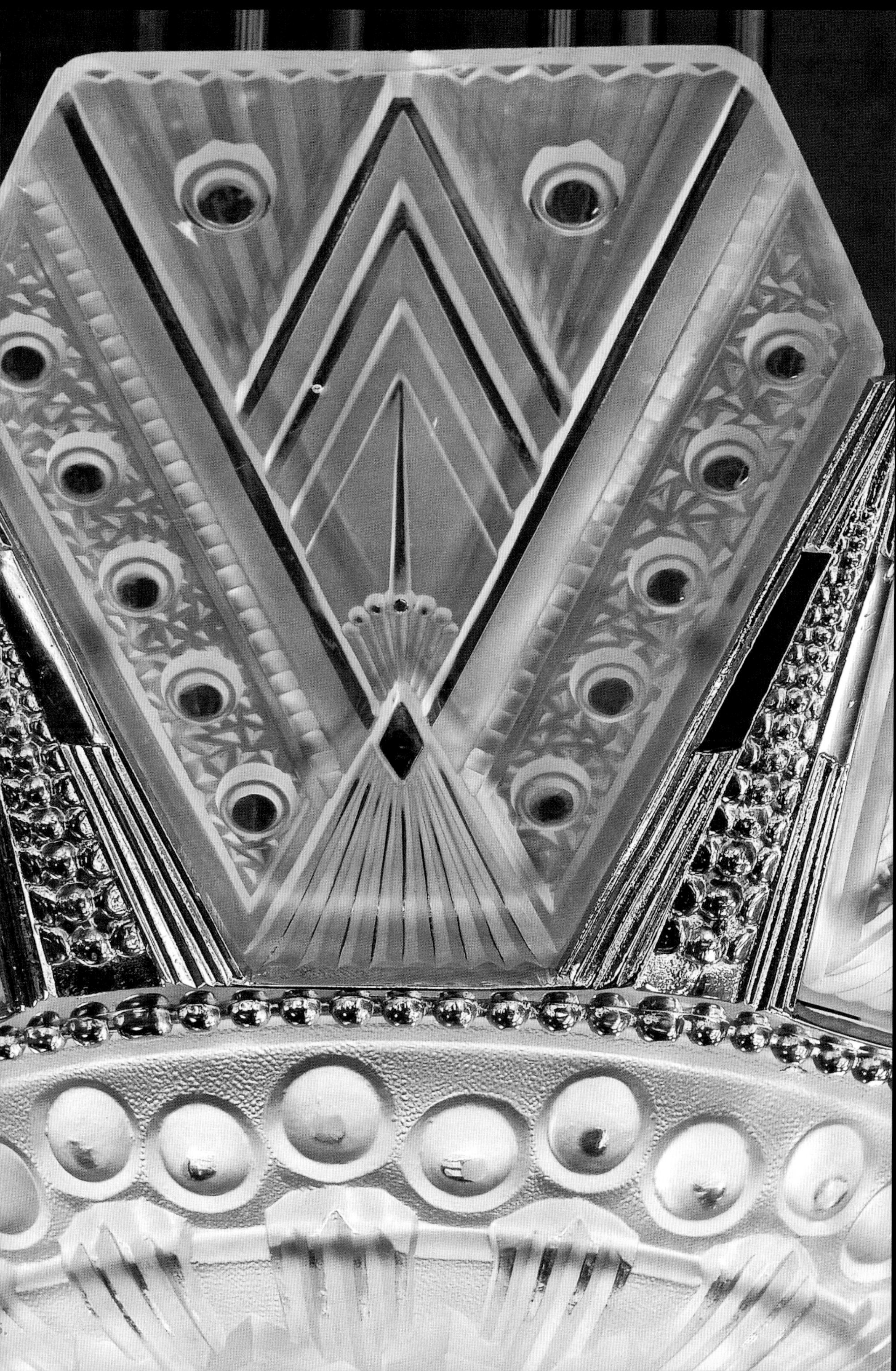

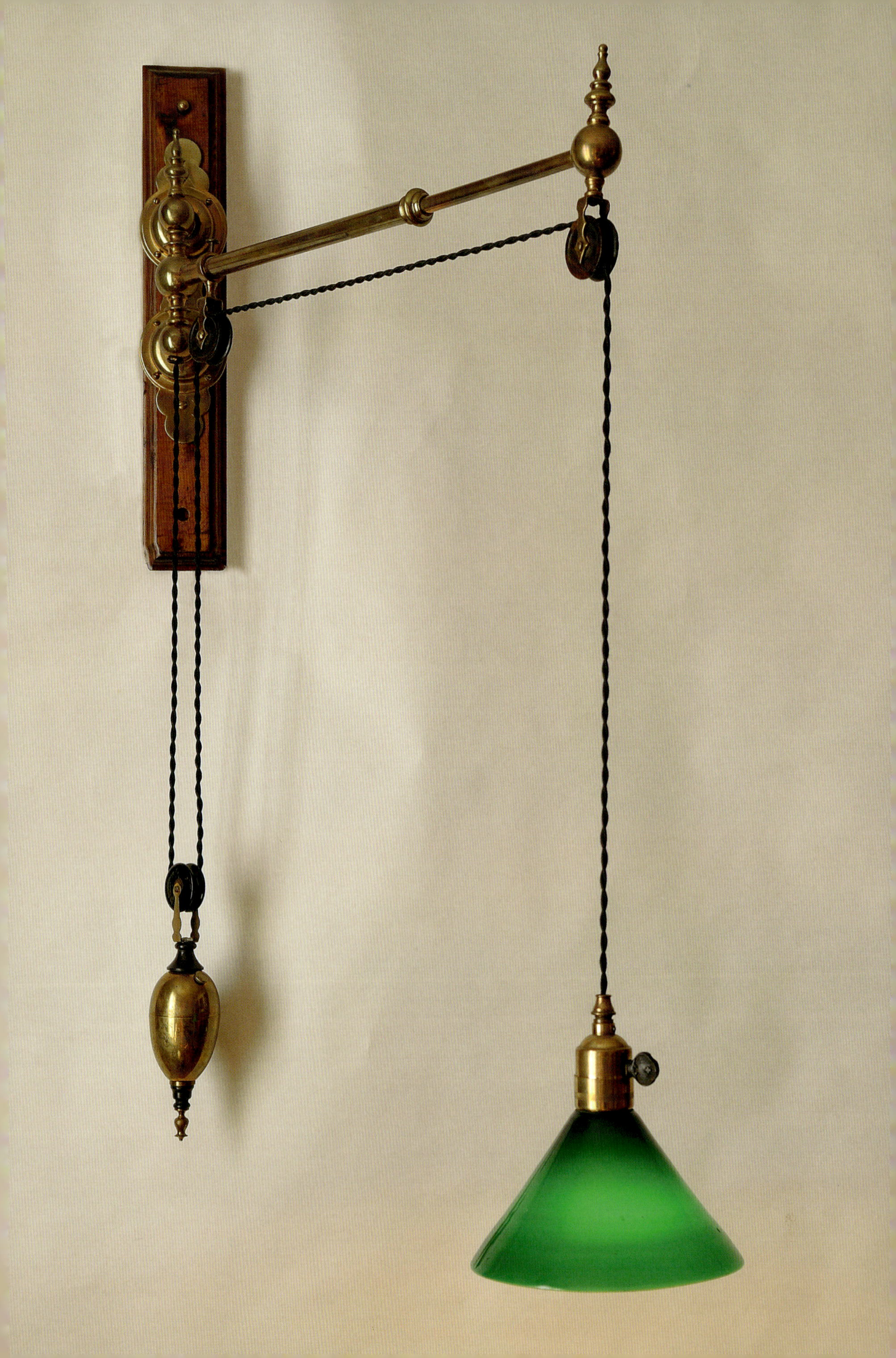

ブラケット灯

20世紀前半、ブラケット灯（壁灯）の分野では2つの傾向がかわるがわる現れ、時に併存した。一方は18世紀の精神を思わせるややバロック風のもの、もう一方はむしろ未来派風の、建築と一体化した照明のイメージに結びついたものだった。

アール・ヌーヴォー

19世紀末から20世紀初頭にかけて、アール・ヌーヴォー様式のブラケット灯は、ルイ15世様式を想起させずにはおかないものだった。どちらも同じ曲がりくねった線をもち、左右非対称で、装飾は植物に想を得たものだった。

この時代の典型的なブラケット灯は、壁から浮き上がっているように見える花々を表現していた。金めっきしたブロンズ製の光の腕は茎をかたどっていて、その先端には電球を隠す覆いかシェードで萼が表されていた。その部分はすりガラス製で、ガレやドームをまねて幾分か着色されて装飾が施されていた。

アール・デコ

クロームめっきや錆加工を施した金属製の骨組みと、すりガラス製の発光部からなるブラケット灯が数多く製造された。シェードの形は、直接照明の場合はアームの方を向いたチューリップ形、全体照明の場合は球形、または円筒形か直方体の筒形、そして間接照明の場合は上方を向いた碗の形をしていた。ジャン・ペルゼルは照明器具を多作したクリエーターだった。彼が手がけたクロームめっきした金属製のブラケット灯には、発光部がガラスの薄片を集めて作られたものや、筒形から扇形まで、あらゆる種類の優雅な形をしたものがある。シャルロット・ペリアンにおいては、常に機能が形態を決定していた。彼女は、シンプルな方形や長方形の、多くはラッカー仕上げの金属板が電球を隠している、非常に技巧的なブラケット灯を私たちに残してくれた。Genet et Michon（ジュネ・エ・ミション社）、Védar（ヴェダール社）はさまざまな独創的なブラケット灯を製作した。また1914年創業の室内装飾と家具の有名店、Dim（ディム社）も、ジャック・ル・シュヴァリエやジャン・プルーヴェのような才能ある優れたクリエーターと組んで、やはり独創的なブラケット灯を送り出した。

1940年代と1950年代

ジャネット・ラヴェリエール、ピエール・ガリシュは、向きを変えられるルーバーでできたブラケット灯を考案した。ジャン・プルーヴェと同様に、セルジュ・

左頁
おもりを使って高さを調節できる図書館のブラケット灯。イギリス、20世紀初頭。

126～127頁
《親しい集い》、ガブリエル・ドゥリュク（1883～1916年）作、カンヴァス、油彩、バイヨンヌ、ボナ美術館蔵。

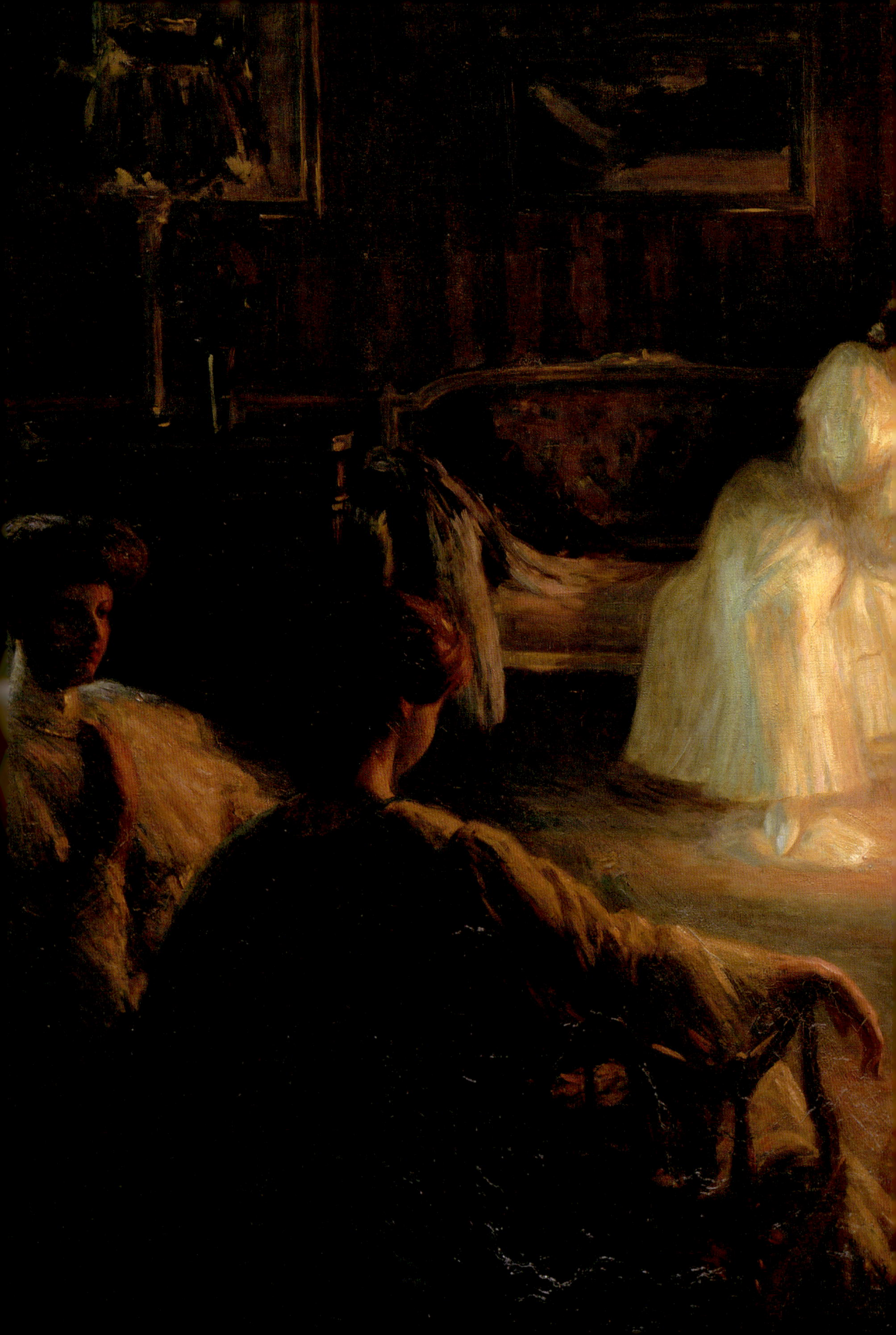

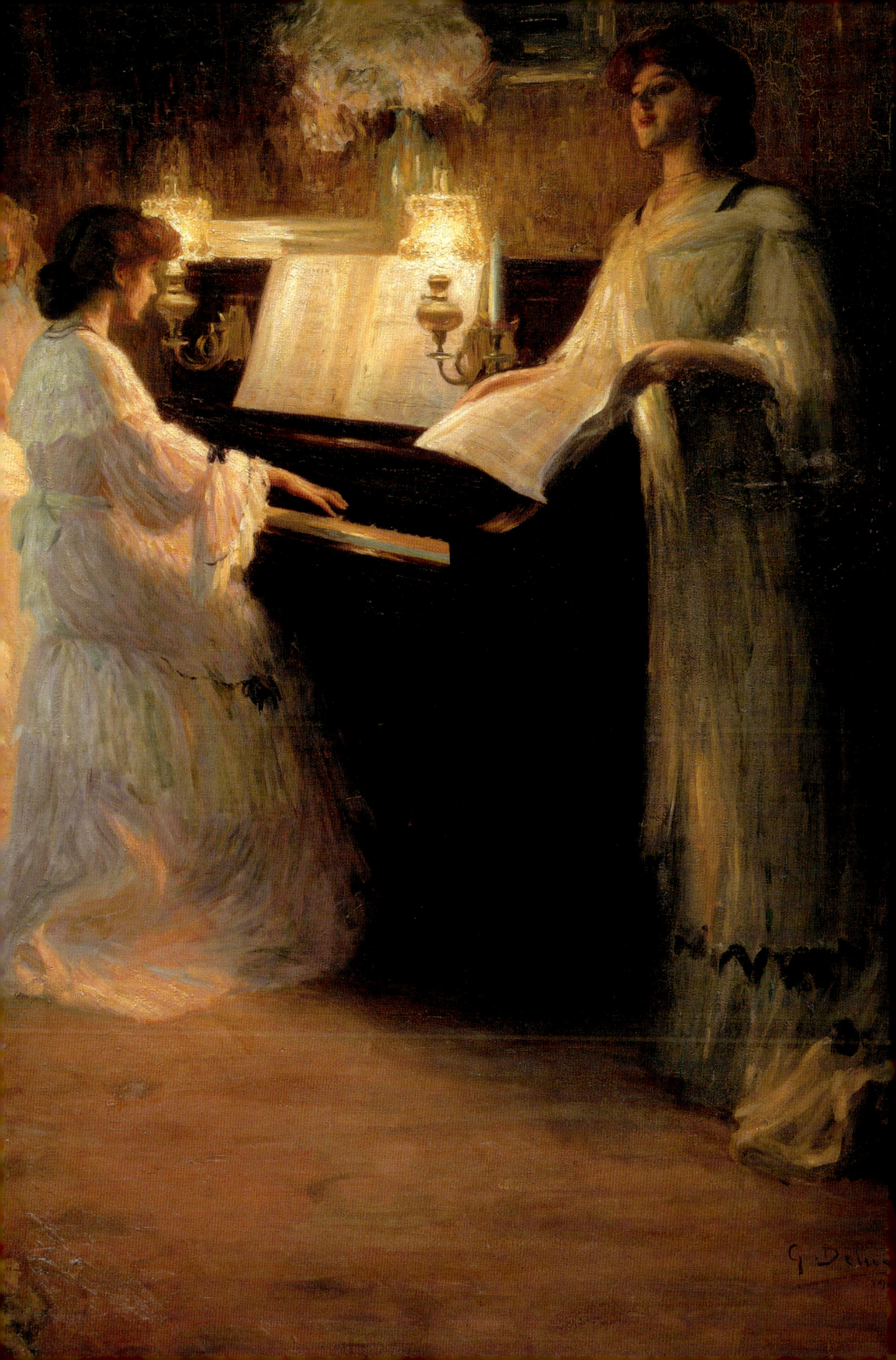

電気による照明

右
電気によるピアノ用ランプ。銅、真鍮、オパール・ガラスを用いている。W. A. S. Benson製。イギリス、20世紀初頭。

右頁
1，4．プレス成形ガラスとクロームめっきした金属製の枠によるブラケット灯。ドゥゲ作、1930年頃。
2．プレス成形ガラスによるチューリップ形ブラケット灯。ジュネ・エ・ミシェン社製、1930年代。
3．ダンスをテーマにグラヴュール（彫刻）加工を施したガラスのブラケット灯。ミュレール兄弟作、1925年頃。

130〜131頁
1．真鍮とオパール・ガラスによるブラケット灯。製作地不詳。
2．ブロンズ製の2本のアームと布製のシェード付きブラケット灯。おそらくサビノ作、1930年代。
3．アンドレ・アルビュス作、金属製のブラケット灯。製鉄業者の旧宅、パリ。1940年代。
4．ねじった金属とガラスによるブラケット灯。ベルギー、1950年代。
5．錬鉄製の屋外用ブラケット灯。イタリア、20世紀初頭。

ムイユは長いアーム（約1.5メートル）を好み、貝のような形で電球が真珠のかわりになっているものや、連結された反射板と複数のアームをもつブラケット灯を製作した。マチュー・マテゴはパンチングメタル製のシェードを考案し、ジョルジュ・ジューヴは七宝を施した磁器と、ロドイド［不燃性セルロイド］でできたシェードのブラケット灯を考案した。

　しかしほどなくして、直線的な形態とある種の厳格さへの反動で、また異なる動向が交互に現れるという必然性から、18世紀の精神がほのかに感じられる作品も作られるようになっていった。金めっきしたブロンズや曲がりくねった線、装飾への回帰という形で現れてきたこの傾向は、ジャン・ロワイエール、バゲス、そして特にジルベール・ポワルラによって明確になった。

ピアノのランプ

　電気の発明まで、アップライト・ピアノは正面にブラケット灯のように固定されたブジョワール（燭台）で、グランド・ピアノは上に置かれたランプの光で、ロマンティックに照らされていた。

　電気が発明された後は、3種類のピアノ用ランプが知られている。傾きを変えられる長いアームと、安定性のある重い台座を伴った置くタイプのもの、挟んで固定するもの、そしてブラケット灯タイプのものである。いずれもクロームめっき仕上げかブロンズ製で、バスタブ形やチューブ形の反射板を備えていた。

コレクターの方へ

ブラケット灯は、今日もっとも人気があるタイプの照明器具というわけではないので、まだ取引ができる。
上に挙げたような有名なクリエーターの署名のあるブラケット灯は、今や容易に手の届く価格ではなくなっている。そのかわり、無名の作者による製品は、手頃な値段を保っている。

2.

4.

1.

2.

3.

4.

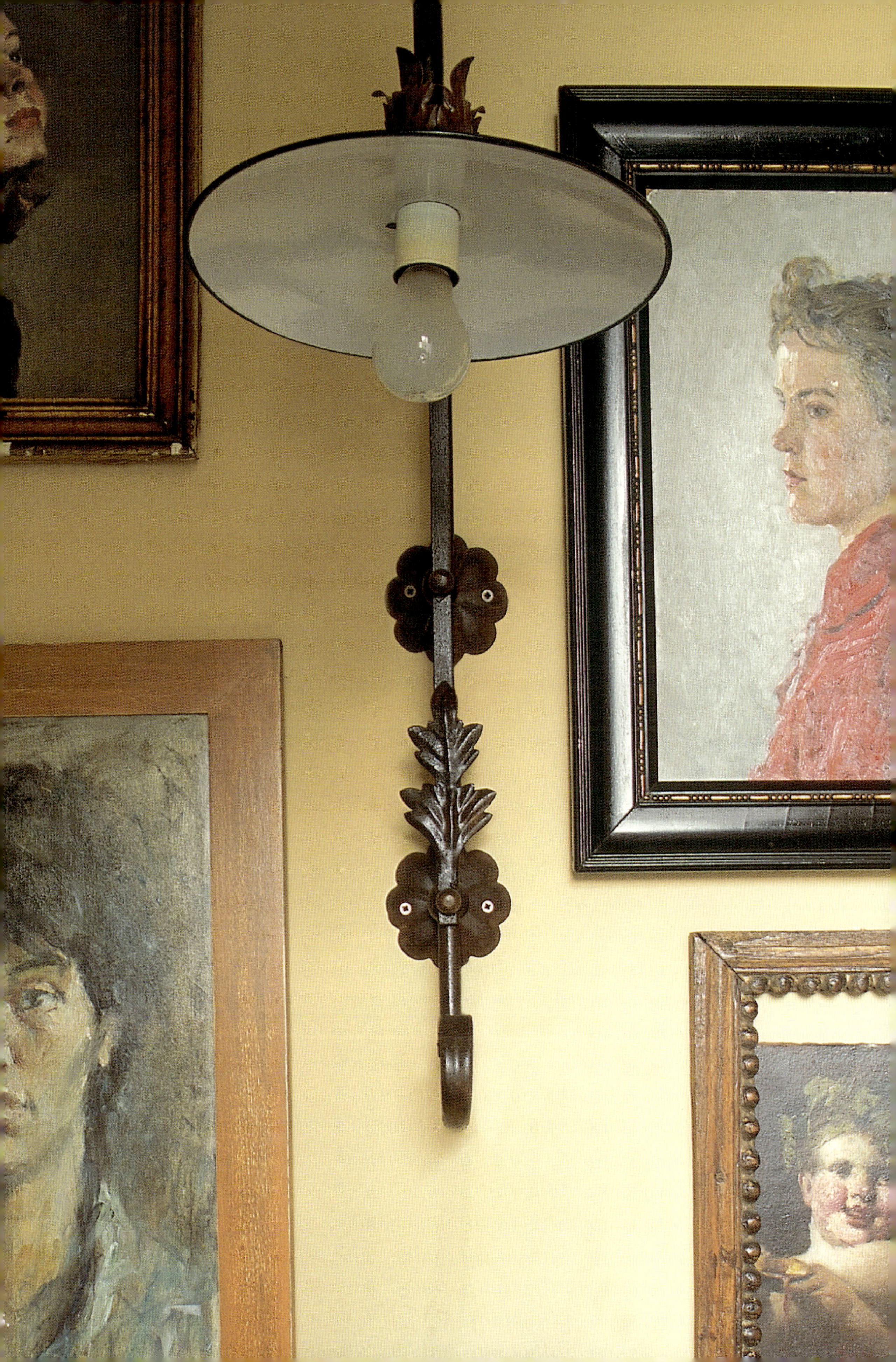

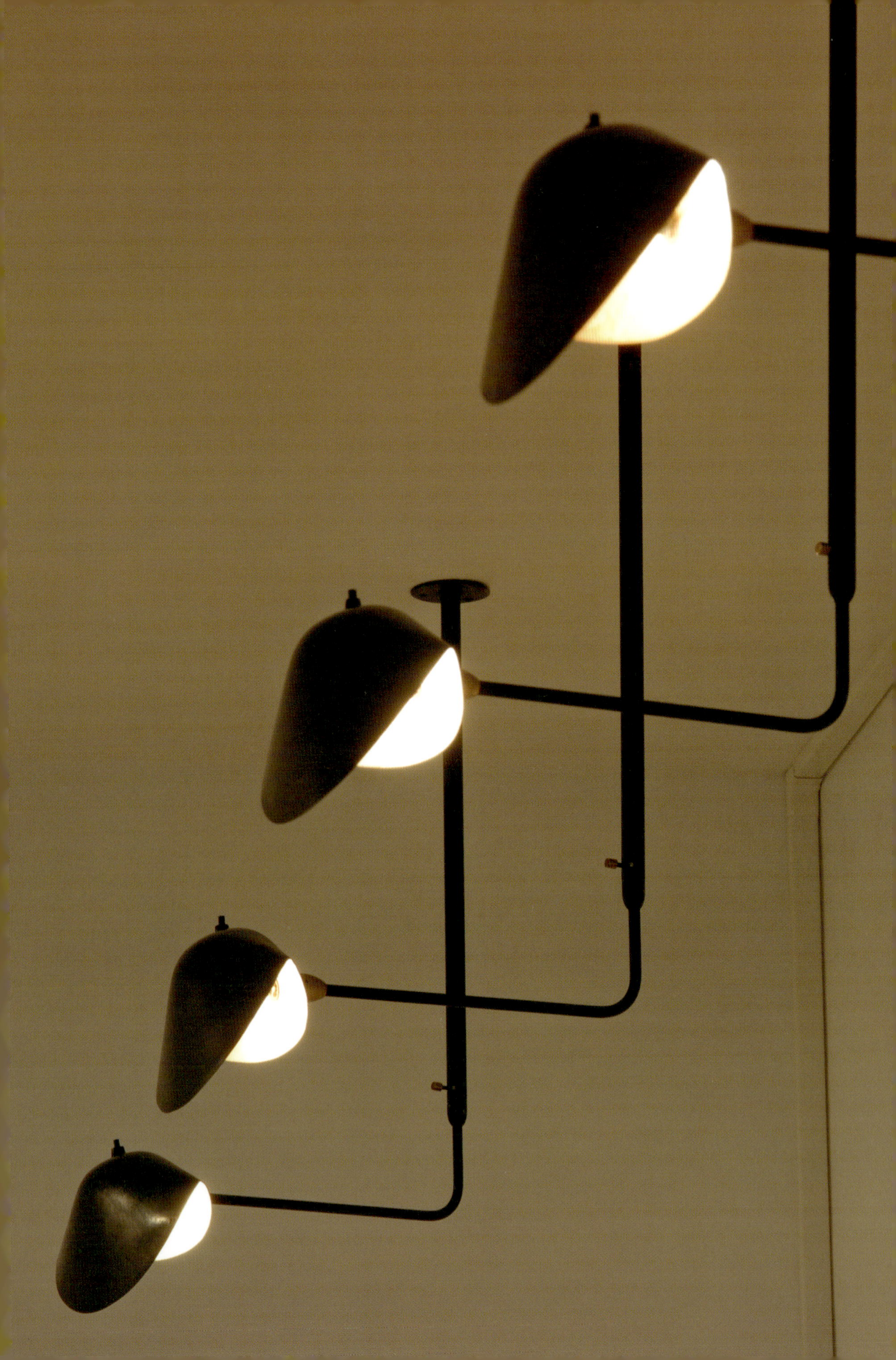

クリエーターたち

装飾芸術の分野で、思考や創作のあり様を根底から変えてしまう革命が生じることは、そうざらにあるわけではない。しかし、電気の出現とともに生じたのは、まさにそういうことだったのだ。照明についての新しい捉え方が生まれ、それは、すでにガラスと透過性のある素材を扱う芸術の専門家となっていたアール・ヌーヴォーの時代の芸術家たちにとって、尽きることのない着想の源泉となったのだ。彼らは電気が作る光によって、自身の作品を引き立たせるための追加の切り札を手に入れたと思っただろう。彼らが作り出した光る彫刻とも言うべきランプは、まさに宝石のような存在であった。

アール・デコの誕生を見た1920年代以降、多くは建築家でもあったクリエーターたちは、形態を機能により良く適応させるという考えに基づいた厳格な美学を採用した。彼らの中にはさらに、大量生産を目的とした製品を構想した者もいた。

大戦後、芸術家たちは苦痛に満ちた過去に決然と背を向け、ユーモアを忘れない楽天主義を心に刻みながら、針金やプラスチック、積層材といった新しい素材を加工して照明器具を製作した。そのほとんどは、台頭しつつあった中流階級を対象にしたものだった。彼らはデザインの基礎を作った。この時から、デザインは絶えず多様化を求め、あらゆる分野の創作活動において存在感を示し続けている。

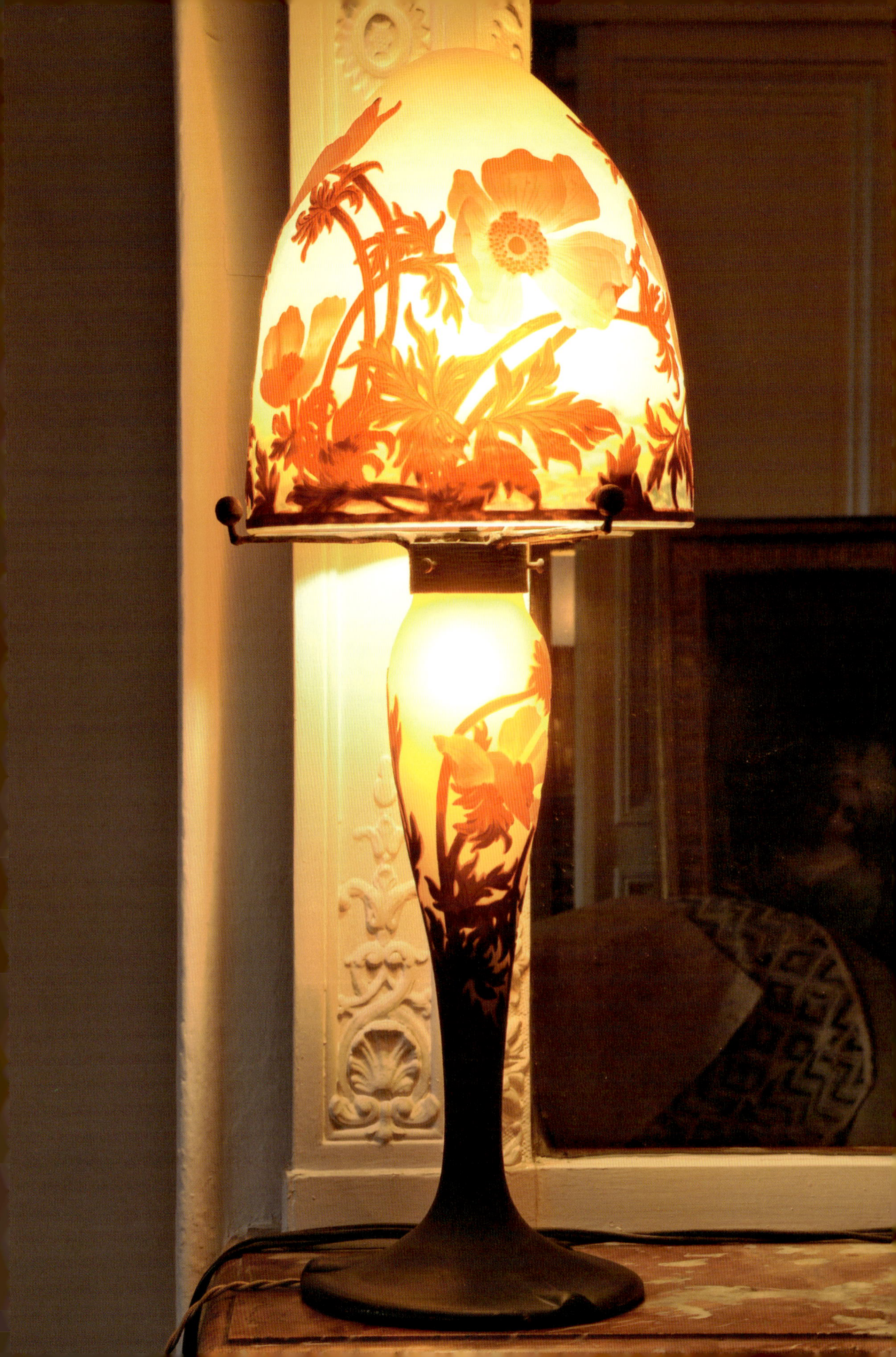

アール・ヌーヴォーの偉大なガラス作家たち

アール・ヌーヴォーという芸術運動と電気の発明から生まれた20世紀初頭の照明器具は、幾人かの天才的なクリエーターによって考案された光る彫刻だった。

アントナン・ドーム

アントナン・ドームが、彼の父が1878年に取得し、芸術的なガラス製品の製造に乗り出した工房に入ったのは1887年のことだった。彼の周囲には装飾家や芸術家、例えばジャック・グリュベールや鉄を細工して壺やランプの台を製作するルイ・マジョレル、後にはパート・ド・ヴェールの技術を練り上げたアマルリック・ヴァルテール（ワルター）らがいた。1900年のパリ万博では、ドームはエミール・ガレとグランプリを分け合った。1914年までに、工房では300人もの職人を雇っていた。

ガレの場合と同様、特にジャポニスムから生まれたドームの世界は、花と動物をモティーフにしていて、なかでも蜻蛉と蘭、睡蓮などを偏愛した。ガラスの技術は、ガラスの内部に多色を挿入することを可能にする多層構造の出現によって、完璧の域に達した。

1891年から1914年にかけて、カタログには4000点以上の商品が登場し、装飾の種類は600種に及んだ。ランプ、特に台もシェードも伴った花の形のランプ（蘭、木蓮、睡蓮）は、数多くの製品の中でかなりの部分を占めている。

エミール・ガレ

この時代、もっとも個性が際立っていたクリエーターはおそらく、陶芸作家であり高級家具職人でもあったガラス工芸の巨匠、エミール・ガレであろう。サン＝クレマンの製陶工場の経営者を父に、1846年にナンシーに生まれたガレは、父のもとでガラス工芸と陶芸の技術に親しんでいった。古典的な学業を修めた後、さらにドイツ語、音楽、鉱物学の研鑽を積んだ。

1874年、彼は父の事業を引き継ぎ、その10年後には高級家具の工房を開設、1895年にはナンシーに自分自身のクリスタル・ガラスの製造所を設置した。世紀末に開催された大きな博覧会にはすべて参加し、メダルやグランプリを獲得している。1901年、彼はナンシー派を設立し、その会長を務めた。1904年に没し、彼のアトリエは1931年に閉鎖された。

132頁
セルジュ・ムイユ作のブラケット灯とペンダント灯のシリーズ。琺瑯引きのシェードは調節可能。1950年代。

左頁
ミュレール兄弟作、花模様のランプ。

上
ミュレール兄弟作、東洋風の装飾の天井灯。

136〜137頁
左　ミュレール兄弟作、ヴォージュ地方を主題にした装飾のランプ。
右　ガレ作、花模様のランプ。

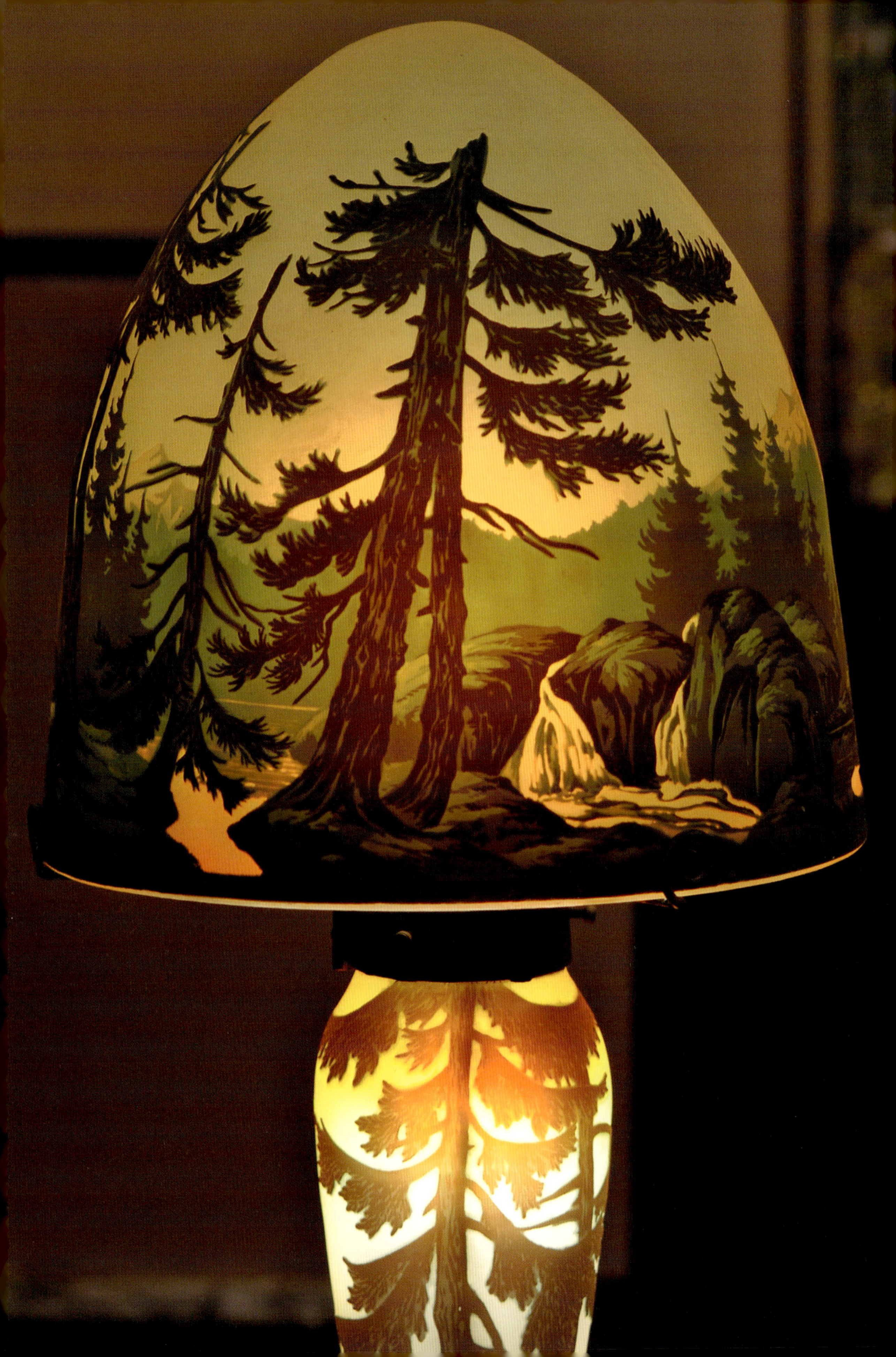

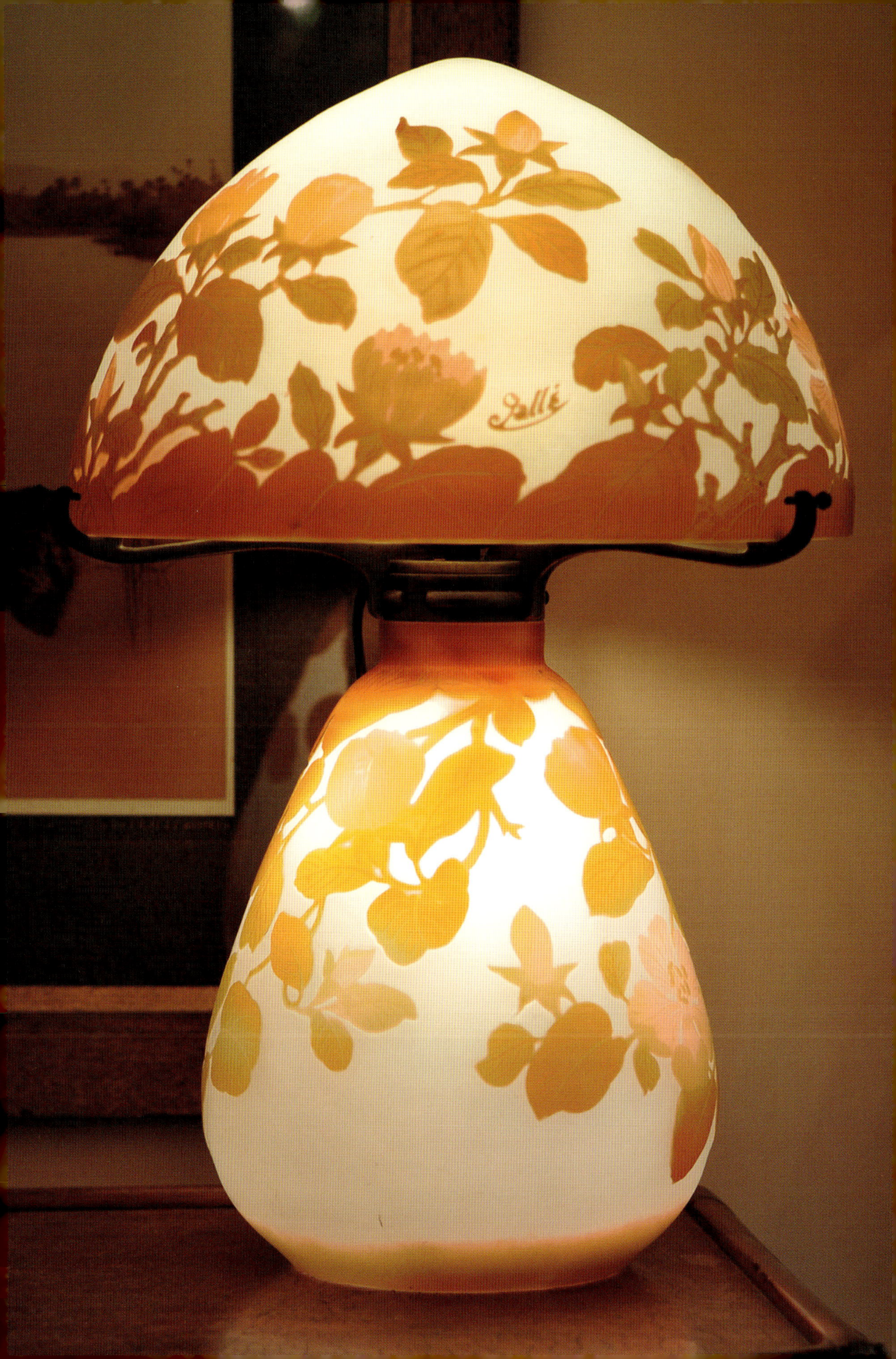
Gallé

彼は日本の美術に深く傾倒し、そこから優美さや様式化の傾向を取り入れた。植物学や昆虫学にも熱中し、ランプや壺を風景そのものに変えてしまうことによって、室内に自然を取り込んだ。彼はあらゆる種類のテクニックを駆使し、絵付けした装飾にグラヴュール（彫刻）やカッティングで彫り出したモティーフを加えたり、カメオや半貴石の効果を模したり、パート・ド・ヴェール、多層ガラス、エナメル彩、金属の封入、ガラスの象嵌技法であるマルケトリー等の加工を施したりして、それを木、ブロンズ、錬鉄などで作った枠の中にはめこんでいる。

彼の作品は非常に多く、大きなシャンデリアから小さなベッドサイド・ランプまで及び、その中には有名なきのこのランプもある。

オーギュスト・ルグラ

オーギュスト・ルグラは1864年にサン＝ドニとキャトル・シュマンのクリスタル・ガラス製造所を、さらに1897年にはパンタンのガラス製造所を取得した。ガレやドームと同様に、彼も多層ガラスやあらゆる形態の装飾技法、たとえばカッティング、酸やグラインダーによるグラヴュール、エナメル彩、金箔等を使いこなした。

ルグラのランプのほとんどは、手すり子形（バラスター）の支柱の上部にドーム形のシェードを戴いたもので、シェードには斑点がある地に田園風景や動物、船などが、秋を思わせる穏やかな色調のエナメル彩で描かれていた。

ミュレール兄弟

1910年頃、9人の息子と1人の娘からなるミュレール兄弟がリュネヴィルにガラス工場を創設した。1920年代、工場はテーブル・ランプやベッドサイド・ランプ、シャンデリアや天井灯を専門にするようになった。それらは、2層のガラスの間に顔料を挟んだり、カメオを模してカットしたガラスを酸で腐食させたりグラインダーで削ったりして作られていた。モティーフは花、昆虫、蝶などで、ガレから強く影響を受けたものだった。工場の門は1936年に閉鎖された。

シュネデール兄弟

ドームの工房で働いた後、エルネストとシャルルのシュネデール兄弟は1910年代、エピネー＝シュル＝セーヌにクリスタル・ガラスの製造所を開設した。彼らは多様性に富んだ技法、特に色ガラスによるマルケトリーや、ガラスが熱いうちに色ガラスを熔着するアプリカシオン、「溶岩」と呼ばれる、グラインダーで流れの模様を出す技法などを駆使した。1924年には、製造所は500人もの従業員を雇用していた。

1929年の経済恐慌は、アメリカ向けの輸出が多かったこの企業に深刻な打撃を与え、1941年には閉鎖に追い込まれた。同社は鮮やかな美しい色彩のテーブル・ランプやシャンデリアを大量に製造したが、それらは自然（森や湖の風景）から想を得ていたり、幾何学的な模様で装飾されたりしていて、錬鉄の枠にはめこまれていた。

右頁

ルイス・C・ティファニー作のブロンズを用いたランプ。19世紀末。このアメリカのガラス作家は、シェードが鉛で縁取られた色ガラスのパッチワークになっている照明器具で、世界中にその名を知られることになった。

コレクターの方へ

ガレの署名は作品上に、黒か金で彫り窪められているか浮彫りにされている。書体は3種類ある。手書きのもの（サイズは縮小されている）、中国風のもの（風変わりな文字）、そして量産品用の型にはまったもの、の3つである。

シュネデール・クリスタル・ガラス製造所の製品には、「Schneider（シュネデール）」、「Charder（シャルデール）」、「Verre français（フランス・ガラス）」の署名があるか、青、白、赤の帯状の線が入っている。

ミュレールの製品は、1914年までは「Muller Croismare près de Nancy（ミュレール・クロワマール、ナンシー近郊）」、1910年以降は「Muller Frères Lunéville（ミュレール兄弟 リュネヴィル）」という署名がある。

ルグラの製品は、多くは署名がある。

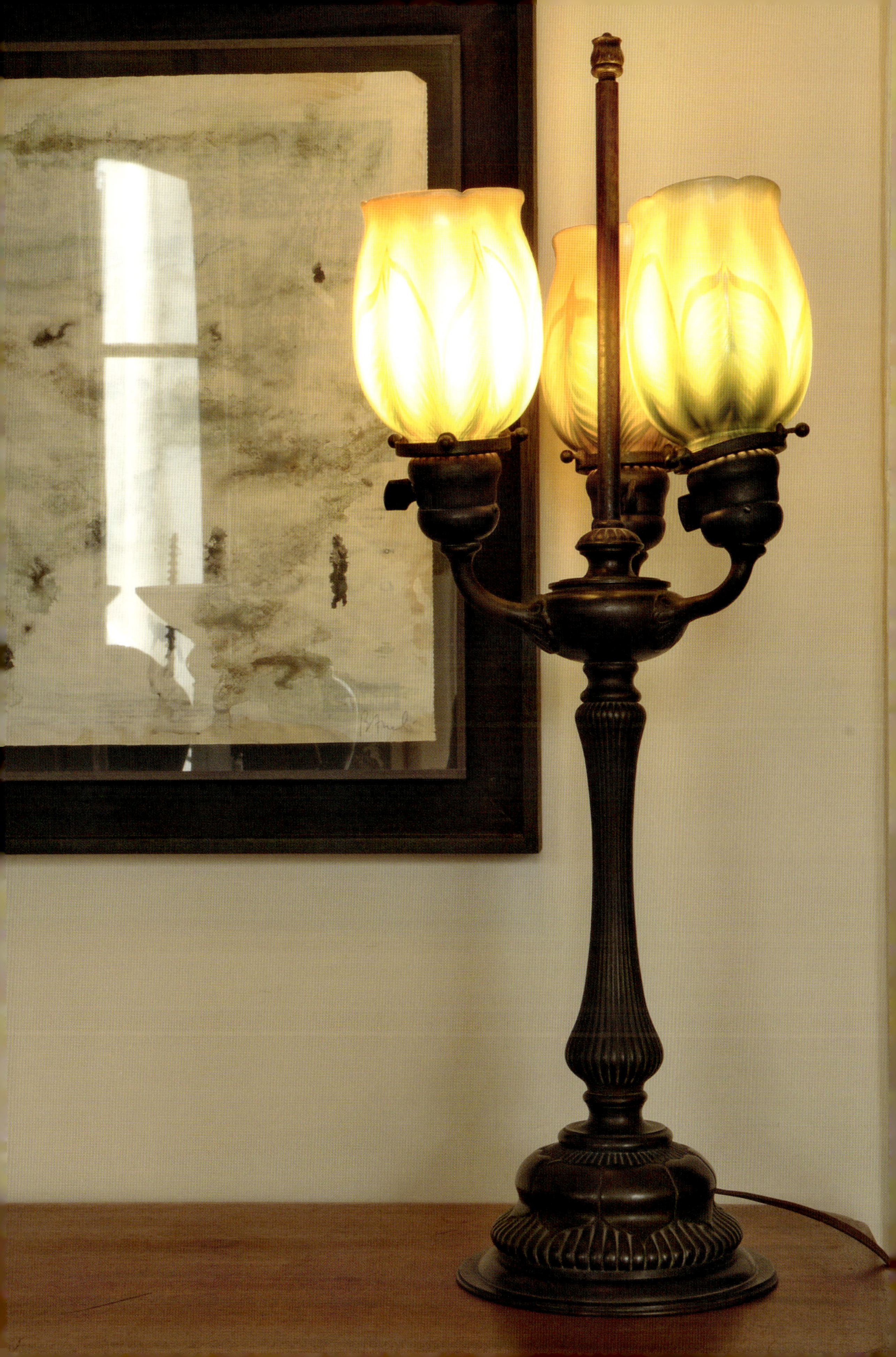

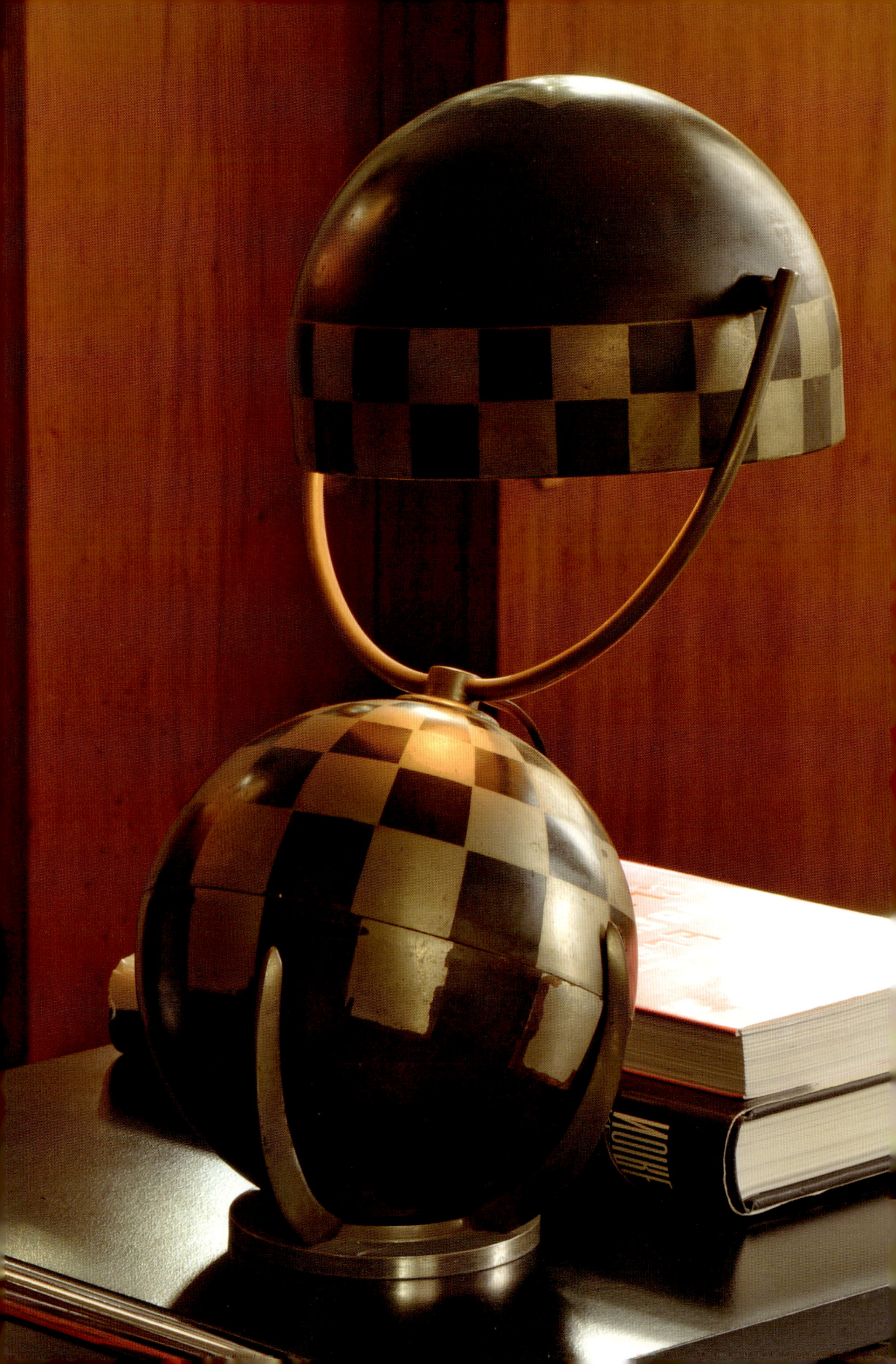

1930年代と1940年代のクリエーターたち

1930年代と1940年代の室内装飾家、ガラス作家、金属工芸作家は、最善の方法で素材を形態に、形態を機能に適合させながら、数多くの照明器具を製作した。

ガラス作家

宝飾芸術の分野で巨匠としての名声を欲しいままにした後、ルネ・ラリックはガラス工芸に身を投じる決心をした。彼は酸化鉛の含有量が少ない、いわゆるセミ・クリスタル・ガラスを発明し、型吹き成形やプレス成形でガラスを加工し、オパルセント・ガラス［光の角度によって色が変化して見える半透明乳白色のガラス］や、艶消しのクリスタル・ガラスと艶のあるクリスタル・ガラスの対比、あるいは半透明なガラスと透明なガラスの対比など、テクニックのすべてを大量生産品に応用した。彼は照明器具、特にシャンデリアと天井灯を数多く製作した。球形と半球は彼の作品に繰り返し現れる形態で、それらは淡い色彩（灰色、白、ピンク、薄紫、薄緑）の中で変化を見せ、幾何学的なモティーフ、あるいは様式化された自然のモティーフで装飾が施されていた。

ジャック・ル・シュヴァリエはガラス工芸の巨匠から室内装飾家に転進し、アルミニウムやベークライトを用いた驚くほど現代的な「照明器具」や、キュビスム建築とも評される、金属製のパーツ同士を露出したボルトで固定した作りになっている小さなランプを製作した。

金属工芸作家

エドガー・ブラントは1919年、金属工芸の工房を開設した。彼はドームやサビノが作る、多くは吹きガラスか鋳造ガラスのシェードを支えるための、錬鉄や銅を用い

左頁
オブレの署名がある、方向が変えられる珍しいランプ。1930年代。

上
2本の豊穣の角を表したこの銀製のブラケット灯は、ジオ・ポンティがChristofle（クリストフル社）のためにデザインしたもの。1930年代。

142〜143頁
左　ルネ・ラリック作、鋳造ガラスによるペンダント灯。1925年。
右　ルネ・ラリック作、ガラス製テーブル・ランプ。

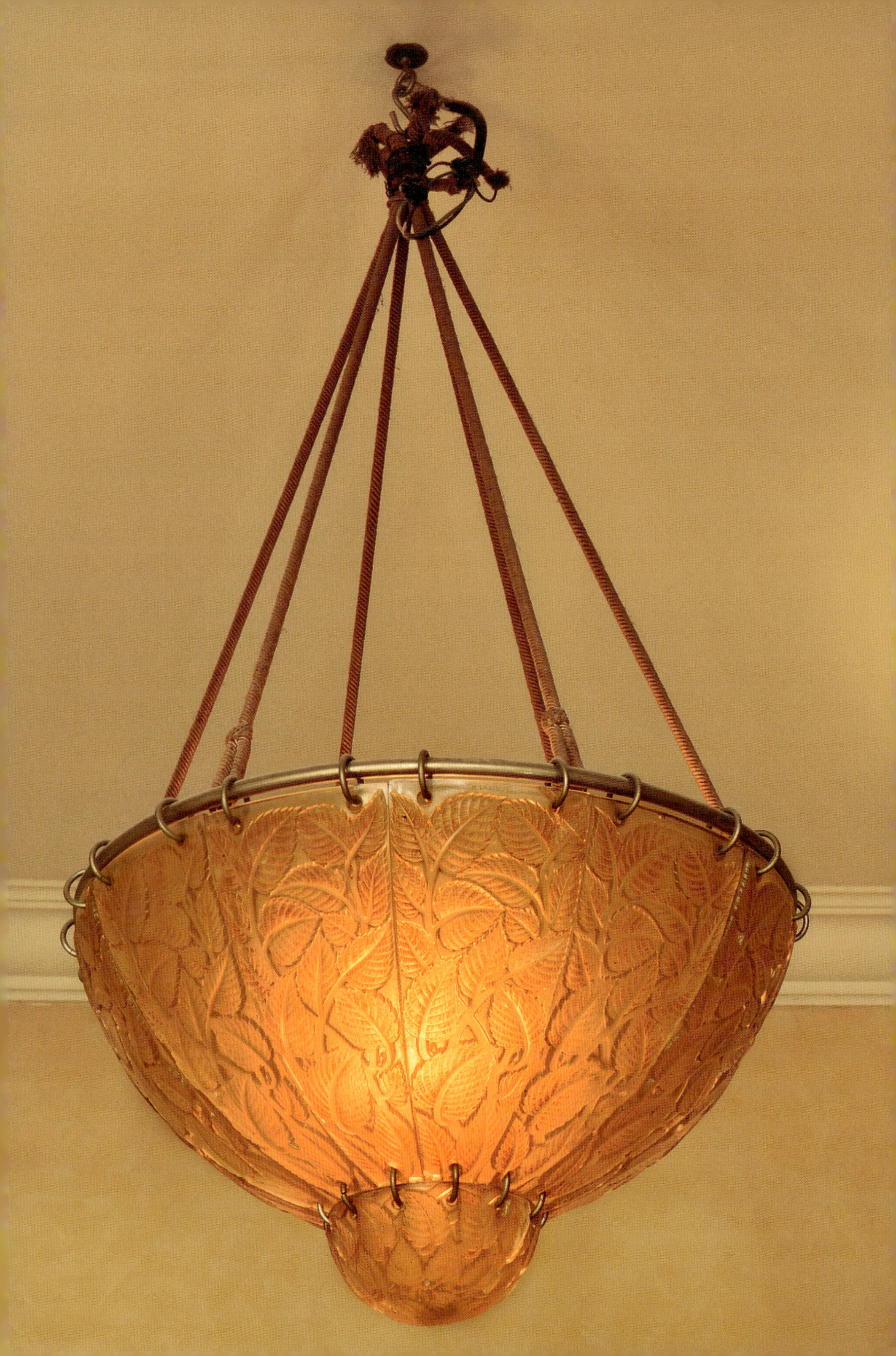

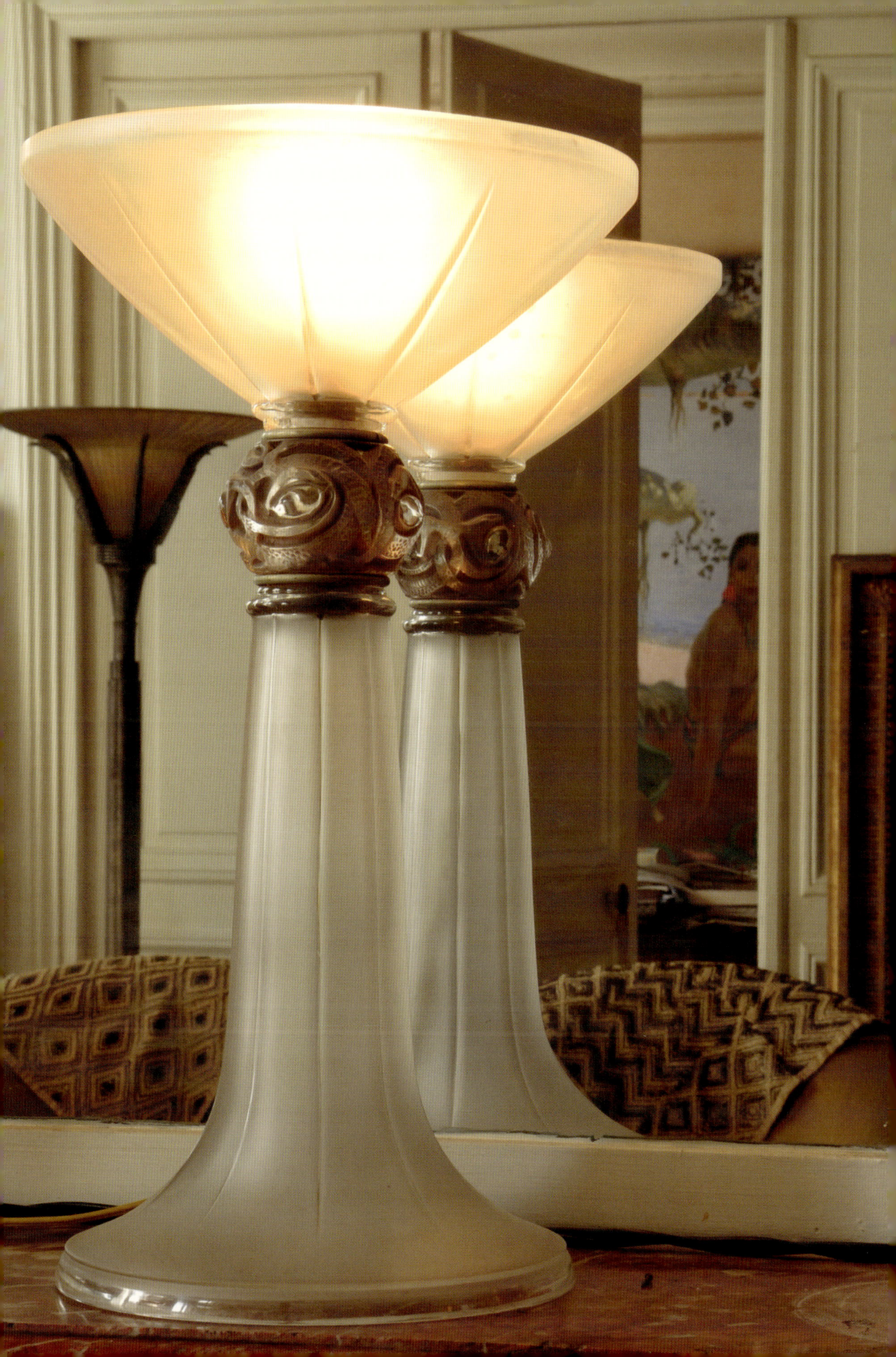

た金属製の骨組みを製作した。まずアール・ヌーヴォーの影響を受け、第一次世界大戦後はよりシンプルな、装飾も様式化された軽快な形態を取り入れながら、テーブル・ランプやシャンデリア、ブラケット灯を数多く製作した。

ジルベール・ポワルラは彫金師としての修業の後、ブラントの金属工芸工房で6年間を過ごした。その後、金属製品を製造する企業に入り、室内装飾用のパーツのデザインを手掛けた。1930年代の、時に禁欲的でもあった厳格さを拒否した彼は、シャンデリアやブラケット灯を作るにあたり、よりバロック的な構想を選択し、曲がりくねった線や組み合わせ模様、またパルメットやアラベスクのような装飾や縁飾りのパーツなどを用いた。

エミール・ロベールのもとで、次いで金属製品製造の大規模な工場で金属工芸作家として働いたレイモン・シューブは、偉大な室内装飾家たち、特にジャック・エミール・リュールマンに協力するとともに、大型客船やいくつもの教会の装飾デザインに貢献した。彼が準拠したのは古典であり、着想は自然主義的だったため、アカンサスの葉や向日葵(ひまわり)のモティーフを好んだ。彼はパティネ(古色)加工や金めっきかクロームめっきを施した錬鉄、光沢仕上げの鋼、銅、ブロンズなどと、アラバスターやレバント地方の大理石、すりガラス、刺繍を施した絹などでできたシェードを組み合わせ、また、銅と大理石でできた常夜灯や光る壺などを考案した。

建築家と室内装飾家

機械時代の影響を受けて、ジャック・アドネは、クロームめっきした管やニッケルといった工業資材を用いたシンプルで機能的な照明器具を考案した。なかでも天井灯はよく知られている。彼がデザインしたランプ《クワドロ》は今でも再製作されているが、それはすりガラスの管とニッケルめっきした銅でできた大小2つの四角形が角の部分で接していて、黒檀(こくたん)でできた台座の上に載っている、というものだ。

大胆で創意に富んだピエール・シャローは、照明についてきわめて建築的な構想を抱いていたが、それに加えてフロア・スタンド、ベッドサイド・ランプ、シャンデリアのシリーズ物も製作した。《ラ・ルリジューズ(修道女)》と名付けられた、彼のもっとも有名な照明器具は、キューバ産のマホガニーでできた多角形のフロア・スタンドで、シェードはアラバスターの薄片を集めて金具で留めたものだった。

アルベール・シュレは、アール・ヌーヴォーの影響が顕著な、ガラスとパティネ加工を施したブロンズでできたチューリップ形ランプなどを製作した後、自分自身の自然主義的な発想を保ったまま、きわめてシンプルな作風に立ち戻った。アロエのテーマは繰り返し用いられ、この植物の葉をかたどったアラバスターの板でできたシェードは、ニッケルめっきしたブロンズ製の骨組みと組み合わされている。

製造販売業者と企業

バゲス兄弟は、透明またはオパールのような色調のクリスタル・ガラスの玉やアメジスト、トパーズなどと、ブロンズ製の枠を組み合わせて凝ったランプを作るとともに、ブロンズとガラスでできた水盤形のペンダント灯、鉄とガラスでできた天井灯、鏡と巨大な果物や松かさで飾られた、銅と色ガラスできた照明器具を製作した。

ドイツ出身の照明器具のクリエーター、ジャン・ペルゼルは、1910年にフランスで仕事を始めた。テーブル・ランプ、フロア・スタンド、シャンデリア、ブラケット灯、照明を組み込んだ家具、シンプルなもの、現代的なもの、優雅なもの……彼の製作数は膨大で、その作風は多彩だった。砂を吹き付けて艶消ししたガラスの内側にエナメル彩を施すような入念な作業をしたり、純粋に透明なガラスをグラインダーで加工したり、エナメル彩でほのかなベージュやピンクを着色したり、ガラスの薄片や円盤、ニッケルめっきやラッカー仕上げの金属製の枠を加工したりした。形態は端正で厳格、幾何学的である。

右頁
1. ペティト作、ブロンズとガラスのブラケット灯。1930年代。
2. ミュレール兄弟作、銀めっきしたブロンズとガラスのブラケット灯。1930年代。
3. ドーム作、ガラス製のきのこ形ランプ。1930年代。
4. ミュレール兄弟作、鋳造ガラスのランプ。1930年代。

2.

4.

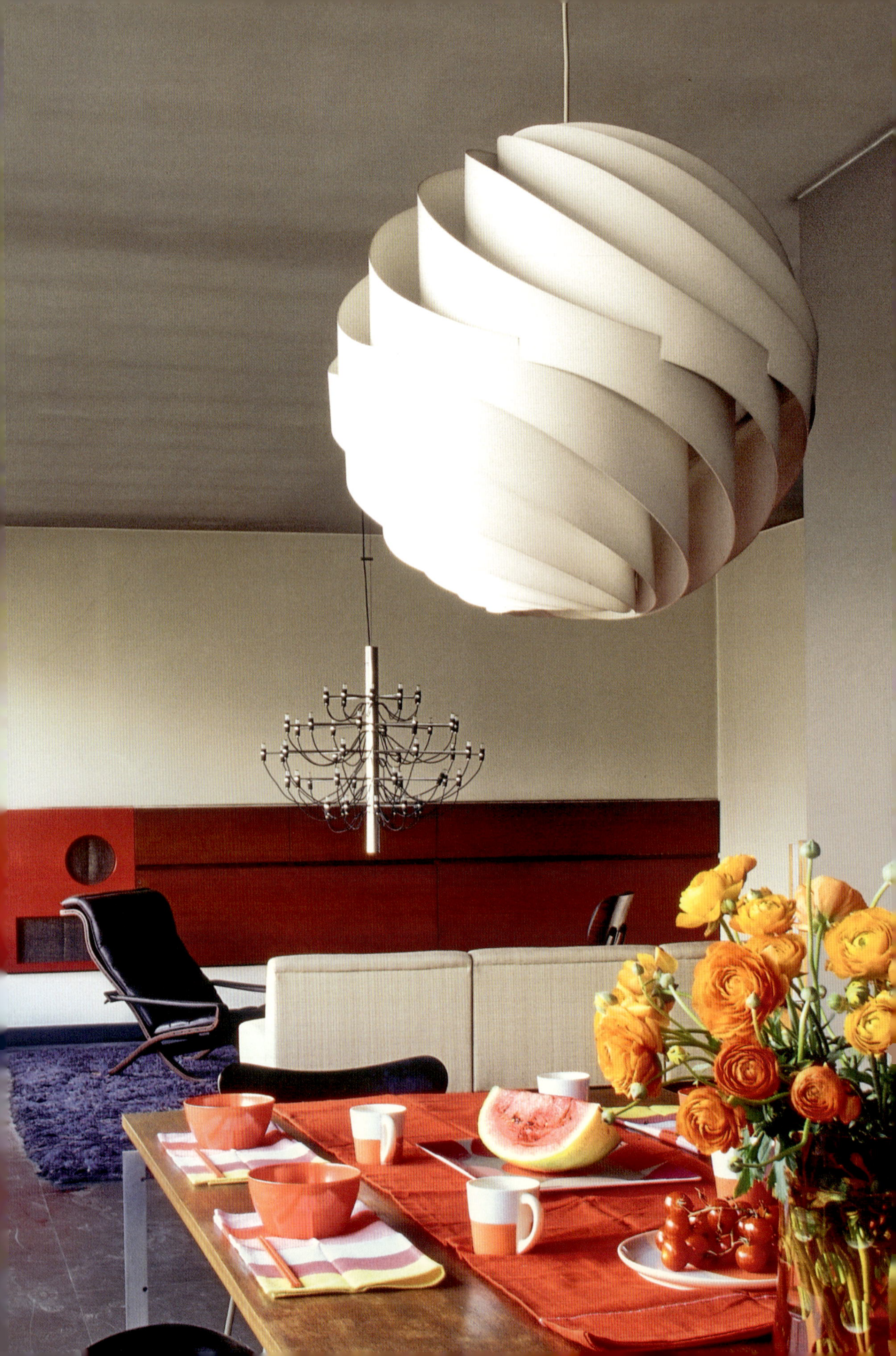

1950年代のクリエーターたち

パンチングメタルを用いた、アームや支柱が針金のように細い形態の照明器具で、彼らは大戦後の時代を特徴づけた。あまり認められてこなかったこれらのクリエーターたちだが、今日彼らの作品は華々しい評価を得ている。我々の時代にいたってようやく彼らは賞賛されるようになったのだ。

ピエール・ガリシュ

パリの装飾美術学校に学んだピエール・ガリシュは、手頃な価格の製品を工業的に製造するために、組み立てやすく単純な素材を使用した。

塗装パンチングメタルで作られた彼の照明器具は、しばしば真鍮(しんちゅう)製の球形のおもりを備えていて、読書の際は必要に応じてアームの高さを調節できるようになっていた。不思議な感じがするそのバランスは、コールダーの「モビール」や「スタビール」の作品を思い出させずにはおかない。

ジョルジュ・ジューヴ

エコール・ブールで学んだ後、アカデミー・ジュリアンで絵の勉強をしたジョルジュ・ジューヴは、デュルフィで活動を始めた。この地で彼は陶芸に興味を抱き、まずサントン[クリスマスに飾る小さな彩色人形]を手がけた後、より大きな作品である壺、鏡、皿、そして照明器具に関心を向けた。

彼は陶土をろくろで加工するよりも、手びねりで独創的な形態に引き伸ばし、土肌になめらかな手触りと完璧な仕上がりを与えることを好んだ。このユニークな作家が作るランプはまさしく彫刻である。

ボリス・ラクロワ

ボリス・ラクロワは1902年に生まれた。マドレーヌ・ヴィオネのもとでモードとアクセサリーのクリエーターとして働き、1927年以降は室内装飾の世界に身を投じた。彼は非常に多くの照明器具を製作した。その形態は厳密に幾何学的なもので、素材はニッケルめっきした艶消しの銅やグラヴュール(彫刻)加工を施した板ガラス、すりガラスで、製品はDamon(ダモン社)が販売した。テクニックの追求に熱中した彼は、コーニス照明や光天井、絵画用ランプも製作した。

セルジュ・ムイユ

1922年生まれのセルジュ・ムイユは金銀細工の修業をしたが、1950年代以降は金属加工に関心を持ち、フロア・スタンドやブラケット灯を作るために、当時の重要な室内装飾家たち(ルイ・ソーニョ、ジャック・アドネ、ポール・マロ)と共同製作を行った。彼が作った《黒人女性の乳房》と呼ばれるドーム型のシェードは、金属製の細長い支柱の先端についている。1962年、コレクション《コロンヌ(円柱)》を発表、それはサイエンス・フィクションから着想を得た、蛍光管を用いた筒状の照明器具だった。職人仕事を信奉した彼は、ひとりで製品を作り、工業的な生産のすべてを拒否した。1964年、教育に身を捧げるために製作の場から離れた。

左頁
プラスチック板をらせん状に巻いて球形にした照明器具と、クロームめっきした金属製のシャンデリア。いずれも1950年代。

上
ジョルジュ・ジューヴ作、ブロンズと磁器によるテーブル・ランプ。1949年。セーヴル製陶所。

148〜151頁
1. 陶器のブラケット灯。1950年代。
2. ジャン・プルーヴェ作、ブラケット灯《ジブ》。琺瑯引きの金属製の管でできている。1942年。
3. おそらくガリシュ作、壁掛けランプ。1950年代。
4. クロームめっきした金属製のブラケット灯。台座はクリスタル・ガラス製。1950年代。
5. イタリア人クリエーター、ジーノ・サルファティ作のブラケット灯。1950年代。
6. セルジュ・ムイユ作、2つの玉継ぎ手を使った壁灯。1950年代。
7, 8. ガリシュ作、塗装パンチングメタルを用いた2灯の壁灯。1950年代。

1.

2.

3.

4.

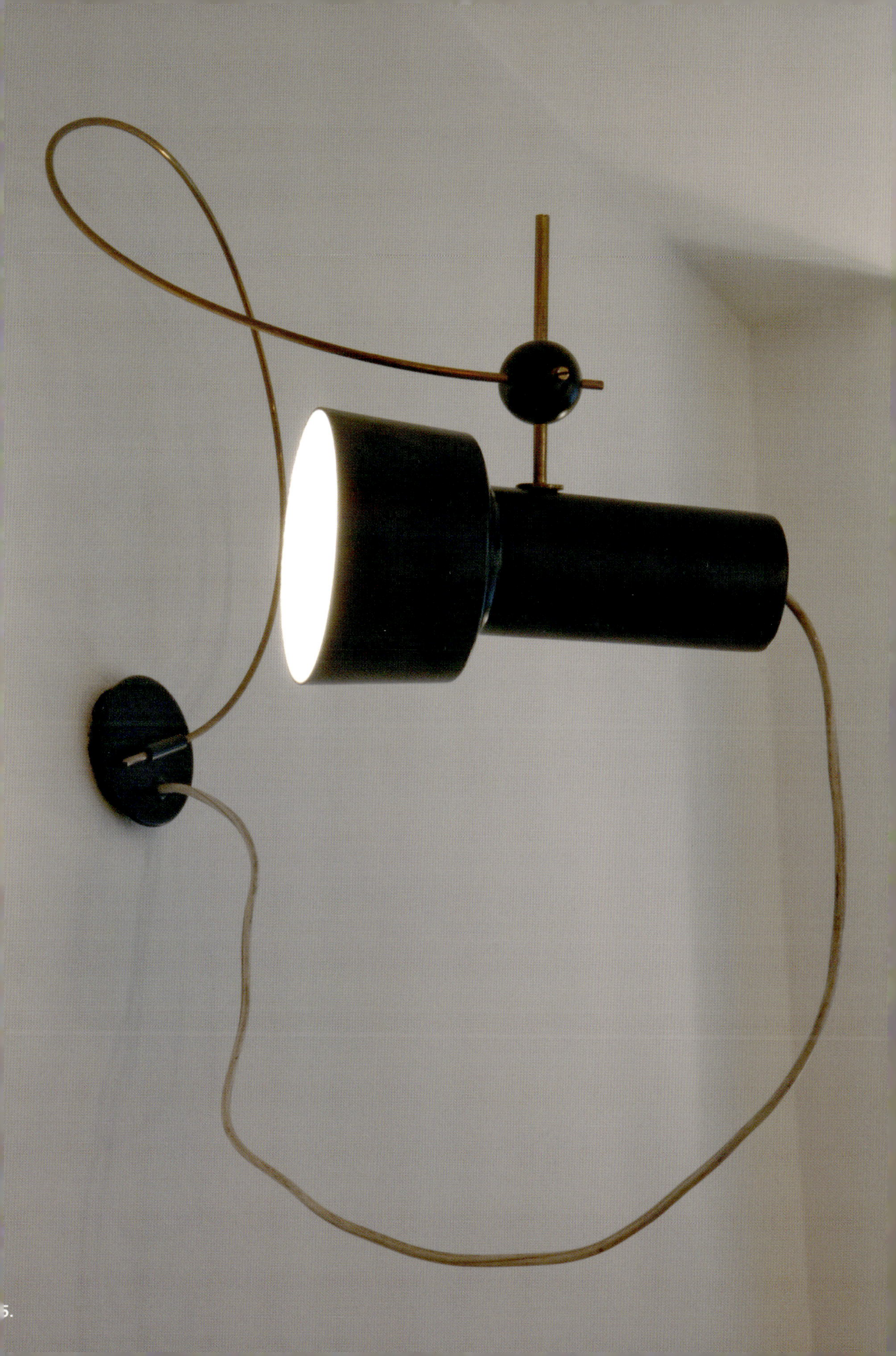
5.

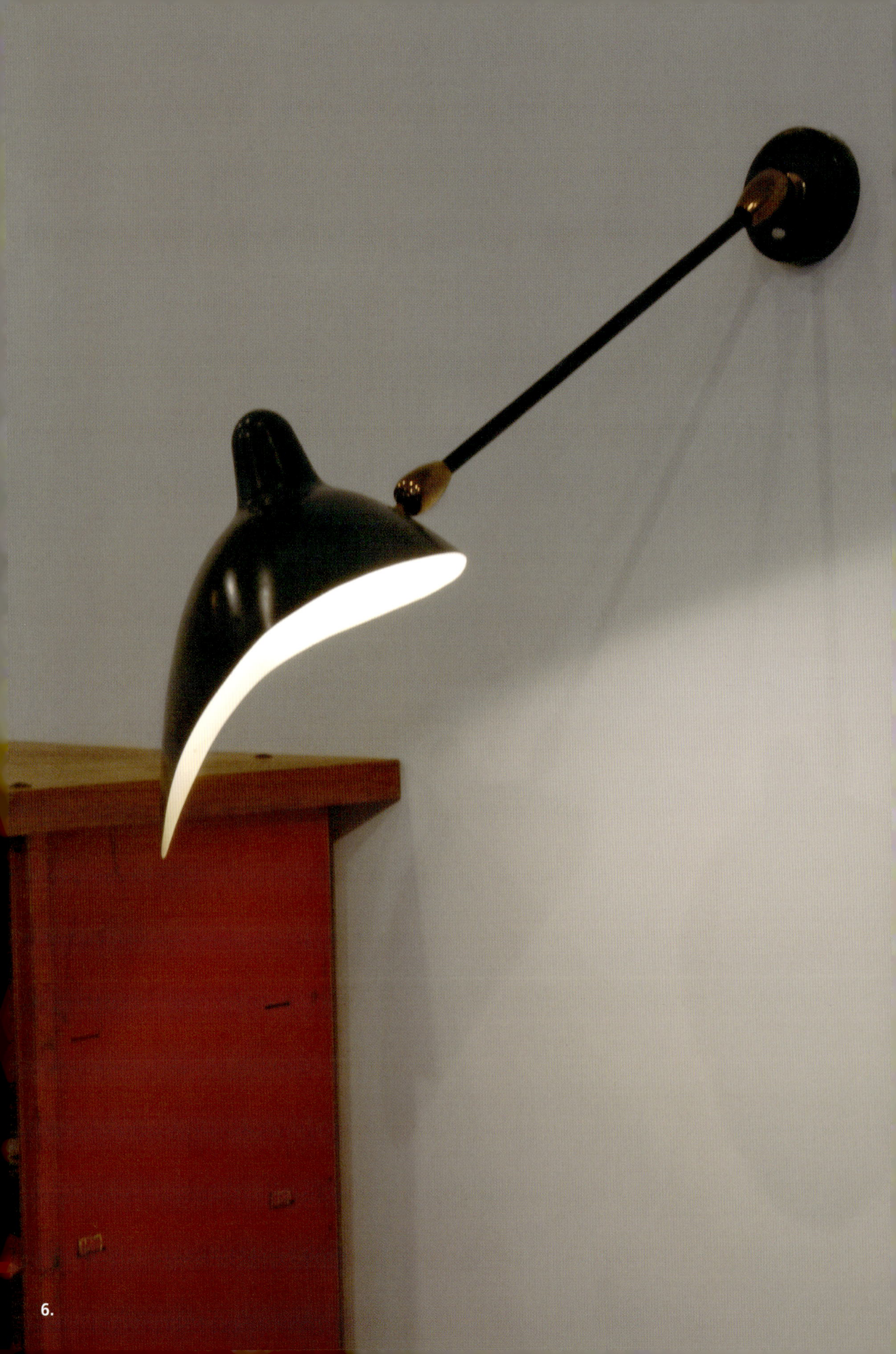

6.

7.

8.

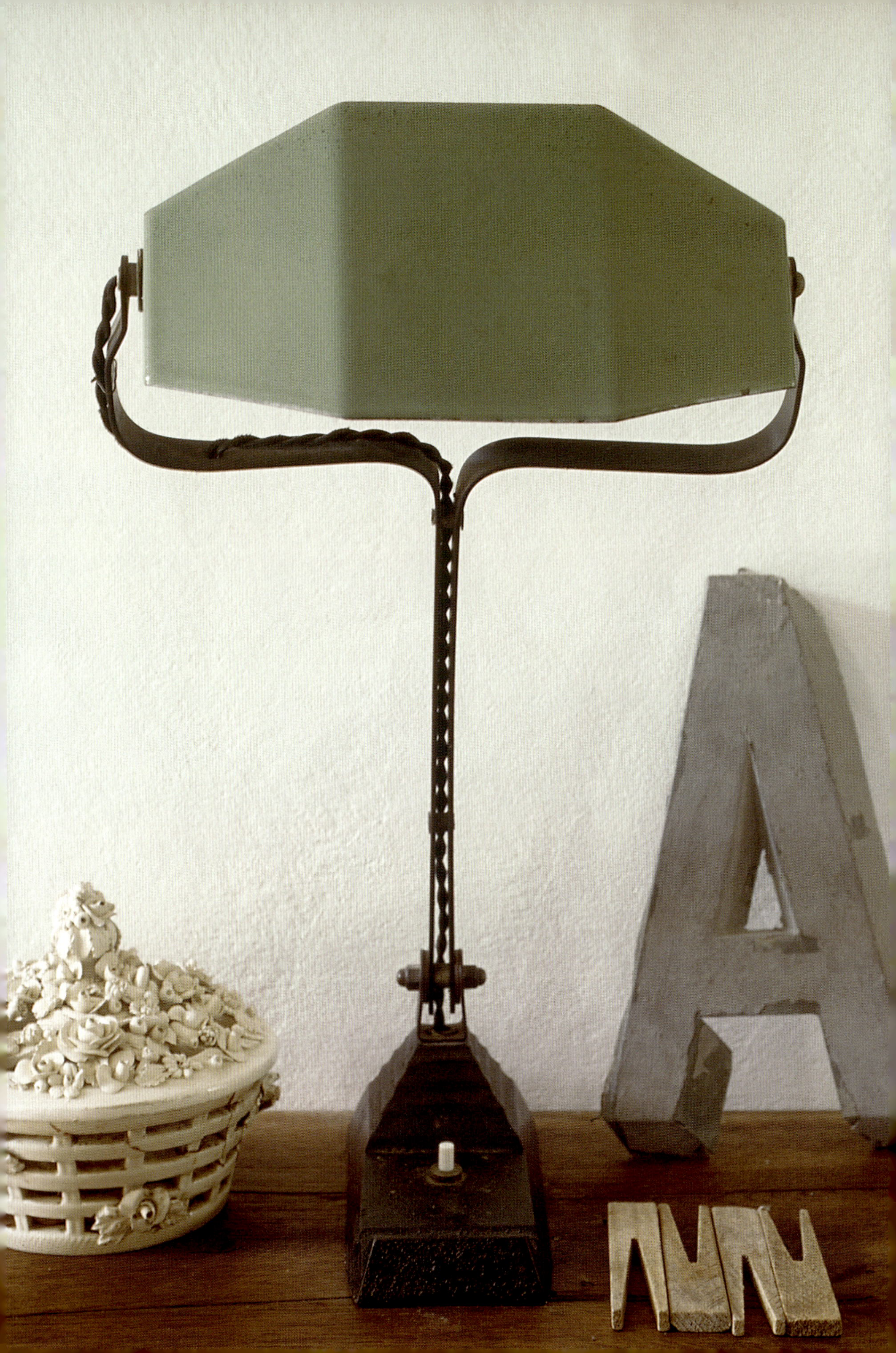

業務用ランプ

長い間、実用目的のランプは人々の関心の外にあった。求めたことといえば機能を果たすことだけで、実用的ランプはその要求に見事に応えるものだった。その後少しずつ、ランプは日の目を見るようになった。外観を美しくすることを考えずに作られたことが、こうしたランプの重要な長所となった。形態を機能に適応させようという追求が金科玉条になり、実用的ランプの簡素さは絶対的な美徳になったのだ。この傾向はまず、住宅で使われるようになったデスク・ランプから始まった。次に古い産業建築のリニューアルやロフトの流行に伴い、おのずとそこにあった仕事場用照明器具が再び使われるようになった。
そこでは武骨な仕上げも、量感のある形態も、相当な大きさも、問題ではない。
おそらくこのブームの中に、遠い過去へのある種のノスタルジーや、産業革命以降、鉱山や交通機関、あるいは工場の中で厳しい労働に耐えてきた人々との、心情的なつながりをも見るべきなのだろう。なぜならこうしたランプは記憶の品でもあるからだ。しかもそのことは、これらランプの最大の特徴に数えられよう。

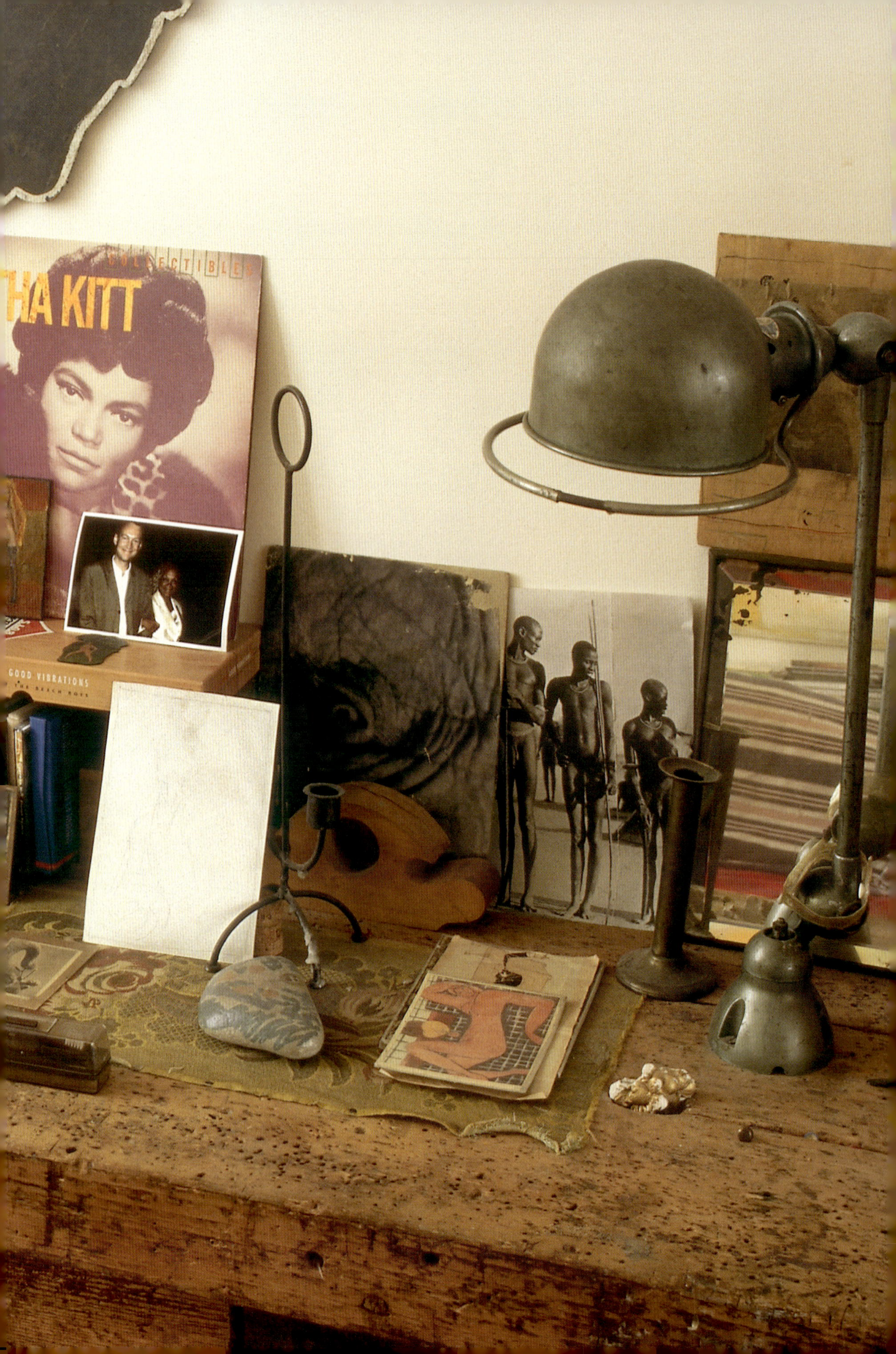
COLLECTIBLES
THA KITT
GOOD VIBRATIONS
THE BEACH BOYS

デスク・ランプ

工場や工房が住宅に変化した21世紀の初め、デスク・ランプはもっとも愛される存在だった。こうした住宅では、家での仕事のために一室が仕事部屋にあてられるのが通常だった。実用的存在であるデスク・ランプは、気取りがなく、武骨な外観によって人々の心を捉えるとともに、現代の特徴である様式の混合にもマッチする。

実用性を増しつつある道具

デスク・ランプはいつから存在しているのだろうか。19世紀後半、教育が発達し、またジュール・フェリーが小学校を義務化した。子供たちも教師たちも、冬の夕刻は勉学のために光を必要とした。さらに、産業革命に伴う総務的業務の改革によって、企業では文書業務が増大した。その結果、事務員、つまりデスクワークに没頭する男性が出現した。1900年から1930年にかけて、こうした業務は女性にも広く開放され、タイピストという職業が確立するほどだった。

こうした業務の場は明るくなければならなかった。そして電化される前は、照明はろうそくや石油といった当然火災の危険が予想されるものか、あるいはガスによるものであった。オフィスでは出世するにつれて、どんどん部屋が明るくなっていくことを踏まえれば、必要なのは点光源であるランプより、むしろ全体の照明であった。しかし、本格的なデスク・ランプの歴史は電化とともに始まったと言えるのだ。

20世紀に入ってすぐの時点ですでに、いくつかのタイプのデスク・ランプが存在していた。それらのもっとも重要な原則は調整可能であることで、たとえば高さが調節できるものや、支柱が曲げられるもの、おもり付きのランプや、オパール・ガラスや金属製の反射板の形状から「バスタブ」と呼ばれるランプなどがあった。それらは、わかりにくいがアール・ヌーヴォー様式に属すもので、時には識別できるものもあった。金属製の脚の多くは葉を表していたが、一方で支柱やシェードは、このタイ

152頁
ガラス製のバスタブ型のシェードが付いたデスク・ランプ。イギリス、19世紀。

左頁
ジャン=ルイ・ドメク作、向きを変えられるランプ《ジェルデ》。1950年。

上
1. おそらくジャック・アドネ作、デスク・ランプ。1950年代。
2. ガリシュ作、真鍮とパンチングメタルのランプ《ディアボロ》。
3. クリスティアン・デル作、デスク・ランプ《ロンデラ》。1928年。

業務用ランプ

1. 2. 3.

上
1. 「R」のマークが入ったベークライト製のデスク・ランプ。1930年代。
2. スウィングアーム式のデスク・ランプ。1940年代。
3. クリスチャン・デル作、球形のシェードを備えた、全体が金属製のランプ。1930年代。

右頁
ジョージ・カーワーダイン作、デスク・ランプ《アングルポイズ》。1934年。

プのランプにふさわしい工業的な外観を有していた。

　1920年代と1930年代には別のデスク・ランプも登場してきたが、それらは電圧の安定したものだった。シンプルなデザインで廉価な学生用の小さなものから、クロームめっきした金属製の贅沢なものまで、あらゆる好みに対応するランプがあった。

　1950年代には、支柱が曲がり、反射板が円錐形で、塗装仕上げか琺瑯引きの金属板でできた製品が大いに流行した。

　その10年後にはプラスチックが、使い勝手の良さや大量生産が可能なことによってのみならず、そのしなやかさによって新たな地平を切り拓いた。その時ランプは色彩を獲得し、形態は丸みを帯びたのである。

ブイヨット・ランプ

　ブイヨット・ランプは、「ブイヨット・フランボー」、さらに意味を広げて「ゲーム用カンデラブル」と呼ばれ、18世紀末に登場した。その名称はブイヨットという、当時、特にイギリスとドイツで大変人気があったゲームからとられている。このランプはゲーム台の中央に作られた窪みに置かれた。ランプには、ゲームの駒を置くタンクの形をした脚部と、複数のろうそく立てを支える支柱が備わっていた。ビエンネは、金めっきした銀で美しいブイヨット・ランプを製作している。光を和らげるシェードは、多くはトール・パントでできていて、高さが金具で調節できるようになっていた。

　ほとんどのブイヨット・ランプは真鍮か金めっきしたブロンズ製だった。対になった2本のフランボーと調節可能なシェードを備えているものもある。ブイヨット・ランプは大きな修正を加えられることなく、特に総裁政府時代、そしてこの名前のゲー

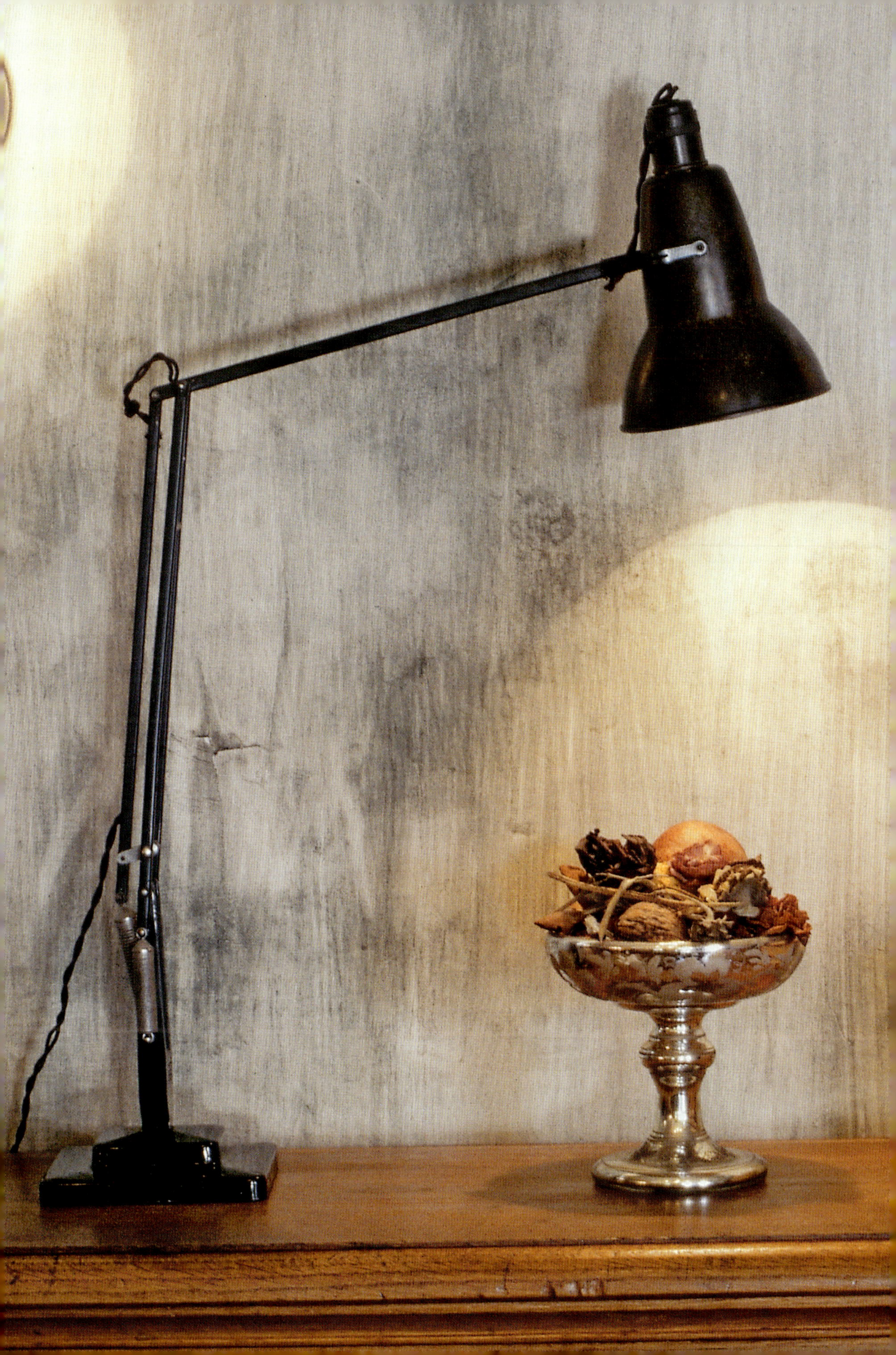

上
Jumo（ジュモ社）のベークライト製のランプ。連結された反射板が付いている。折り畳むと、持ち運びが容易な箱の形になる。

右頁
木と紙でできた建築家のランプ。1950年代。フランク・ロイド・ライトの製品に影響を受けている。

ムが消滅してしまった後も、使われ続けた。電化された後は、ブイヨット・ランプは特に住宅内の書斎で、デスク用ランプの古典的名品となった。イギリスで作られたブロンズ製のデスク・ランプで、向きを変えられる緑か青のバスタブ形の反射板を備えたものも、同じような性格で、やはり古典的名品となっている。

ベークライト製のランプ

　ベークライトという言葉は、ベルギー出身で1889年にアメリカ合衆国に移住した、発明者である化学者のレオ・ヘンドリク・ベークランドの名に由来する。プラスチック素材の原型であるこの種の合成樹脂は、フェノールやホルムアルデヒドを合成させることで生じる。熱成形されるため、いったん冷えると形を変えることはできない。1920年代の終わり、ベークライトはまずラジオの本体に使われ、次に照明器具、オフィス用品、台所用品などの日用品に使われるようになった。

　ベークライトは比較的壊れやすかったため、プラスチックに取って代わられた。フランスでは、濃い褐色のベークライト製の製品を特によく見かける。もっともよく知られているベークライトのランプはジュモ社の製品で、全体を折り畳んで箱のような形にできる、関節のように連結された反射板を備えていた。

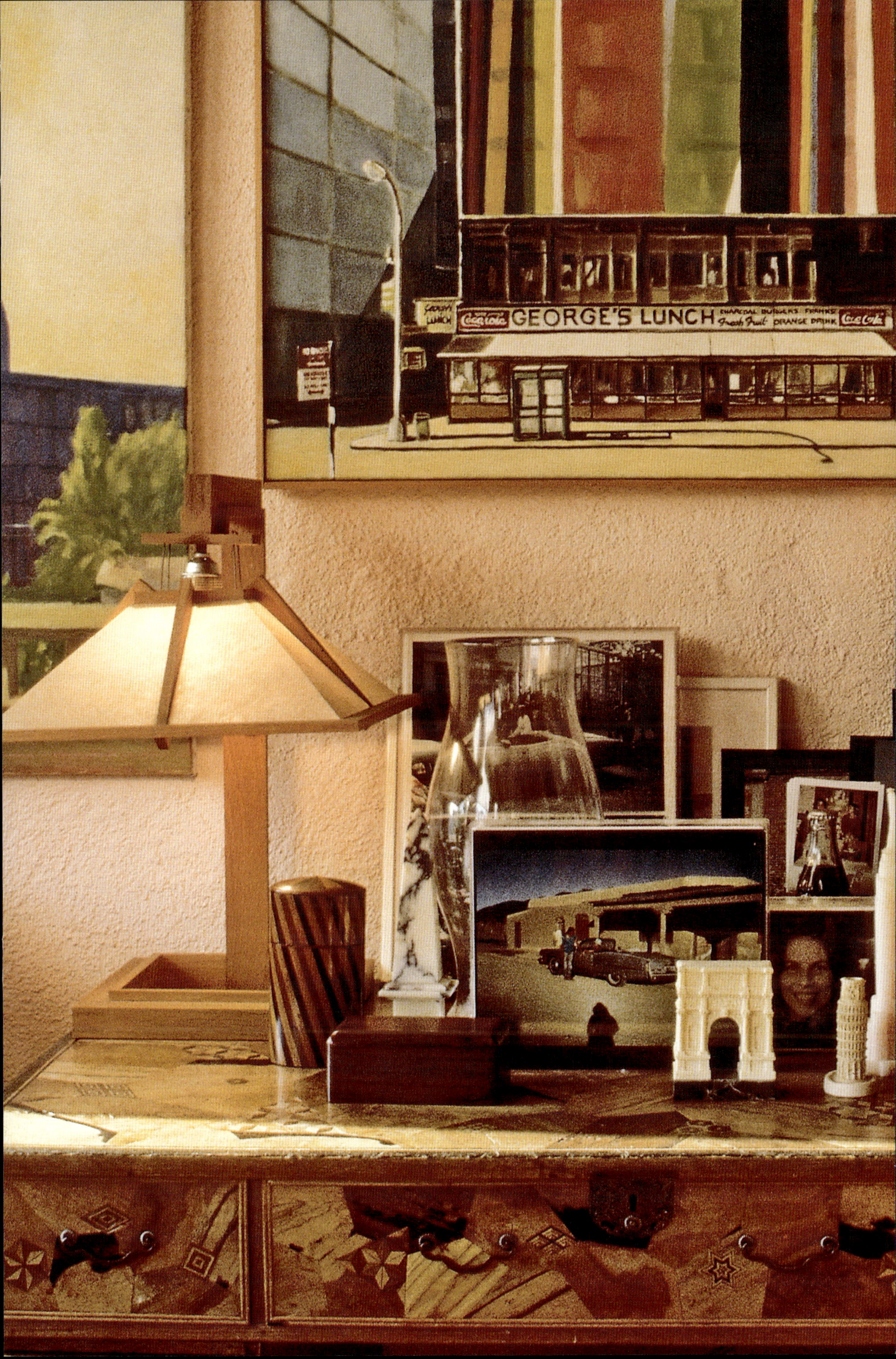
GEORGE'S LUNCH
ORANGE DRINK

上
ランプの高さ調節用レバーのクローズアップ。

右頁
1. 金めっきしたブロンズ製のブイヨット・ランプ。シェードは塗装メタル製。1950年代。
2, 3. 向きを変えられるアルミニウム製のデスク・ランプ。
4. 支柱の下部に調光装置がついた1930年代のデスク・ランプ。

ジェルデ

《ジェルデ》は、ジャン＝ルイ・ドメクが1950年に製作したランプで、きわめて頑丈な万力を台座にし、2本から5本のアームが連結されている。配線はなく、反射板の周囲にはつかめるように環がめぐらせてある。1953年、ドメクはジェルデ社を設立してこのランプを商品化し、大成功を収めた。1990年に復刻され、現在でも作られ続けている。

建築家のランプ

両大戦間に生まれた「建築家のランプ」は、固定された重い脚部を備えているか、机の上板を挟むなどして固定するものである。建築家の作業台は傾斜しているため、このようにして安定を保つのである。支柱は連結されていて、先端には向きを変えられる円錐形の反射板が付いている。

コレクターの方へ

古いデスク・ランプは、安いものを見つけることができるが、おそらく修理する必要があるだろう。もし塗装が剥げていたら、研磨剤を使うとよい。ただし、砂で磨いたりやすりをかけたりするのは禁物である。錆(さび)が出ていたら、市販の還元剤を使う。素材が大理石、陶磁器、ブロンズ、プラスチックの場合は、磨き粉や研磨剤付きのスポンジは避け、石鹸水で洗って柔らかな布で水分を拭き取る。ベークライト製のランプに威厳を与えたければ、石鹸水で洗った後、液体のワックスを数滴塗ってから磨いてもよい。
コードやスイッチ、そして（あるいは）プラグを交換する必要もあるだろう。自分の能力に自信がなければ、電気店に依頼することをお勧めする。

1.

2.

3.

4.

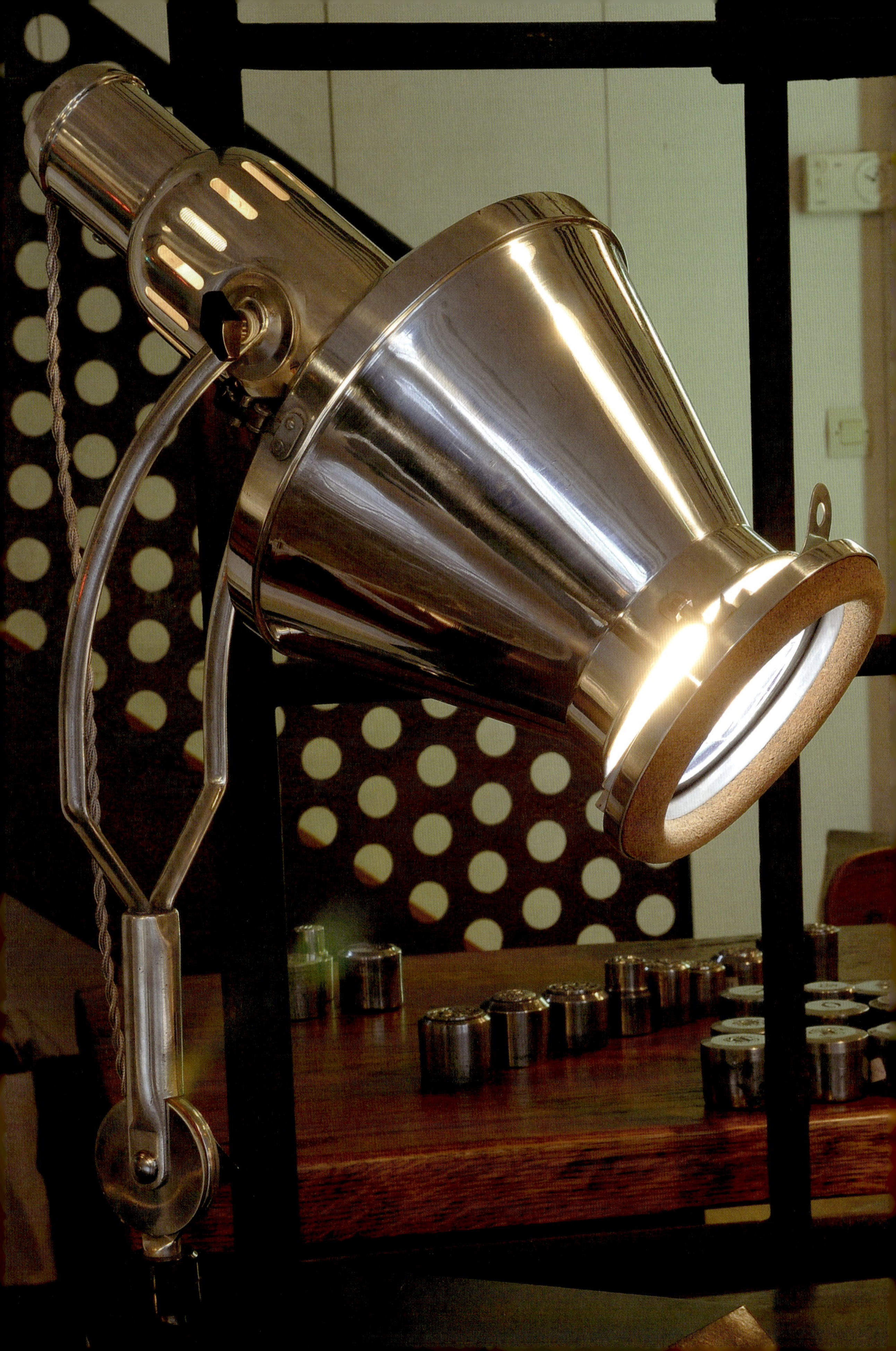

1.　　　　　　　　　2.　　　　　　　　　3.

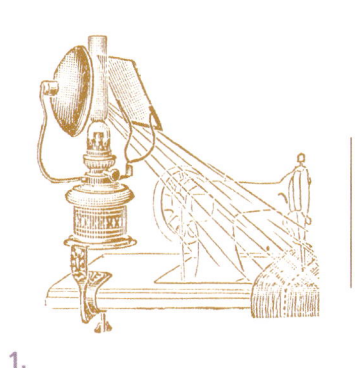

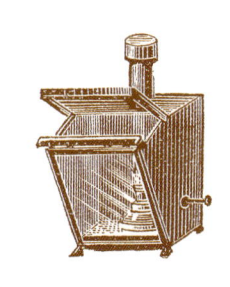

工業用の照明器具

明るく使いやすく、エネルギーをあまり消費しない工業用の照明器具は、ロフトや商店、そして住宅の中にまですっかり浸透した。その武骨でずれた美しさや存在感の強さが、こうした空間をより個性的なものにしている。

ハンド・ランプと巡回用ランタン

　ハンド・ランプとは、工場や工房で働く人が、移動の際に暗い通路や隅の方を照らすために持っていくランプのことだ。無造作に扱われるものなので、何よりも頑丈でなければならない。もっとも単純な型は、堅い木（あるいは他の衝撃に強い素材）でできた把手と、吊り下げるための鉤（あるいはリング）を備えたものだった。電球は通常、金属製の格子で保護されていた。

　もうひとつ別のタイプのランプは、危険な場所のための安全灯で、乾電池を用いる携帯用ランプ、工場や工事現場で使用するための蓄電池を用いた巡回用ランタン、ガソリンや石油のような物を貯蔵している場所用の安全灯、そしてもちろん、鉱山用ランプなどがある。こうしたランプも、金属製の格子や金網で保護されている。

ペンダント灯

　工業用の照明器具でもっとも単純なものは、ペンダント灯だ。それは電球を反射板で保護しただけの吊り下げ型の灯具で、その光は広く分散し、むらがなく陰ができない。反射板は塗装メタルか琺瑯引きの鋼板だったが、他の素材、たとえばガラス、アルミニウム、プラスチックなども使われた。

　形は、円錐形、あらゆる種類のドーム形、縁の形状が水平や波形、レース状の釣り鐘形など、さまざまだった。大きさもさまざまで、とても小さなドーム形のものもあれば、見事な効果を生み出す巨大な釣り鐘形のものもあった。商店のショーウィンドウ用のもので、銀を貼ったクリスタル・ガラス製の反射板を、金属の耐熱塗料で覆ったものもあった。こうしたペンダント灯は、2灯または3灯使うことで、いっそう人目を引く効果を生み出すことができる。風雨

左頁

温熱療法（熱による治療）のためのドイツ製の素晴らしいランプ。

上

1. ミシンのための特別な石油ランプ。台に固定でき、ニッケルめっきを施した反射板と、目を保護するための磁器製の可動スクリーン付き。
2. 実験室用の石油式ランタン。琺瑯引きの金属製。
3. 実験室用の「船灯型」石油ランプ。

1. 　　　　　　　　　2. 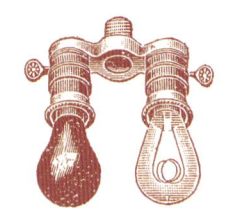　　　　　　　　　3.

上
1. 白熱電球を使用した実験室用ランプ。
2. 電池式光電管。
3. 2つのスイッチ付きの白熱電球用磁器製ソケット。

右頁
1、2. Holophane（ホロフェーン社）の百貨店用ランプ。左は真鍮製、1920年代。右は鋳造アルミニウム製、1930～1940年代。
3、4. 電球を保護する金属製のケージが付いた爆燃防止型ランプ。

166～167頁
1. 素晴らしい医療用ランプ。1940年代。
2. ジャン＝ルイ・ドメク作、作業用ランプ《ジェルデ》。1951年。
3. 元はイギリスのパブで使われていた屋外用ブラケット灯。パティネ（古色）加工を施した金属製。20世紀初頭。

に耐える素材の場合は、屋外に設置し、戸口や通路を照らすのに向いている。

ブラケット灯

　壁面に取り付ける照明器具は、すべてブラケット灯とみなされるし、あらゆる種類の照明器具を、ブラケット灯として使うことはできる。しかし、本物の工業用ブラケット灯というものが存在する。
　工業用ブラケット灯は、厚いガラスでできた円形か楕円形の小さなランタンで、周囲は金網で覆われている。支柱が銅製の場合、そのブラケット灯は大型船の内部の通路を飾っていたものだ。ブラケット灯がベークライトか陶磁器でできている場合、それはオフィスにあったものだ。鋳造アルミニウム製のものは、工場やアトリエの通路を照らしていた。住宅では、浴室灯や補助灯として再利用することができる。
　その他の古典的なブラケット灯はT字型をしていて、ペンダント灯と同様に、きわめて頑丈な反射板を備えている。そうしたものは、屋外用の照明には理想的だ。

システム照明

　これらのランプはきわめて実用的なため、広範囲に普及している。それはブラケット灯の形態であったり、フロア・スタンドの形態であったり、あるいは脚部を重くして、絶対的な安定性を保証したテーブル・ランプの形態であったりする。システム照明は伸縮自在であったり、方向を変えたりすることができる。それを可能にしたのは、少なくとも1メートルは広げることができる伸縮式の十字軸システムや、連結された（2～5本の）アーム、あるいはランプをあらゆる方向に回転させることができるしなやかな支柱であった。
　他にも、たとえばランプをデスクや棚板に固定するためのねじやクリップが付いたものもあった。小さな金属製の反射板を備えたシステム照明はすべて、頑丈で気取りがなく、アトリエや工場で使うためによく工夫されているので、読書コーナーや作業台、あるいは枕元といった限定された範囲を照らすための、理想的な照明器具になる。

意外な借用

　少し前までは診療所や歯科医院の診察室や手術台のためのランプだったものが、人々の心を捉えるようになるなど、誰が想像できただろうか。
　しかし、これは実際起きていることだ。こうしたランプに固有の美しさとは、他の工業用の照明器具の大部分と同じように、それらがまさに、美しくしようという意図とは無縁に作られていることから生まれていると理解すれば、納得がいく。もうひとつ別の、意外な借用例がある。パリのタクシー乗り場にある、タクシー呼び出し機のランプである。

1.

2.

3.

4.

1.

2.

3.

1.　　　　　　　　　　2.　　　　　　　　　　3.

投光器

　映画用の投光器、特にジャック・タチの作品を思い出させる1950年代のものは、とても味わいがある。とはいえそれを使おうとすれば、脚付きのタイプは特に、広いスペースが必要になる。しかし天井から吊り下げたり、ブラケット灯のようにねじで固定したりできるものもある。写真家が使う投光器は人気がある。一方、舞台用の投光器は、まるで鋳鉄製のランタンといった趣で、あらゆる方向に向きを変えられる。さまざまな色がはめこまれた穴のある円盤が備えられていて、それが回転するようになっている。このタイプも壁にねじで固定することができる。

　いかなるものを前にしてもたじろぐことのない人々のためには、口径がより大きなものもある。劇場や競技場、夜間のイベントや格納庫などのためのものだ。一般に、軽量のアルミニウム合金でできた巨大な筒状のもので、連結された、角度を変えられる枠に取り付けられている。もちろん、空港の滑走路の投光器だって使える。

> ### コレクターの方へ
> 1950年代の映画用の投光器で、Cremer（クレメル社）かKodak（コダック社）のものは大変人気がある。強力な投光器には、当然控えめな電球を取り付けることが望ましい。250ワットか500ワットが現在のハロゲンランプ1灯に相当する。
> ペンダント灯は、骨董店でかなり簡単にみつけることができ、テーブルや台所の調理台の上には特にうってつけだ。ペンダント灯は直接光による照明器具であるため、その他の方向にあたる室内は暗いままである。そのため好ましいコントラストが生まれるのだ。
> あなたが一目惚れした古い工業用ランプは、おそらく修復が必要だろう。凹凸を直し、還元剤で錆を取り、磨き、場合によっては塗装をやり直し、そして電気系統を元の状態に戻さなければならない……頑張れ！　専門的な修理は、プロに問い合わせる方が多分賢明だろう。

左頁
ブラッサイ（1899〜1984年）の写真《オペラ・ガルニエ（パリ・オペラ座）のガラ》、シルヴァー・プリント、個人蔵。

上
1. ホロフェーン社の純銅製の工場用ランプ、1950年代。
2. クレメルの写真・映画用投光器。
3. ホロフェーン社のアトリエ用ランプ、1920年頃。

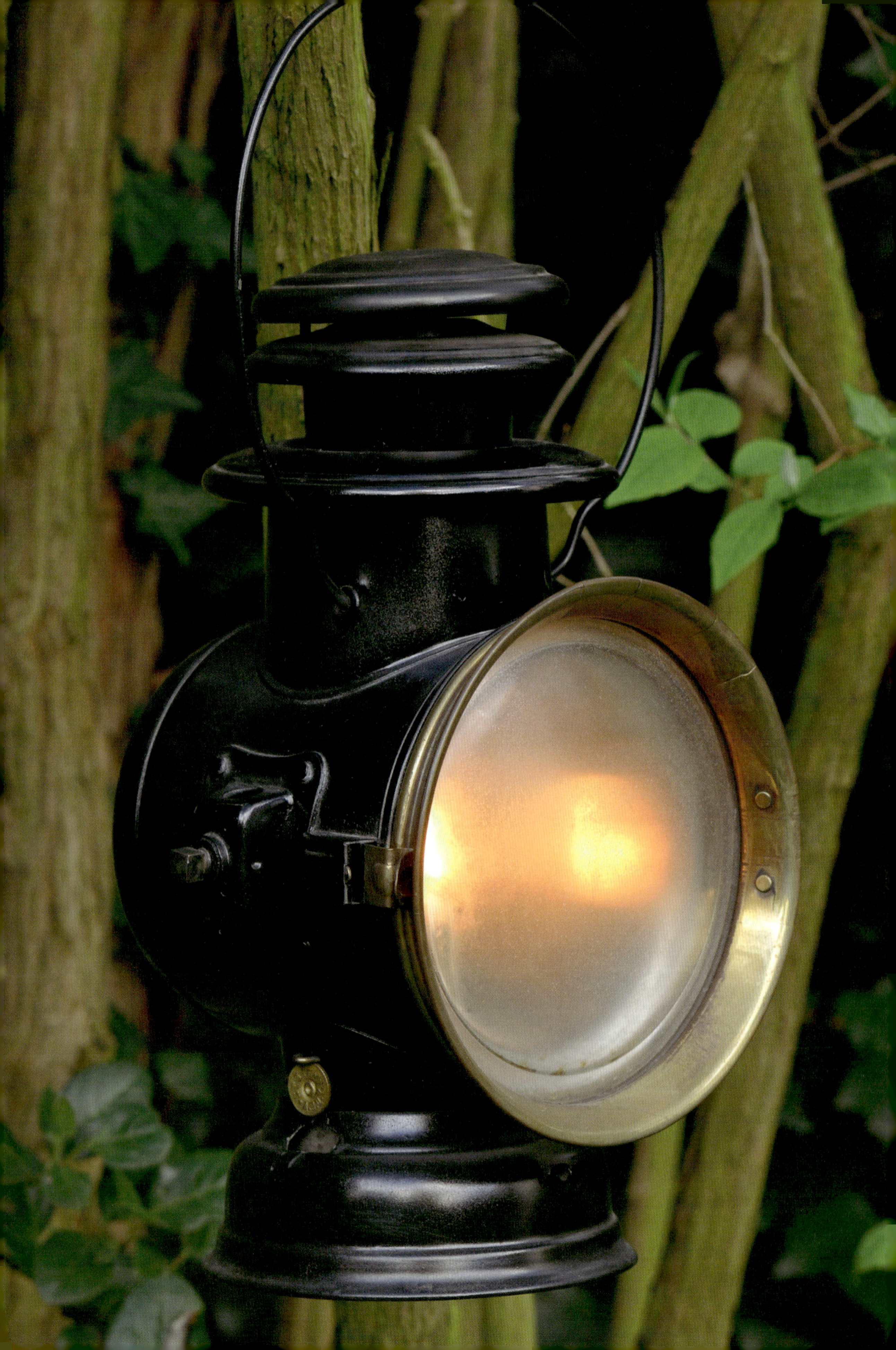

交通機関の照明器具

19世紀末以降、自転車、オムニビュス［乗合馬車・乗合自動車］、自動車は、石油、揮発油、アセチレン、あるいはダイナモと、燃料や動力源は次々に変わっていったが、ランタンのあかりで照らされてきた。

小型四輪馬車と四輪無蓋馬車

16世紀以来、カレーシュ［折畳み幌付き小型四輪馬車］、カロッス［豪華な四輪馬車］、ディリジャンス［遠距離乗合馬車］、ファエトン［無蓋の軽四輪馬車］は、「ランタンを装備すること」が必要だった。こうした照明器具は贅沢な細工が施され、花輪や渦巻模様で飾られていた。18世紀には、ブリキ職人が小さな傑作と言うべき照明器具を製作した。それらは、あるものは優雅さと奇想に富んだルイ15世様式で、またあるものは繊細で古典主義的な傾向のルイ16世様式で作られていた。

ランタンは一般的に3つの要素、つまり頭部、胴部、底部で構成されている。難しいのは、炎の燃焼を維持させるために必要な通風を確保することだった。元は、内部にはろうそくを差し込む受け口があった。ろうそくはまず獣脂製のものが、次いでステアリン製のものが使われたが、ほどなくしてより経済的で炎が明るいオイルランプに取って代わられた。この転換は、ろうそくのレプリカを金属で作り、中にパラフィン油を入れられるようにしたことで可能になった。

1853年、デュピュイとバイヤールは金属製ろうそくランプの特許を取得した。このろうそくは真鍮製で、油壺の中は揮発油で満たされ、木綿を撚り合わせた灯芯が浸されていた。このろうそくランプは10年の間、ステアリン製のろうそくのかわりに使用された。また、ほとんどすべての乗合馬車のランタンは、光の効果を増幅させる反射板かカット・ガラスを備えていた。石油やアセチレンのおかげで、ランプは徐々に明るさを増していった。それは電気が登場するまでのことだったが。

馬車と自動車

馬車には、御者の両側にランタンがあり、後尾に赤色灯が付いていた。1890年頃、初期の自動車はろうそくランプを備えていた。このランプは銅か真鍮でできた円筒形か四角形の胴体に揮発油を入れるようになっていて、バーナーは磁器製だった。

やがて自動車は、側面に2基のランタンを、前面に1基か2基の投光器を、そして後尾には2基のランプを装備するようになった。ヘッドライトはアセチレンを燃料としていて、自動車本体に取り付けられた発生器から柔軟性のあるホースで供給されていた。アセチレンランプの照明能力（30メートルに及ぶ）は、初期の電気によるランプを凌駕するものだった。

自転車

自転車には2基のライトが取り付けられていた。1基は前方に、もう1基は後尾に付き、それらには光束を収束させるための

左頁
アメリカ、Dietz（ディーツ社）製車両用ランプ、20世紀初頭。

上
自転車用石油ランプ。琺瑯引きの銅製で、独自の固定用装置が付いている。ルクソール印、19世紀。

業務用ランプ

1.　2.　3.　4.

5.　6.　7.　8.

9.　10.　11.　12.

13.　14.　15.　16.

17.　18.　19.　20.

交通機関の照明器具 | 173

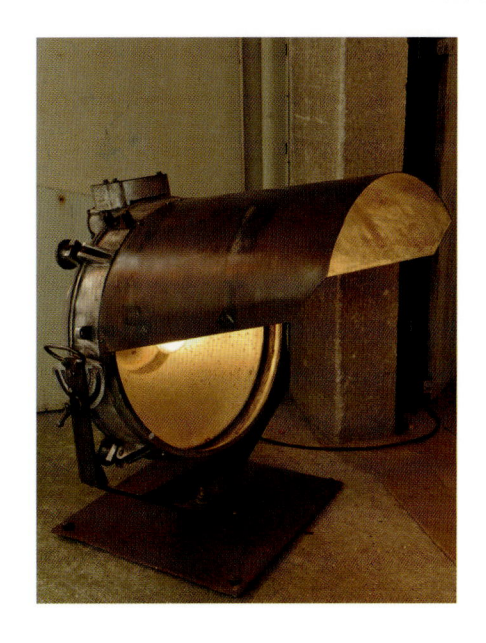

凸面のガラス板が付けられていた。ライトの両側には多くの場合、赤と緑のガラスでできた反射鏡が備わっていた。サイズが小さい（高さは 10 センチ未満）ため、これらのライトの点灯時間は短かった。

オムニビュス

1855 年、全オムニビュス社が開業し、1913 年まで存続した。1880 年頃、動物に引かせる乗り物は蒸気によるオムニビュスと競争し、その後乗合自動車と 2 階建てバスに取って代わられた。ヘッドライトとテールランプが取り付けられる前のオムニビュスには、側面に 2 基のランタンと天井灯が備えられ、それらはオイル、次いで石油、そして 1906 年まではアセチレンを燃料としていた。

鉄道

最初の蒸気機関車は、19 世紀初頭のイギリスで誕生した。車内の照明には、石油が採用される前は、菜種油を使用する初歩的なオイルランプが使われた。1858 年以降、列車の照明にはガス、次にアセチレンが使われるようになった。アセチレンは、コックを開いてバーナーに点火するだけできわめて明るい光を得られるので、便利だったのだ。ヨーロッパ中を行き交う伝説的な列車の車内は、鉄板か真鍮でできたデスク用タイプの美しいランプで照らされていた。

コレクターの方へ

以下に挙げるのは、見つけられる可能性があるランプのメーカーだ。Arras-Maxei、Butin（特に、東部鉄道、北部鉄道、アルザス＝ロレーヌ鉄道、パリ＝リヨン＝地中海〔PLM〕鉄道のための、141 シリーズ）、Beaudoin et Trilles（イデアル印、《ドゥシュー・ア・ネルヴュール》モデル）、Cicca（オートバイと自転車のための数多くのモデル）、Dehail et Grenier（有名な PLM ランタンと《ユニフィエ》というモデル）Ch. Ferron の真鍮製か鋼板製の製品（《ラ・フランセーズ》モデル）、H. Fondeur、Lampes J et L、Riva、Luxor（オートバイと自転車のための製品）、Mercier et Fils à Nancy（有名な《ア・エトワール》シリーズ、最後の製品《セタ》）、Manufrance（1950 年代まで独自の製品を製造した後、アラス印製品を販売）、Épervier、Gillet et Cie 社（自動車とアルザス＝ロレーヌ鉄道のためのモデル）、F. M. Rebattet、Liotard Frères、Blanchard、Société des appareils Magondeaux（自動車用アセチレン・ライト）等。

左頁
1-4. ろうそく使用の自動車用丸形ランタン。
5-8. ろうそく使用の自動車用角形ランタン。
9, 10. アセチレン使用の自動車用ランタン。
11, 12. オイルと石油使用の自動車用ランタン。
13, 14. 自動車用自家発電投光器。
15. 自動車用後部ランタン。
16. 自動車用ヘッドライト。
17. ニッケルめっきのランタン。風に強い型。
18. 小型の石油ランタン。
19. 銅に薄くニッケルめっきを施した贅沢なランタン。
20. オイル、石油両用の大型ランタン。

上
SNCF［フランス国鉄］のヘッドライト。金属製の庇が付いている。

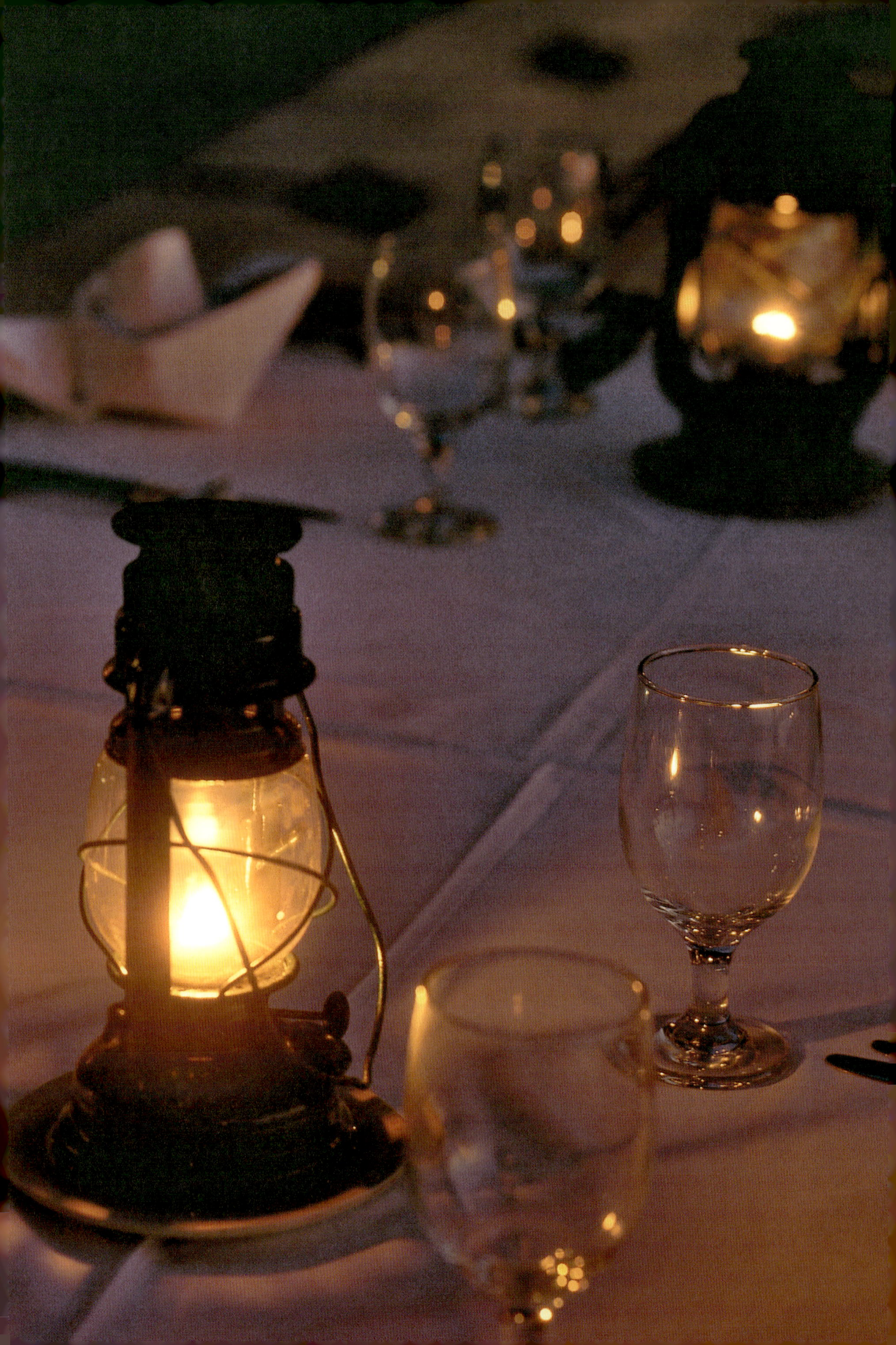

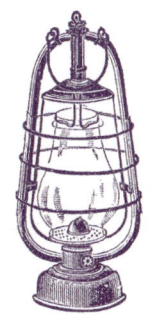

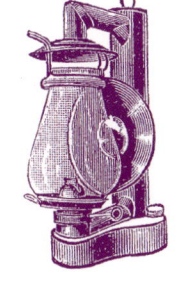

航海用の船灯

鉄板でできた質素なランタンから銅製のぴかぴかの標識灯まで、幾世紀もの間、風や嵐に耐えてきたこれらのランプは、今や素晴らしい室内装飾品になっている。

技術的な改良

18世紀の半ばまで、大型船の照明方法ははなはだ未発達で、燃料（木材、石炭、樹脂）を風の通る場所か、開口部を穿たれた覆いの中で燃やすだけだった。火薬の入った樽を満載した戦艦では特に、取り扱いに最大限の慎重さが求められたのは言うまでもない。火災の危険が大きかったからである。漁船の内部は、時に自在継ぎ手に設置されたブジョワール（燭台）に挿した、獣脂か鯨ろうのろうそくで弱々しく照らされていた。

1770年以降、大型船の照明はガラス張りのランタンに取り付けられたろうそくか、後甲板に固定されたオイルランプによって確保されるようになった。塗装仕上げの鉄や真鍮、あるいは銅でできたランプは、炎が風で消えることなく、燃焼に必要な空気の流れを可能にする「嵐のホヤ」を備えていた。

間もなくスイス人の数学者アルガンが、内部が空洞の円筒形に織った灯芯をガラス製のホヤの中に据えることで通風を確保したオイルランプを発明した。このホヤのおかげで光の強度が増大するとともに、発散されるのが常だった悪臭のする煙も出なくなった。しかも、間違ってカンケ式ランプと呼ばれているこのランプは、見張っている必要がまったくなかった。後には、オイ

左頁
航海用の持ち運び可能な石油ランタン。塗装仕上げの金属製。

上
1. 嵐用の石油ランタンは消えることがない。
2. ブラケット灯タイプの嵐用石油ランタン。
3. 多目的ランタン。嵐用ランプの形で反射板は取り外せる。

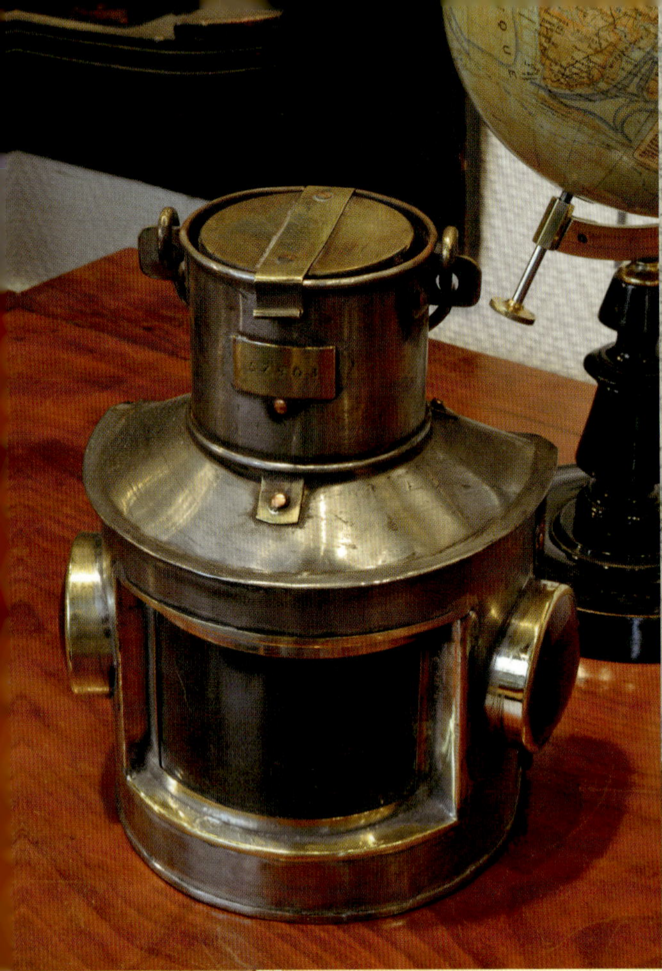
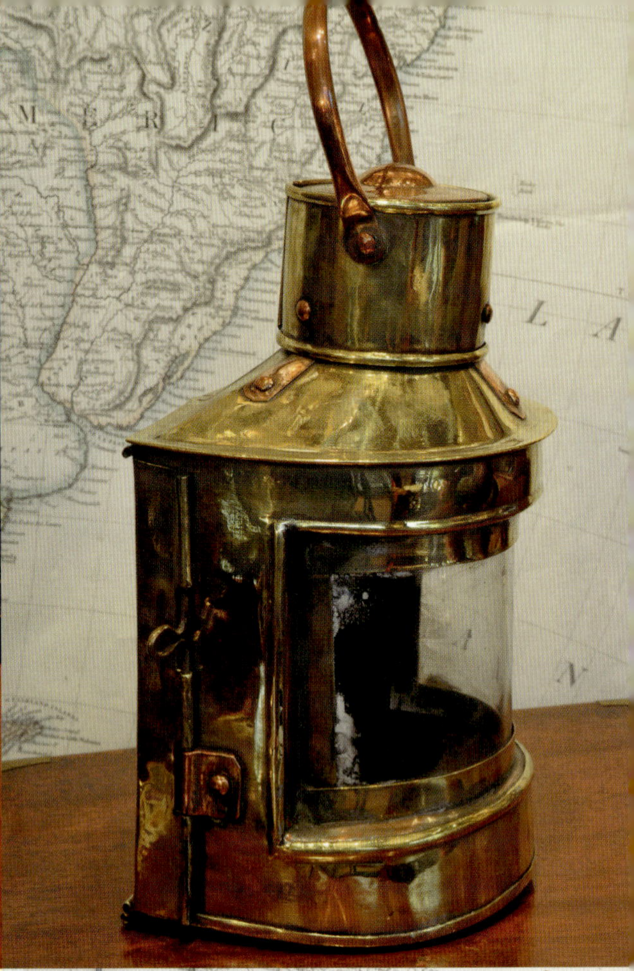
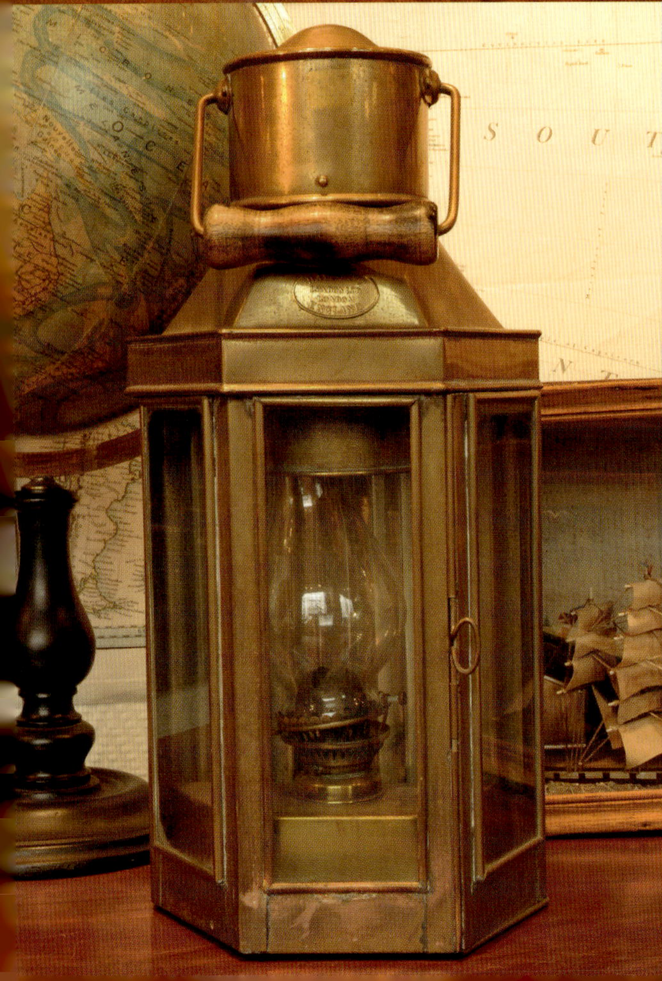
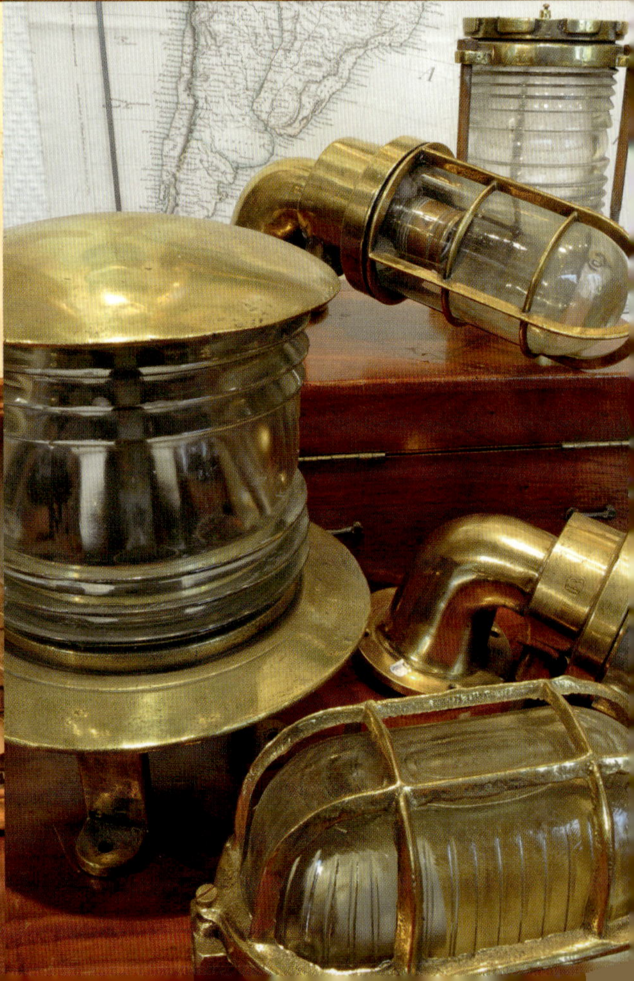

ルにかわって新しい燃料である石油が使用されることになる。

商船や大型帆船では、通常、純銅や真鍮製の枠とすりガラスでできた球形の覆いからなる石油ランプが使用された。なおも光度を増すために、ランプはルーペの代用になる膨らんだガラスで包まれた。

後になって、トゥリエールとボルダは光沢仕上げの金属を用いた放物面反射鏡を考案した。つまり、鏡の焦点にアルガン式ランプを置くと、筒状にまとまった光線が水平方向に反射されるのだ。1825年頃、とうとうフレネルが「屈折光学」の最初の装置である段状レンズを発明し、それが反射鏡にかわって使われるようになった。

屋外用の照明

灯火に関する法規が制定されたのは、ようやく19世紀になってからのことだった。それによって、すべての船舶は航路灯を装備することが定められた。左舷側に赤、右舷側に緑の舷灯が設置され、マストの頂点には金属製のケーブルに沿って、透明ガラスの灯火が鎖と環の装置によって掲げられた。さらに船尾と船首にも灯火が設置された。

もっとも興味深いのは、おそらく船尾の船灯だろう。時に金めっきされたブリキでできていて、周囲がタイル貼りのこの巨大な船灯には、しばしば優雅な装飾が施されている。一方、舷灯の多くは銅か真鍮でできた美しいケースに収められている。一方に不具合が生じた場合に他方を使えるように、ケースが二段重ねになっているものもある。多くの船灯は運搬が容易なように、把手が付いている。

船室内の照明

船内では、あらゆる種類の船灯が使用された。踊り場では、テーブルがペンダント灯で照らされ、トランプ台は小さな灯芯のランプで照らされた。船室と廊下では石油ランプが見られたが、煙でガラスが汚れるのを避けるために、定期的に灯芯を切る必要があった。この種のランプは普通、内部の手入れを容易にするため、側面に扉があった。

ほとんどの場合、照明器具は銅か真鍮か鉄でできていて、腐蝕を防ぐためにレッドオーカー色の塗料が塗られていた。甲板室や船倉の照明はガラスをはめた角形か丸形の大きなランタンで、破損を避けるための金網が付いていた。

コレクターの方へ

アジアで作られた模造品は、数は多いが一目で見分けがつく。こうした船灯は実際に使われたものではない。それらはほとんどが粗雑に作られ、興味深い手がかりだが、脚や留め金具のような小さな部品が銅か真鍮でできている。かつては、そうした物は普通、ただのくず鉄でできていたのに、である。

船灯は、物によってはへこんでしまっていて、元に戻すのは簡単ではない。しかし、それはたいした問題ではない。苛酷な使われ方や悪天候がそうした状態にしたのだ。

そのかわり、使われていた船灯の銅や真鍮の美しさは、少しのエネルギーを使って探し出してみる価値はある。

左頁
19世紀と20世紀にイギリスで作られた、真鍮製の船灯のコレクション。据え置き型か、持ち運び可能なランタン、または天井灯と、固定式の「舷灯用ランプ」。大半が、炎を守るとともにルーペのかわりになる厚いガラスと、衝撃を避けるためのケージが備わっている。

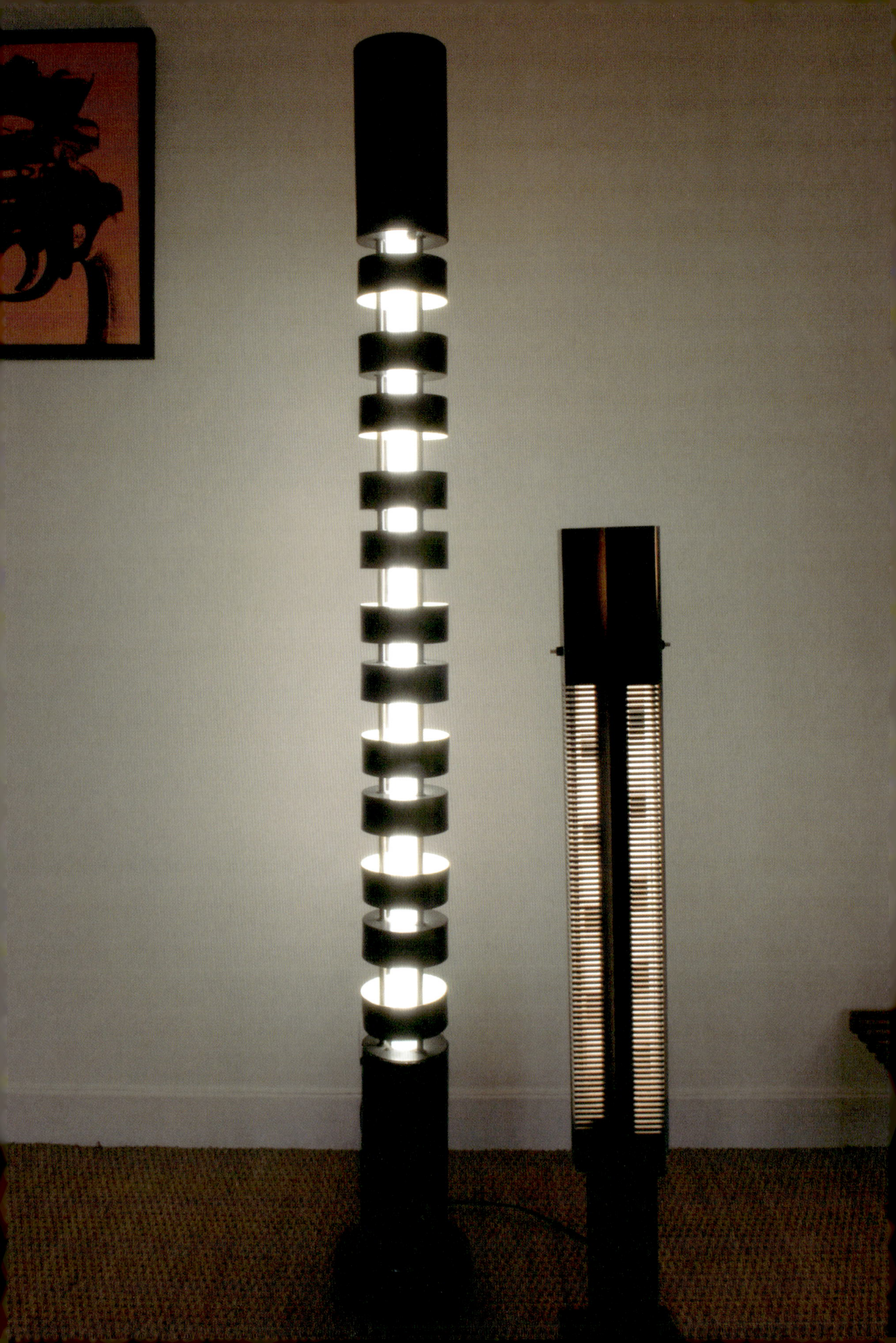

ネオンとネオンサイン

色のついた蛍光管が住居に導入され始めるとともに、ネオンサイン、特に1950年代のものが、そのレトロな様子によって多くの愛好家を引きつけている。

色のついた光

希ガスであるネオンそのものは、1898年に2人のイギリス人科学者、ウィリアム・ラムゼーとモリス・トラヴァースが発見したが、20世紀初頭にネオン管を開発したのは、フランス人ジョルジュ・クロードとされている。ネオンという言葉は、「新しい」を意味するギリシャ語からとられている。ネオンは無色の気体だが、真空管の中で用いると赤味がかった色彩になる。その他の色彩は、他の封入物によって得られる（ヘリウムと透明ガラス管で黄色、二酸化炭素かイリジウムと透明ガラス管で白、水銀とアルゴンと透明ガラス管で青、など）。実際は、ネオン以外の気体を使用するものも含めたこの種の照明を、不正確だがネオンと呼んでいるのだ。正確な名称は蛍光管またはルミネッセンス管である。

ルミネッセンス管は、低圧放電管と、ガラス管内部の両端に封入された電極、そしてネオンもそのひとつである複数の希ガスで構成されている。管の内部に塗られた蛍光物質の粉末によって色彩が生じる場合が蛍光管である。蛍光管が初めて公開されたのは、1937年のパリ万博でのことだった。

古い看板の魅力

看板は、はるか以前から商店や職人の工房を示すものだったが、それが光るものとなったのは小さな革命だった。最初の光る看板の登場は1825年にさかのぼる。パリのカフェ・デ・ミューズの看板が、ガスの照明で照らされていたのだ。しかしそれがいたるところで花開いたのは、電気の出現によるものであることは明らかだ。

シンボル化されたものも具象的なものも、図柄や文字、イラスト入りの看板が夜の都会を明るく照らす。商店、バー、煙草屋（有名なにんじん形の赤い看板）、薬局（同様に有名な緑十字の看板）、ビストロ、自動車のサービスステーション、映画館、劇場、ナイトクラブ。すべてが「ネオン」の看板を掲げるようになった。点滅するならなお良い。そして広告も同じように、自動車やオートバイ、船、ガソリン、アルコール飲料、香水、化粧品、おもちゃ、あらゆるものの商標をまたたかせて自己主張している。

左頁
セルジュ・ムイユ作の2基のフロア・スタンド《トーテムと信号》、1953年頃。

上
「プレイボーイ」のウサギのネオンサイン。

コレクターの方へ

蛍光管を長持ちさせたければ、部屋を出るたびに消さないことである。短時間に点けたり消したりを繰り返すと損耗するのだ。一般的には、蛍光管は3年から5年の耐久性があり、室温10℃以上の部屋に設置した場合は特に長持ちする。入手した器具が、220ボルト［フランスの場合］であることを確認するのを忘れないように。もし違う場合は変圧器を付けること。

関連店舗一覧

Pascal CUISINIER
■ 20世紀の装飾美術
Stand 91, allée 6, marché Paul-Bert,
96, rue des Rosiers, 93400 Saint-Ouen
06 62 70 78 52

Radovan HALTUFF
■ アール・デコの照明器具
Stand 10, allée 4, marché Serpette
110, rue des Rosiers, 93400 Saint-Ouen
06 14 65 66 71

Jérôme LEPERT
■ 産業考古学分野
106, rue Vieille-du-Temple, 75003 Paris
06 10 18 18 88

Daniel KRZENTOWSKI-Galerie KREO
■ 家具と現代美術
22, rue Duchefdelaville, 75013 Paris
01 53 60 18 42

Christine TALMANT
■ 1930〜1950年代のランプと照明器具
Stand 199, allée 4, marché Paul-Bert
96, rue des Rosiers, 93400 Saint-Ouen
06 75 44 38 96

BASTIANELLI
■ シャンデリアと古い照明器具用の部品（ドロップ、ろう受け皿、カット・クリスタル・ガラス、ブロンズなど）
Stand 5, allée 1, marché Vernaison
136, avenue Michelet, 93400 Saint-Ouen
01 40 12 16 49

Marie-Noëlle DIEUTEGARD
■ 船舶と科学に関する道具
Louvre des antiquaires
2, place du Palais-Royal 75001 Paris
01 42 60 20 30

Huguette PORTEFAIX
■ アール・ヌーヴォーの工芸品、パート・ド・ヴェールのガラス器
Stand 121, allée 1, marché Biron
85, rue des Rosiers, 93400 Saint-Ouen
01 40 10 13 40

Ara KEBAPCIOGLU-《La lumière de l'Œil》
■ 19世紀と20世紀初頭の照明器具、オイル、石油、揮発油のランプ、コレクション用の製品、修理
4, rue Flatters, 75005 Paris
01 47 07 63 47

Galerie Patrick SEGUIN
■ 20世紀の家具と照明器具
5, rue des Taillandiers, 75011 Paris
01 47 00 32 35

VALLI
■ 20世紀の照明器具
Stand 149, allée 3, marché Paul Bert
rue des Rosiers, 93400 Saint-Ouen

TROUVAILLE ANTIC
■ アール・デコの工芸品
Stand 18, allée 1, marché Biron
85, rue des Rosiers, 93400 Saint-Ouen
06 23 15 02 78

Juliette NOUJAÏM
■ 古代のランプと考古学的な品
Louvre des Antiquaires,
16, allée Jacob, 2, place du Palais-Royal,
75001 Paris
01 42 60 18 92

Galerie François ANTONOVITCH
■ 古代と考古学的分野
Louvre des Antiquaires
2, place du Palais-Royal 75001 Paris
01 42 96 83 56

謝辞

私たち、筆者と写真家はまず、Ara Kebapcioglu氏（専門店「La lumière de l'Œil（リュミエール・ド・ルイユ）」代表者、フラテール通り4番地、パリ）の寛大さに厚くお礼を申し上げます。Kebapcioglu氏は、アンティークのランプに関するその該博な知識を惜しげもなく私たちに提供し、本書の「電化以前のあかり」の章をお目通しくださり、しかも彼個人、あるいは彼の店が所有するコレクションの、使用可能な状態に手入れされた素晴らしい品々を、私たちに自由に使わせてくださいました。私たちの心からの感謝を捧げます。

私クリスティアン・サラモンは、以下にお名前を挙げた、私のために時間を割き、その貴重なコレクションを開放してくださった骨董店の方々、コレクター、室内装飾家、画廊の方々、スタイリスト、そしてすべての愛好家と友人たちに心からの謝意を表します。

François ANTONOVITCH
M. Ara KEBAPCIOGLU
Olivier BACQUIÉ
M. BASTIANELLI
Pierre et Dominique BENARD-DEPALLE
Safia BENDALI
Élisabeth BRAC de La PERRIÈRE
Josy et Michel BROUTIN
Kleber CARPENTIER
Pascal CUISINIER

Franck DELMARCELLE
Marie-Noëlle DIEUTEGARD
Carol et Jean François GAILLARD
Marie-Aimée GRIMALDI
Didier GRUMBACH
Radovan HALTUFF
Didier KRZENTOWSKI
Jérôme LEPERT
Monica LUPI
Jacqueline MORABITO

Juliette NOUJAÏM
Alberto PINTO
Huguette PORTEFAIX
Laurence et Patrick SEGUIN
Christine TALMANT
Martine VALLI
Hoedel et Tom VAN LEUWEN
Axel VERVOORDT
Michel VIVIEN

写真クレジット

下記以外の写真はすべてクリスティアン・サラモンによる。
P.12：©RMN/Jean-Gilles Berizzi. P.25, 26 et 31：©Archives Christofle. P.46：©AKG Paris. P.50：©RMN/Hervé Lewandowski. P.70：©The Bridgeman Art Library. P.71（上）：©RMN. P.71（下）：©RMN/H. del Olmo. P.72：©RMN/Daniel Arnaudet. P.86：coll. Galdoc-Grob/Kharbine-Tapabor. P.102：©RMN/Gérard Blot. P.116：© Photothèque Hachette. P.126-127：©RMN/René-Gabriel Ojéda. P.147：©RMN/Martine Beck-Coppola. P.168：© Estate Brassaï/RMN/Jean-Gilles Berizzi.

図版に使用した版画（上記に記載した以外のもの）は、20世紀初頭のカタログ"Manufacture française d'armes et cycles de Saint-Étienne（サン゠テティエンヌの武器と自転車の国営製造所）"から借用した。

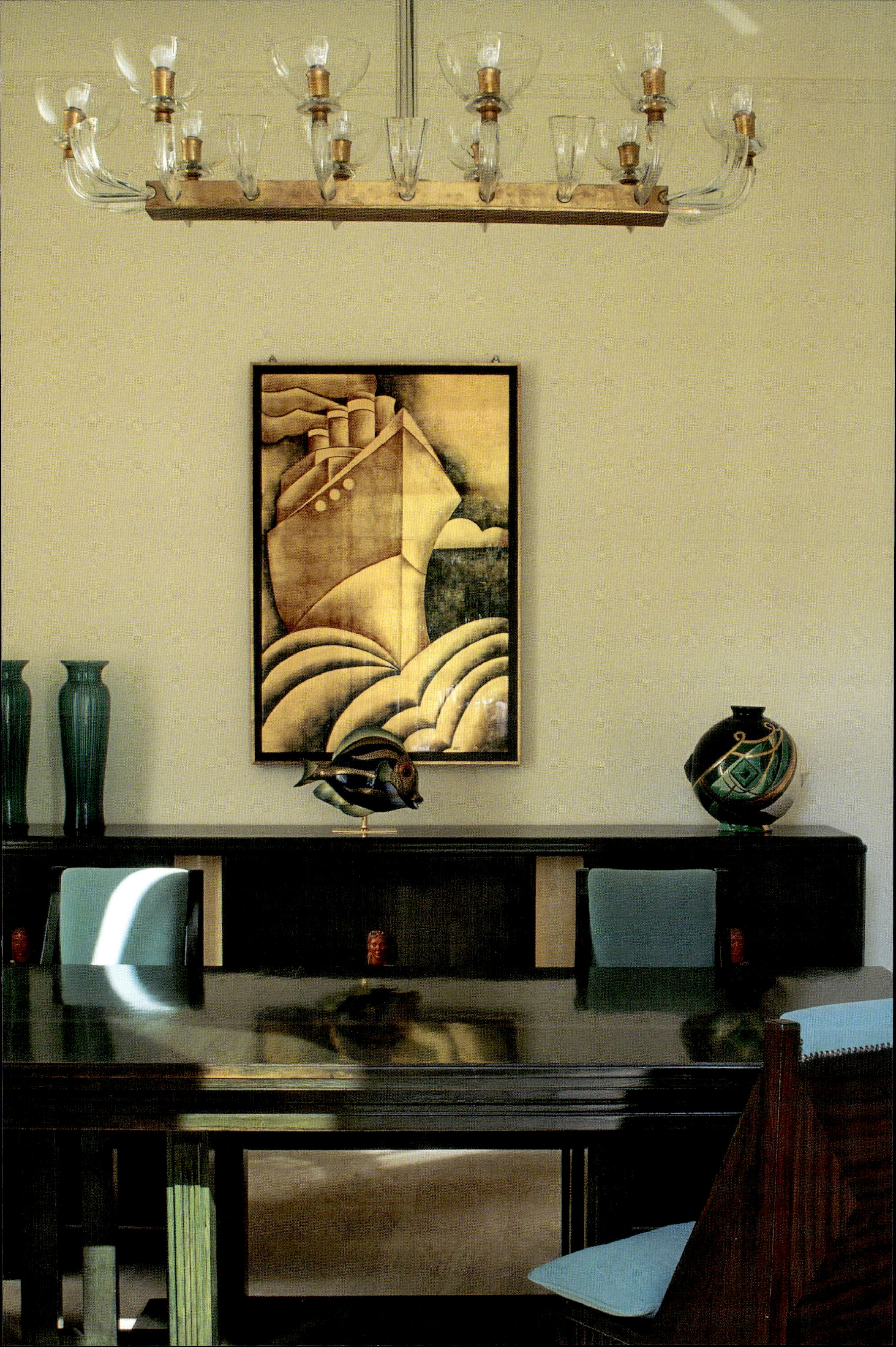

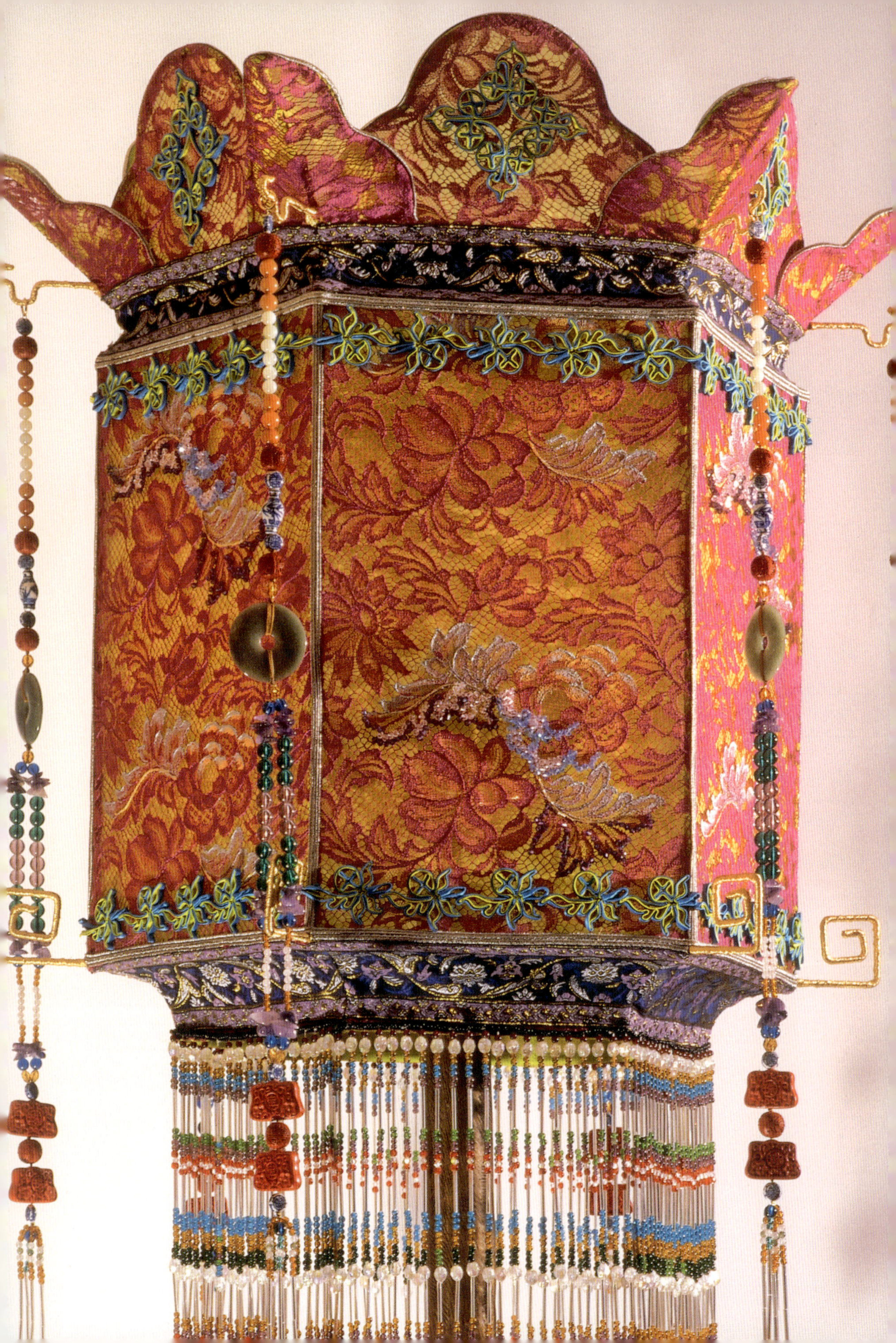

監修者あとがき

1980年代の半ばにパリを訪れたのは、マロニエの花咲く陽光眩しい春の頃であった。ルーヴル美術館を訪れた後、何気なく歩いたリヴォリ通りのアンティーク・ショップのウィンドウの片隅に、私は赤茶色のテラコッタ製のランプが、ひっそりと置かれているのに気が付いた。

同じような型のランプを、私はかつてロンドンの科学博物館で見た覚えがあった。照明の歴史といったコーナーで、様々なランプやキャンドル・スタンドからオイルランプまでが飾られていたのだが、そのはじめにあったのが、ローマン・ランプである。それとほぼ同じようなランプが、リヴォリ通りの店頭に置かれていたのである。

磁力に引かれるように店に入った私は、そのランプを買った。「ローマ時代のもの」という証明書までついていたが、当時の私の財布でも買える手頃なものであった。

以来、私は出張の旅先で時間があると、アンティーク・ショップに立ち寄るようになった。様々な素材や形で出来たアンティーク灯具はいろいろで、私は新しい世界を見つけ出したような幸せな気分を味わった。

行きあたりばったりに、形が面白いものを買い集めていたら、私のコレクションもいつしか100点を超えるものとなった。中には使い方が解らないものもある。

そんな時に西村書店からヨーロッパの灯具の本を出版する話を伺った。頁を繰るごとに、様々な灯具に出会い、このあかりのもとでどんな生活が繰り広げられていたのかと興味深い。一つ一つの灯具に込められた作り手の気持ちも伝わってくる。この本は、手さぐりで灯具のコレクションをしている私にとって、よい指南書となることであろう。

アンティーク灯具の豊かで楽しい世界の扉を開ける役割を、この本が果たしてくれることを、照明を愛するものの一人として、私は期待している。

石井幹子

[著] イネス・ウージェル（Inès Heugel）
文学を修めたのち、英語とロシア語の翻訳に従事。その後、装飾美術やクリエーション、旅行の分野のジャーナリストになり、Elle Décoration、Marie-Claire Maison、Maison Française といった、フランスの主要雑誌のほとんどに寄稿した。現在は書籍の執筆に専念。著書に Tables de charme (Armand Colin)、Déco Loft (Aubanel)、Arts de la table français、La Passion des arts de la table、Ornements de jardin、Dans les armoires de nos grands-mères、Objets de Bretagne、Maison Pariès（以上 Éditions du Chêne）がある。

[写真] クリスティアン・サラモン（Christian Sarramon）
1942年トゥールーズ生まれ。政治学と法律を学んだのち、報道・出版関連企業で編集者として働く。1980年代から写真に専念し、Elle、Figaro Magazine など、フランスと諸外国の主要雑誌の仕事をしている。また旅行、ライフスタイル、料理、庭園、建築、ワインとぶどう畑などに関する50冊にのぼる書籍を刊行。多数のグループ展に参加するとともに、トゥールーズとサンフランシスコで個展を開催した。代表作は、Dans le jardin de nos grands-mères、La passion des arts de la table（以上 Éditions du Chêne）、L'Art de vivre à Paris、Bordeaux, Grands Crus（以上 Éditions Flammarion）など。

[日本語版監修] 石井幹子（いしい・もとこ）
照明デザイナー。東京芸術大学美術学部卒業。フィンランド、ドイツの照明設計事務所勤務後、石井幹子デザイン事務所設立。都市照明から建築照明、ライトパフォーマンスまでと幅広い光の領域を開拓する。日本のみならず海外でも活躍。主な作品は、東京タワー、レインボーブリッジ、東京ゲートブリッジ、函館市や倉敷市の景観照明、白川郷合掌集落、創エネ・あかりパーク、歌舞伎座ライトアップ他。海外作品では、＜日仏交流150周年記念プロジェクト＞パリ・ラ・セーヌ、ブダペスト・エリザベート橋ライトアップ、＜日独交流150周年記念イベント＞ベルリン・平和の光のメッセージ他。国内外での受賞多数。2000年、紫綬褒章を受章。作品集『光時空』（求龍堂）、『光未来』（六耀社）他。著書『光が照らす未来―照明デザインの仕事』（岩波書店）、『LOVE THE LIGHT, LOVE THE LIFE　時空を超える光を創る』（東京新聞出版局）、『新・陰翳礼讃』（祥伝社）他。

[訳] 中山久美子（なかやま・くみこ）
1959年東京生まれ。早稲田大学文学研究科博士後期課程単位取得退学。専門は19世紀フランス美術史。1992年から2007年まで川崎市市民ミュージアムに学芸員として勤務。主要論文に「オディロン・ルドンの枠取られた画面――黒から色彩への移行をめぐって――」（『美術史研究』第29冊、早稲田大学美術史学会、1991年）、「1880-90年代のフランスにおけるポスターの流行と批評家」（『川崎市市民ミュージアム紀要』第15集、2003年）、著書に『印象派とその時代　モネからセザンヌへ』（共著、美術出版社）などがある。

魅惑のアンティーク照明　ヨーロッパ あかりの歴史

2013年5月11日　初版第1刷発行

著	イネス・ウージェル
写　真	クリスティアン・サラモン
日本語版監修	石井幹子
訳	中山久美子
発行人	西村正徳
発行所	西村書店　東京出版編集部
	〒102-0071 東京都千代田区富士見2-4-6
	Tel.03-3239-7671　Fax.03-3239-7622
	http://www.nishimurashoten.co.jp
印　刷	三報社印刷株式会社
製　本	株式会社難波製本

本書の内容を無断で複写・複製・転載すると、著作権および出版権の侵害となることがありますので、ご注意下さい。

ISBN978-4-89013-688-9

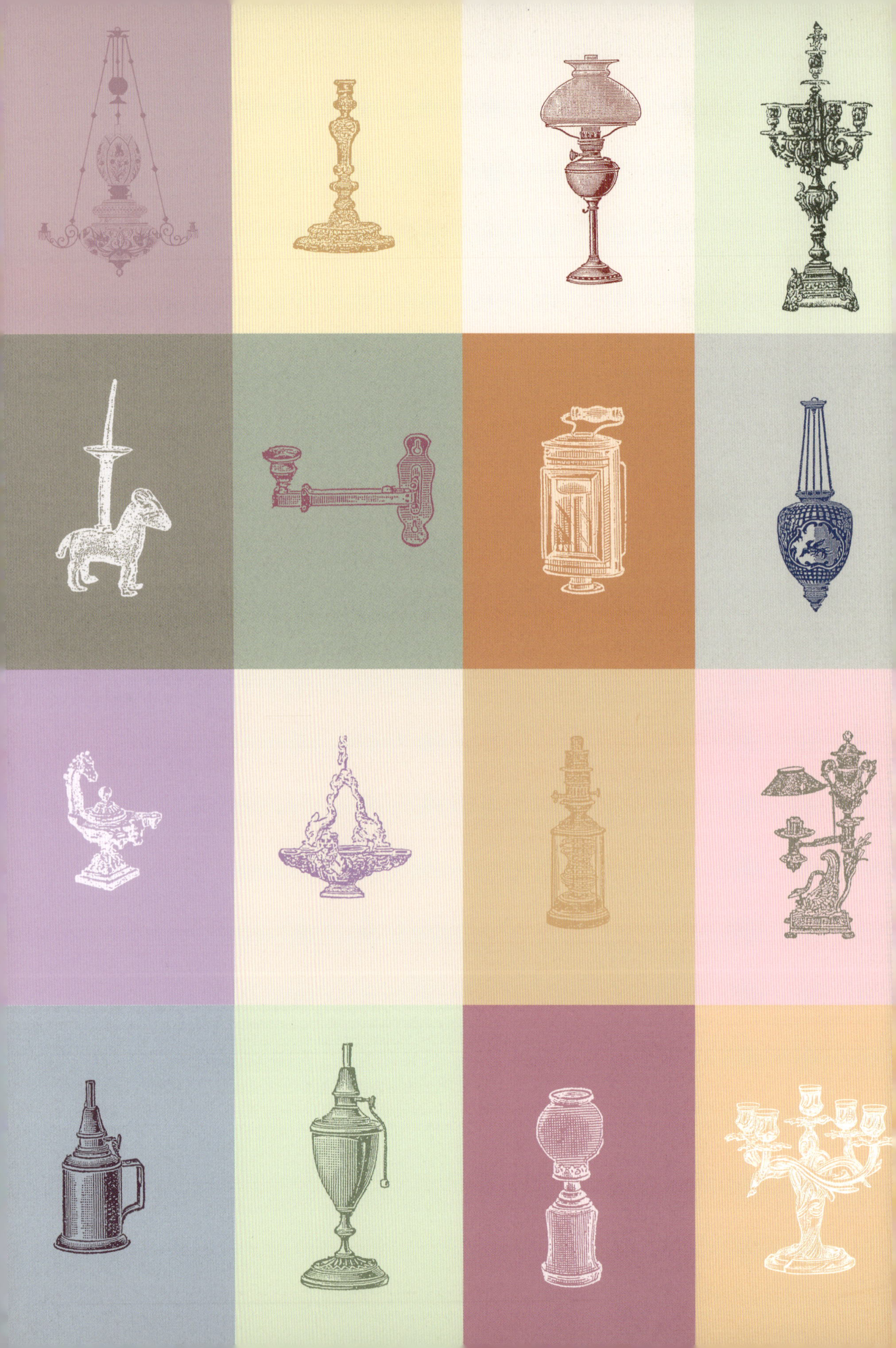